# 学生相談活動の発展に寄与する要因についての研究

―学生相談機関の発展と活動の充実のための処方箋―

伊藤直樹 著

風間書房

## はじめに

　本書は，著者が明治大学大学院文学研究科に提出した2015年度博士学位論文を専門書として公刊するものです。

　著者が大学院で臨床心理学を学び始めてから，いつの間にか四半世紀を超える時間が過ぎました。当時は，大学院に臨床心理学を標榜する専攻はなく，学生はみな先輩の姿を参考にしながら，ただ自分の中にある形の定まらない興味・関心を頼りに，様々な場で人と関わる仕事を続けていたように思います。

　その後，臨床心理学を取り巻く環境は大きく変わりました。最も大きな変化は，日本臨床心理士資格認定協会の認定する臨床心理士資格の誕生です。多くの大学院において臨床心理士の養成がなされるようになり，また，実際に様々な職域において臨床心理士が活躍を始め，この領域とそこで必要とされる専門性に対する社会的な認知が急速に高まりました。この背景には，心の問題に対する社会の関心の高まりに加え，多くの臨床心理士の努力があったことはいうまでもありません。そして，今，国家資格として「公認心理師」資格が誕生し，さらに，大きな変化を迎えようとしています。

　著者は，最初から期して学生相談の実践や研究を始めたわけではありません。青年期的な心のありように関心があり（このように書くと関心が明確に対象化されていたように聞こえますが，実際のところは，自分自身の心のありようへの漠然とした探求心といった方が正確かもしれません），また，関心の赴くままに勉強や実践を重ねるうちに，最終的に，学生相談の研究が多くなったというのが正直なところです。その意味では，最初から臨床心理士や心理的支援の専門家を目指して勉強した方々とはかなり異なった歩みを重ねてきたと思います。

本書では，いわゆる相談事例は登場しません。組織としての学生相談機関のみが対象として取り上げられています。その点で，臨床心理学的な専門書とは異なり，「臨床っぽくない」と感じられる方も少なくないのではないかと思います。

　大学の学生相談機関は，多くの場合，学生相談室やカウンセリング・ルーム，保健管理センターと呼ばれています。組織的な位置づけは様々ですが，すべて大学内の一部署であり，その大学に通う学生や学生の家族，あるいは，学生に関係のある教職員を対象とした，あくまで学内向けの相談部署です。相談機関としてのこうした条件もあり，学生相談機関の状況は外部に対してなかなか公にはなりにくいように思います。学会誌や専門書には，事例論文が多く掲載されており，そこから相談に訪れる学生の様子を知ることができますが，ここでも学生相談機関自体の内部の様子を相談事例のようにつまびらかに，また，詳細に伝える研究は見られません。学内向けの部署であるがゆえの「研究対象」としての限界であるということもできるでしょう。著者が学生の相談事例ではなく，組織としての学生相談機関に焦点を当てるのには，こうした背景もあります。

　博士論文を公刊するに際し，全体を見直し，その後に得られた最新の研究成果も踏まえて加筆，修正を行いました。また，博士論文執筆時には気づかなかった表記上の不統一や誤りに加え，より適切な表現が考えられる場合についても可能な限り修正や訂正を行いました。関心の赴くままに行ってきた研究をひとつの流れを持つ書としてまとめたこともあり，読みにくい部分も多々あるのではないかと思います。しかし，組織としての学生相談機関を扱った書としては，本書より広範で詳細なものは日本にはないと少なからず自負しています。

　本書が，これから学生相談の研究を行おうとしている大学院生や，学生相談カウンセラーを目指している学生，また，現在，学生相談の研究をしている研究者や学生相談カウンセラーとして活躍している臨床家にとって，少し

でも参考になれば，著者としてこれに勝る喜びはありません。

2017年6月　入稿の日に　伊 藤 直 樹

# 目　次

はじめに

第1章　日本およびアメリカにおける学生相談の発展経緯の
　　　　比較検討（研究Ⅰ）……………………………………………… 1
　1-1　日本における学生相談の現状 ……………………………………… 1
　1-2　アメリカにおける学生相談の発展経緯 …………………………… 5
　　1-2-1　アメリカにおける学生相談の歴史 …………………………… 5
　　1-2-2　アメリカにおける学生相談の発展の特徴 …………………… 17
　1-3　日本における学生相談の発展経緯 ………………………………… 19
　　1-3-1　日本における学生相談の歴史 ………………………………… 19
　　1-3-2　日本における学生相談の発展の特徴 ………………………… 27
　1-4　日米の学生相談の発展経緯の比較 ………………………………… 29
　1-5　本書における問題設定および目的と構成 ………………………… 33
　　1-5-1　本書における問題設定 ………………………………………… 33
　　1-5-2　本書の目的 ……………………………………………………… 35
　　1-5-3　本書の構成 ……………………………………………………… 36
　　1-5-4　本書における用語の定義 ……………………………………… 37

第2章　学生相談機関の利用促進に寄与する要因に関する
　　　　研究（研究Ⅱ・Ⅲ・Ⅳ）…………………………………………… 39
　2-1　はじめに ……………………………………………………………… 39
　2-2　学生相談機関の再開室過程における実践の分析（研究Ⅱ）……… 39
　　2-2-1　問題と目的 ……………………………………………………… 39

|  |  |
|---|---|
| 2-2-2　方法 | 40 |
| 2-2-3　結果 | 41 |
| 2-2-4　考察 | 51 |

2-3　学生相談機関に対するイメージおよび周知度と来談意思の関係
　　（研究Ⅲ） ………………………………………………………… 54
　2-3-1　問題と目的 …………………………………………………… 54
　2-3-2　方法 …………………………………………………………… 69
　2-3-3　結果 …………………………………………………………… 71
　2-3-4　考察 …………………………………………………………… 76

2-4　学生相談機関のガイダンスが利用促進に与える効果（研究Ⅳ）…… 78
　2-4-1　問題と目的 …………………………………………………… 78
　2-4-2　研究Ⅳ-1 ……………………………………………………… 84
　　2-4-2-1　目的 ……………………………………………………… 84
　　2-4-2-2　方法 ……………………………………………………… 84
　　2-4-2-3　結果 ……………………………………………………… 85
　　2-4-2-4　考察 ……………………………………………………… 88
　2-4-3　研究Ⅳ-2 ……………………………………………………… 89
　　2-4-3-1　目的 ……………………………………………………… 89
　　2-4-3-2　方法 ……………………………………………………… 89
　　2-4-3-3　結果 ……………………………………………………… 90
　　2-4-3-4　考察 ……………………………………………………… 93
　2-4-4　研究Ⅳ-3 ……………………………………………………… 94
　　2-4-4-1　目的 ……………………………………………………… 94
　　2-4-4-2　方法 ……………………………………………………… 94
　　2-4-4-3　結果 ……………………………………………………… 95
　　2-4-4-4　考察 ……………………………………………………… 99
　2-4-5　研究Ⅳのまとめ …………………………………………… 100

2-5　第2章のまとめ ……………………………………………… 103

## 第3章　学生相談機関の類型化と組織としての発展に寄与する要因に関する研究（研究Ⅴ） …………………………… 105

3-1　はじめに ……………………………………………………… 105
3-2　問題と目的 …………………………………………………… 105
3-3　方法 …………………………………………………………… 108
　3-3-1　質問紙の作成 …………………………………………… 108
　3-3-2　調査の実施 ……………………………………………… 109
3-4　結果 …………………………………………………………… 110
　3-4-1　学生相談機関規定尺度の作成 ………………………… 110
　3-4-2　学生相談機関のクラスタリング ……………………… 112
　3-4-3　各クラスタの特徴の明確化 …………………………… 114
　3-4-4　学生相談機関の発展に寄与する要因の分析 ………… 116
　3-4-5　クラスタ別に見たウェイトが大きい活動の分析 …… 117
3-5　考察（第3章のまとめ）……………………………………… 120
　3-5-1　学生相談機関の類型の特徴について ………………… 120
　3-5-2　学生相談機関の発展に寄与する要因について ……… 123
　3-5-3　学生相談機関を類型化してとらえる意義 …………… 123
　3-5-4　アメリカの学生相談機関の分類との比較 …………… 124
　3-5-5　本研究の限界と今後の課題 …………………………… 125

## 第4章　ウェブサイトを活用した学生相談機関の利用促進のための情報発信に関する研究（研究Ⅵ・Ⅶ・Ⅷ）…… 127

4-1　はじめに ……………………………………………………… 127
4-2　日本の大学の学生相談機関におけるウェブサイトを活用した情報発信（研究Ⅵ）………………………………………… 131

4-2-1　目的 …………………………………………………… 131
　　4-2-2　方法 …………………………………………………… 131
　　4-2-3　結果 …………………………………………………… 136
　　4-2-4　考察 …………………………………………………… 142
　4-3　アメリカの大学の学生相談機関におけるウェブサイトを活用
　　　した情報発信（研究Ⅶ）…………………………………… 146
　　4-3-1　目的 …………………………………………………… 146
　　4-3-2　方法 …………………………………………………… 146
　　4-3-3　結果 …………………………………………………… 148
　　4-3-4　考察 …………………………………………………… 154
　4-4　日本およびアメリカの大学の学生相談機関におけるウェブ
　　　サイトを活用した情報発信の比較研究（研究Ⅷ）………… 159
　　4-4-1　目的 …………………………………………………… 159
　　4-4-2　方法 …………………………………………………… 160
　　4-4-3　結果 …………………………………………………… 161
　　4-4-4　考察 …………………………………………………… 173
　4-5　第4章のまとめ ……………………………………………… 180

第5章　総合考察 ……………………………………………………… 181
　5-1　はじめに ……………………………………………………… 181
　5-2　日本およびアメリカにおける学生相談の発展経緯の比較検討
　　　（研究Ⅰ）の成果から ………………………………………… 181
　5-3　学生相談機関の利用促進に寄与する要因に関する研究（研究
　　　Ⅱ・Ⅲ・Ⅳ）の成果から ……………………………………… 184
　5-4　学生相談機関の類型化と組織としての発展に寄与する要因に
　　　関する研究（研究Ⅴ）の成果から …………………………… 187
　5-5　ウェブサイトを活用した学生相談機関の利用促進のための情報

　　　　発信に関する研究（研究Ⅵ・Ⅶ・Ⅷ）の成果から ……………… 188
　5-6　学生相談活動の実践への示唆
　　　　～あなたが学生相談機関のカウンセラーになったときに，学生
　　　　相談活動および学生相談機関の発展のためにすべきこと～ …… 190
　5-7　本書の限界と今後の課題 ……………………………………………… 192

文献一覧……………………………………………………………………… 195
初出一覧……………………………………………………………………… 211
あとがき……………………………………………………………………… 213
資料　本書における研究で使用した質問紙……………………………… 217

# 第1章　日本およびアメリカにおける学生相談の発展経緯の比較検討（研究Ⅰ）

## 1-1　日本における学生相談の現状

　大学には，在籍する学生の学生生活を様々な面で支援するために，学生相談室やカウンセリング・ルーム，保健管理センターと呼ばれる部署が設置されている。こうした部署はまとめて学生相談機関と呼ばれているが，日本学生支援機構による調査によれば，日本の4年制大学の学生相談機関における2013年度の相談件数は合計65万件に達し，これは2010年度調査より約7万6400件の増加となっている（日本学生支援機構，2014）。また，同調査において学生相談の課題として最も多く上げられたのが「悩みを抱えていながら相談に来ない学生への対応」(85.9%)であり，次に「精神的な危機の状況にある学生への対応」(73.7%)であった。2010年度の状況との比較では，「発達障害」の相談件数について「増えている」と回答した大学の割合が59%となっており，他の項目に比べて高かったのも特徴的である。さらに，直近の2015年度調査（日本学生支援機構，2017）においても，今後の課題としてあげられたものは，「悩みを抱えていながら相談に来ない学生への対応」が86.6%と最も高く，また，「精神的な危機の状況にある学生への対応」も69.9%と依然として高い状態が続いている。2013年度と比較して件数が増加した項目として「発達障害」が57.7%となっており，「発達障害」のある学生への支援が重要な課題として意識されていることも近年の特徴といえるだろう。

　多くの大学は学生相談件数の増加やその対応すべき問題の複雑化，多様化といった課題に直面している。一方で，2000年に大学審議会より出された

「21世紀の大学像と今後の改革方策について―競争的環境の中で個性が輝く大学（答申）」（文部科学省大学審議会，2000）以降，大学は厳しい競争的環境に置かれるようになった。また，長期間続いた不況と18歳人口の減少が重なり，大学は経費削減や学生確保のためにかなりの労力を割くこととなり，その中で，いかにして学生の成長を促進し，次代を担う有為な人材を育成していくかに苦慮している現状にある。各大学における学生相談機関は学生支援の中心的な部署として，その役割を十全に果たすことが期待されている。

しかし，大学が直面するこうした喫緊の課題にもかかわらず，日本の学生相談体制の現状は充実しているとはいえない状況にある。日本学生相談学会が3年ごとに全国の大学の学生相談機関を対象に行う調査（日本学生相談学会特別委員会，2001；大島・林・三川・峰松・塚田，2004；大島・青木・駒込・楡木・山口，2007；吉武・大島・池田・高野・山中・杉江・岩田・福盛・岡，2010；早坂・佐藤・奥野・阿部，2013；早坂・佐藤・奥野・阿部，2014；岩田・林・佐藤・奥野，2016）から，約10年間の実質カウンセラー数（週40時間勤務のカウンセラーを1人と換算して算出したカウンセラー数）に関するデータを抜粋してまとめものが図1-1である。この図から，2015年度の日本の4年制大学における1学生相談機関あたりの実質カウンセラー数は1.14人ときわめて少ないこと，約10年間で平均して0.2人程度しか増加していないことが読み取れる。また，実際には，4年制大学のカウンセラーの71.5％は非常勤職であり（岩田・林・佐藤・奥野，2016），残念ながら，充実した学生相談体制を構築しているとはほど遠いのが現状である。

これに対し，アメリカの学生相談機関におけるカウンセラーの状況は日本とはかなり異なっている。アメリカについて，同様なデータをまとめたものが図1-2である。このデータは，毎年，学生相談機関のディレクターを対象に行われている調査（Gallagher, 2012, 2013, 2014, 2015）より，関連部分を抜粋してまとめたものである。

この図から，アメリカの大学の学生相談機関では平均6人程度の常勤相当

第1章 日本およびアメリカにおける学生相談の発展経緯の比較検討(研究Ⅰ) 3

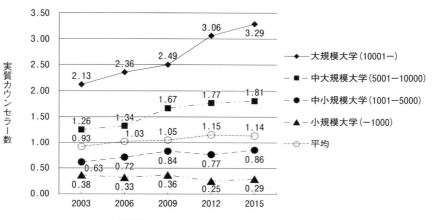

図1-1 大学規模別に見た実質カウンセラー数の推移(日本)

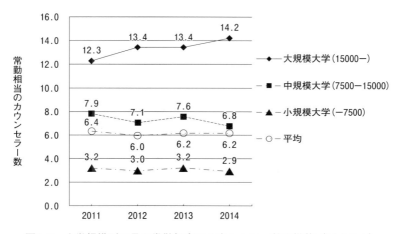

図1-2 大学規模別に見た常勤相当のカウンセラー数の推移(アメリカ)

のカウンセラーが配置されていることが読み取れる。大学規模の区分やカウンセラーの人数の数え方が日本のデータと同じではないので、比較には留意が必要であるが、両者に大きな差があることは間違いなく、日本の学生相談の体制が未整備な状態にあることを裏付けている。

　それでは、なぜ、日本の学生相談は未整備な状況にあるのだろうか。また、どうしたらより充実した体制を実現することができるのだろうか。本書はこうした日本の学生相談の現状に対する問題意識が出発点となっている。

　日本の学生相談の現状を理解するために、本章では、まず、アメリカの学生相談の発展の歴史的経緯について概観することとする。なぜなら、日本における学生相談の初期は、アメリカから導入された「student personnel services」（著者注：日本に導入された際に「学生助育」という訳があてられた。以下、本書では、もともとのアメリカにおける学生相談を指し示す場合には「student personnel services」と表記するか、「SPS」と略記する。また、「student personnel」という用語についても、統一性の観点から「学生助育」という訳をあてることとする）の考え方の影響を強く受けているとされるからであり（都留、1994）、したがって、日本における学生相談の展開や発展の方向性について理解するためには、アメリカにおける学生相談がどのような発展を遂げたかについて理解し、その上で、日本の学生相談の発展を振り返ることが必要だと考えられるからである。

　次節以降において、アメリカの学生相談の始まりとその後の展開について概観し、アメリカの学生相談の発展に影響を与えた要因について検討する。次に、第二次世界大戦後の日本の学生相談の発展を振り返る。その上で、日本の学生相談機関が抱える課題について示唆を得ることとしたい。

## 1-2 アメリカにおける学生相談の発展経緯

### 1-2-1 アメリカにおける学生相談の歴史

　アメリカの学生相談の発展の歴史の流れを包括的に扱った考察としては，Hedahl（1978），Heppener & Neal（1983），Stone & Archer（1990），Meadows（2000），McCarthy（2014）などがある。研究者によってその時代的な区分に若干の違いは見られるものの，大きな流れのとらえ方ではほぼ一致している。たとえば，アメリカにおける学生相談の発展の歴史を包括的に記述しているMeadows（2000）は，アメリカの学生相談の歴史を，1930年代以前，1930—1944年，1945—1960年，1960—1980年，1980年以降の5期に分けてとらえているが，他の研究者もおおむねこの区分に沿っている。日本でも大山（1997）や髙橋（2102）がアメリカの学生相談の歴史に分析を加えている。ここでは，髙橋（2012）と同様，Meadows（2000）の考察をベースにし，特に，学生相談の体制が確立した第二次世界大戦以後の経緯に焦点を当て，その他の研究者による指摘も踏まえながら概観する。なお，以下，各期のネーミングはMeadows（2000）による。

①　1930年代以前：「先駆者と新しいパラダイム」

　Meadows（2000）によれば，1930年代以前のアメリカの初期の大学では，学生への対応は「家父長制」をモデルとし，大学教職員が「学生の擁護者」となり，また，「ほとんどそのための準備や訓練はなかったが，カウンセリングは大学教職員の責任」となっていたという。大学のこうした「親代わりの監督」の役割はキリスト教会による青年の教育という慣習が背景にあったが，その後，「大学が教会から分離したこと，大学生が増えたために個別の学生の監督ができなくなったこと，非合理的慣習に従うのを甘受しない多様な学生集団が増えたこと」により，こうした役割が徐々に変化していった

(Reinhold, 1991)。

　一方で，この時期は，社会的な状況と心理学が密接に結びつく状況が作られた時期でもある。Kevels（1968）によれば，アメリカでは，第一次世界大戦において兵士を適切な部署に配置させるために心理検査が必要とされ，知能や性格，態度などの個人差を測定する計量心理学と心理検査およびその研究が発展を遂げたという。心理学や知能検査の発展が戦争と密接な関係にあったことは知られているが（例えば，Banyard 1999 鈴木訳 2005），社会的状況と心理学の研究および大学との関係は，この後の学生相談の展開と発展にも大きな影響を及ぼしていたと考えられる。

　第一次世界大戦後には，青年の間にチフスや性病が蔓延するのを予防することが必要となり，このことが大学において公衆衛生の部局を設置することにつながった（Reinhold, 1991）。さらに，若者の間に広がった戦争神経症等による国力の低下への懸念からメンタルヘルスクリニックが増加するなど，予防を中心とした公衆衛生の流れが強まっていった（Prescott, 2008）。こうした流れの中，1909年に国家精神衛生委員会（National Committee for Mental Hygiene）が設置され，また，精神衛生運動（Mental Hygiene Movement）が広まった（Reinhold, 1991）。Barreira & Snider（2010）によれば，この動きが大学のメンタルヘルスクリニック開設の動きを促進し，精神衛生運動における予防的な対応の重視は，のちのコミュニティメンタルヘルスの理論に影響を与えたという。

② 1930—1944年：「student personnel work」から専門的カウンセリングへ」

　1930年以降，「student personnel work」によるカウンセリングやカウンセリングのための専門的な準備が強調されるようになった。このことに大きな影響を与えたのが1929年から始まった大恐慌であり，それにともなう若年層の失業と大量の無職の若者の出現であった。Meadows（2000）によれば，例えば，アメリカ青少年局（National Youth Administration）は，こうした無

職，失業状態にある若年層に「テストと職業訓練，キャリア情報，キャリアカウンセリングと就職斡旋」を行った。その結果，カウンセリングはそれまでの「家父長制」的な活動とは異なる性格を帯びるようになり，学生の成長を促進することを目的とした高等教育の一要素として位置づけられることとなったという。

　Heppener & Neal（1983）によれば，この時期には，すでに学生が多くの心理的問題を抱えていることが指摘されており，心理学者，内科医，精神科医，精神衛生医，社会学者ら，種々異なる専門性を持つ専門家が別個に学生の問題を扱おうとしていたという。また，この時期までは，「カウンセリング」と「vocational guidance（職業指導）」，「student personnel（学生助育）」の用語は区別されずに用いられていたとしている。学生を対象としたカウンセリングが大学に根付きつつあるものの，まだ，「学生相談」としての専門性の明確化には至っていなかったと考えられる。

　Williamson（1939）は，こうした混乱した状況に対し，これらの専門家の中で訓練を受けた専門家を「大学キャンパスにおける臨床カウンセラー（clinical counselor）」と呼び，区別しようとした。そして，大学において従来，教員が担ってきた役割の重要性について認めつつも，学生の個別性を志向した「personnel work」と教員の持つ個別指導的な役割との差異，あるいは「clinical counselor」と「remedial teacher（治療的ないし補修的教師）」との差異について，その書の中で繰り返し述べている。新しい方法論としての「student personnel work（学生助育活動）」が教育機関の中でその意義を認識されるには，教員の持つ専門性との棲み分けが重要であったことがうかがえる。（著者注：括弧内は著者による訳）

　その後，「大学において，カウンセリングを提供する部局の設置が始まり，第二次世界大戦前までには，多くの大学が大学院にカウンセラー養成のためのカウンセリングプログラムを設置する」ようになった（Meadows, 2000）。こうした流れを背景に，心理学やカウンセリングに関する様々な学

術団体が活動を始め，大学にその専門性の基盤を持つ体制が作られていった。

### ③ 1945―1960年：「拡大する範囲と専門的地位」

第二次世界大戦後，膨大な人数の退役軍人が戦地からアメリカ本国そして出身地に帰還した。Meadows（2000）によれば，「アメリカ合衆国退役軍人省（United States Department of Veterans Affairs）」では，「退役軍人が適切な教育的職業的目標を選択することを支援するためのカウンセリングプログラム」を実施する必要に迫られた。すなわち，生産労働を担う世代の今後の生活や仕事をどのように支援するかが国家の喫緊の課題となっていたのである。しかし，アメリカ合衆国退役軍人省だけでは，アメリカ全土に散らばる退役軍人を対象としたサービスを提供することは不可能であった。このため，この時，退役軍人の生活とキャリア支援への対応を目的として，アメリカ合衆国退役軍人省と大学との間で契約が結ばれ，資格付与された大学教職員が支援のためのサービスを提供するようになった。この時の必要経費は国家が負担し，また，退役軍人の日常生活や大学の授業料等についても手厚いサポートがあったという。こうした経緯もあり，この時期の学生相談では「職業カウンセリング」が大きな位置を占めることとなった。

Embree（1950）は，「退役軍人省のガイダンスプログラムが学生相談機関発展の主要因である」と述べ，Hedahl（1978）は，この時期について「専門的カウンセリングのための特定の技術と訓練の必要性に対する共通した認識が，増加する大学において独立した運営部局確立のための道を切り開いた」と述べている。大学がアメリカ合衆国退役軍人省のプログラムを実施することで，専門的なカウンセリングの必要性が広く認識され，そのことが，大学におけるその後の学生相談体制の整備につながっていった当時の状況が確認できる。

また，Barreira & Snider（2010）によれば，退役軍人の多くが戦争ストレスによると考えられる深刻な精神的問題を患っており，このことが大学内に

おけるメンタルヘルスサービスの展開につながったという。Farnsworth (1952) は，「大学のメンタルヘルスサービスの基本的な目標は，心理学的な科学によって総合的に明確化された知識と，学生を対象とした治療的経験によって個別的に明確化された知識を組織化すること」にあり，さらに「学生の最良の発達を支援する大きな責任を持っている教員に役立つようにすること」にあると述べており，この時期にコミュニティメンタルヘルスの発想の原型が形成されていった様子がうかがえる。

そして，多くの大学は退役軍人省から委託されたプログラムの終了後も学生相談機関を維持し，今度は在籍学生に重点を移して，彼らのために学生相談サービスを展開するようになったという (Heppener & Neal, 1983)。また，1957年のいわゆる「スプートニク・ショック」を契機に，1958年には「国家防衛教育法 (National Defense Education Act)」が制定された。これにより大学進学率が急増することになるのだが，同法のタイトルVには「ガイダンス，カウンセリングおよびテスト─有能な生徒の認定と奨励 (Identification and Encouragement of Able Students) ─」が規定されており (松浦, 1983)，法的な枠組みにおいても，学生相談活動の必要性が認識されていることが確認できる。

Hedahl (1978) によれば，同法を契機として中等教育段階においても学校にスクールカウンセラーを配置することとなった。そして，これにより大学院レベルにおけるカウンセラー教育の必要性が高まり，また，生徒が「カウンセリング」がどのようなものであるかを知ることで，生徒のカウンセリングに対する関心が高まって，将来の大学院での専門教育を志すことにつながる場合もあったという。

④ 1960─1980年：「最良の時代と最悪の時代」

1960年からの20年はアメリカの学生相談が最も発展した時代であるとされる。Meadows (2000) によれば，その背景には「2年制の短期大学の急速な増加，学生相談プログラムの領域を促進する認証基準，そして，さらに，学

術団体，伝統的な教育的—職業的カウンセリング（educational-vocational counseling）を越えた学生相談に従事するカウンセラーの役割の拡大の影響」があったという。

　ちょうどこの期間に，Morrill, Oetting, & Hurst（1974）は，日本においても取り上げられる学生活動の包括的なモデルとして有名な「cube model」を提案したが，こうした包括的なモデルが提出されたことは，この時期に学生相談の専門性の基礎が確固たるものとなっていったことを表しているといえよう。また，McCarthy（2014）によれば，「職業—カウンセリング心理学者（vocational-counseling psychologists）」，すなわち，学生相談に携わる心理学者は，この時期に，自らを「臨床心理学者や精神科医と区別し，その役割を正常範囲の個人の成長の促進に焦点を当てること」にして，そのために「教育機関や学生相談機関が，カウンセラーの訓練のための理想的な場である」と考えるようになったという。

　また，第一次世界大戦の際には，心理学や心理テストの発展とともに職業ガイダンスが盛んになったが，1970年代には，Rogers, C. R. の影響により心理的な成長をもたらすカウンセリングが脚光を浴び，テストを中心とした職業ガイダンスや職業カウンセリングの位置づけは低下した（Aubrey, 1977）。こうした変化も学生相談が心理的・精神的問題を中心に扱うことを促進したと考えられる。

　一方で，1960年代後半から1970年以後にかけて，学生相談の存続に危機をもたらしかねない問題が忍び寄っていた。Heppener & Neal（1983）は，この期間を，「経済的衰退と，より多様なクライエントへの対応を含め，介入の対象として大学環境をも含めるようになるカウンセリングの使命の拡大の期間」と表現している。すなわち，ベトナム戦争（1960—1975年）の長期化，泥沼化に加え，アメリカ政府の財政赤字の拡大やアメリカ経済全体の減速により，大学は学生相談機関への予算削減への圧力を強めていくことになった。Heppener & Neal（1983）によれば，この時期に学生相談機関におい

て，カウンセラーの専門性の基礎の形成に必要となる研修体制（doctoral internship など）の整備が行われているが，それは同時に，予算削減の危機にさらされる学生相談機関が臨床スタッフを確保するという面もあったという。さらに，1980年代以降にかけて，多くの学生相談機関でコンサルテーションやアウトリーチ活動が重要な機能となっていくなど，個人カウンセリングや職業的，教育的カウンセリングを中心とした従来の学生相談活動のあり方が大きく転換していく。

　また，Prescott（2008）によれば，1960年代頃から，メンタルヘルスサービスが，学生を支援する役割と，家族や大学当局の利益となるように学生を抱え込む二重の役割を負っていると見なされるようになった。そして，反精神医学的な動きと相まってメンタルヘルスサービスを批判する学生運動が広まった。こうした状況に対応するために，多くの大学では，学生をメンバーに含めた「学生アドバイザリー委員会」等を設置し，学生のニーズを理解することに努めた。それは，その後，学生が参加する健康に関する様々なボランティア活動の組織化にも貢献しただけでなく，1974年の「家庭教育の権利とプライバシーに関する法」（Family Educational Rights and Privacy Act：FERPA）の成立に寄与したという。

⑤　1980年—2000年頃：「カウンセリングとメンタルヘルスへの移行」

　この時期に，さらに高等教育機関は非常に困難な問題に直面する。Meadows（2000）によれば，「伝統的な大学生」の入学者数は頭打ちになり，「女子学生や，より年齢の高い学生，人種的少数者の学生，パートタイム学生（働きながら通学したり，一部の単位だけを修得したりする学生），自宅からの通学学生（それまではアメリカの大学では学生は寮生活を送ることが一般的だった）など」多様な形態の入学者が増加していく（著者注：括弧内は著者による補足）。このように多様な背景を持つ学生が増えることにより，学生が抱える問題も多様なものとなり，それに伴って，「より深刻な個人的，社会的，情緒的問題を持つ学生への対応」が重視されるようになっていった。そして，ここに

おいて「アメリカ合衆国退役軍人省のプログラム以来続いていた職業カウンセリングから個人カウンセリングへの重点の移行」が明確化したという。

1980年代になると，学生相談機関は重篤な精神病理的問題を持つ学生への対応という問題に直面し，また，学内における精神医療的なケアの必要性に対する認識が高まったため，カウンセリングサービスとメンタルヘルスサービスを統合する動きが生まれた（Archer & Cooper, 1998）。この点について，Meadows（2000）は，学生相談機関は「費用対効果の圧力の中，重篤化する学生の精神病理への対応」に取り組む必要に迫られ，「学生相談と学生健康サービスを統合する，初期の職業的教育的カウンセリングに立ち戻る，相談回数を制限する，短期もしくは長期的モデルに焦点化する」など，大学により様々な対応を取り始めたと述べている。

また，Federman & Emmerling（1997）によれば，コスト削減を目的とした学生相談機関と精神保健サービスの統合の半数が1991年から1994年の間に起きており，同様な観点で，学生相談サービスそのものを「外部委託」する大学も現れ始めたという。Widseth, Webb, & John（1997）はそうした流れに警鐘を鳴らしているが，Archer & Cooper（1998）は，学生に切れ目ないサービス，質のよいサービスを提供することや，コストと予算の条件を考えれば，カウンセリングサービスとメンタルヘルスサービスは統合され，さらに，包括的なヘルスケアのためのManaged Care（著者注：「管理医療」と訳される。Managed Care とはアメリカにおける医療費の抑制を主眼とした医療保健システムシステムであり，「医師や病院といった医療供給者側に偏在していた『医療に関する情報』や医療の提供に関する権限の一部を保険者（医療費支払側）に移し，『医療費抑制』や『医療の質の管理』についてのイニシアティブを保険者に与えるという考え方ないし概念」（生命保険協会企画開発室, 1999）のことを指す）のシステムの一部として機能すべきであろうと，Widseth, Webb, & John（1997）とは異なる見解を示している。

一方，Meadows（2000）によれば，学生相談機関の運営者は予算削減の圧

力を強く意識し,「学生相談機関の生き残りのためにカウンセリング活動を報告する」ようになっていった。すなわち,学生相談活動の成果を外部に対して発信することにより,その存在意義を学内外にアピールしていったのである。そして,この後,時代は「説明責任が強調される時代」になり,学生相談機関はさらに大きな変化を経験することになったという。コンサルテーションやアウトリーチ活動（著者注：学生相談機関のカウンセラーが学内の他部署に出向いて相談・支援活動を行うこと）への重点の変化の背景には,複雑化,多様化し,また,増加し続ける相談への対応に加えて,予算削減や対外的な説明責任,さらには,学生相談機関そのものの存続のための試みといった要因も少なからず影響を及ぼしていたことが推察される。

　こうした存在意義のアピールの流れと並行するように,1992年にアメリカカウンセリング学会（American Counseling Association：ACA）のディヴィジョンとしてアメリカ学生相談学会（American College Counseling Association：ACCA）が設立され,初めて「学生相談」それ自体を専門性のアイデンティティとした全国的な組織が生まれることとなった。

　Stone & Archer（1990）は「1990年代の学生相談は臨床的サービス,アウトリーチとコンサルテーション,訓練,スタッフ・ディヴェロップメント,研究,運営の面で困難に直面している」と述べている。そして,学生相談機関が1990年代に直面するであろう深刻な課題として,「学生の人種的・社会的・国家的・経験的背景の変化,心理面・健康・安全・経済面でのニーズを持つ学生の増加,高等教育における資金獲得の競争の増加」を挙げている。彼らはこうした困難に対処するために,学生相談機関が自らの存在意義をアピールし,また,大学内において安定した位置付けを保持するために,長期的な展望に基づく「戦略的行動」を取ることを推奨している。

　一方,Bishop（1990）は,「1990年代における学生相談機関が対応すべき大学の関心事」を次のように整理している。それらは,ⅰ)「カウンセリングに対する需要の増加」,ⅱ)「危機管理サービス」,ⅲ)「キャリア開発サー

ビス」，iv)「特定の集団（マイノリティ等）へのサービス」，v)「大学への学生の定着問題（学生の退学の予防）」への対応である（著者注：括弧内は著者による補足)。学生相談機関としては，こうした「大学の関心事」にも応えつつ，活動を進めていく必要があるという。また，Archer & Cooper (1998) は，これからの学生相談のカウンセラーの役割を「initiator catalyst」（著者注：「自ら変化のきっかけを作っていく存在」の意）としている。彼らによれば，学生相談の「目的」に関する長い議論の時代はとうに終わりを告げており，学生相談の使命は「キャリアであろうと，教育的であろうと，精神的健康であろうと，学生のニーズに全般的に対応しなくてはいけない」ということに他ならないとしている。

⑥ **2000年以降：「多様化する学生，複雑化する大学コミュニティへの対応」**

2000年以降の文献では，いくつかの現代的な問題点が指摘されている。

Bishop (2006) は，学生相談機関が直面している問題を4つ取り上げている。

それらは，第一に，学生相談機関の関係者の印象を除けば，学生の抱える問題が重篤化していることを示す客観的な研究がほとんどないにもかかわらず，学内の教職員，学生自身の精神的な問題に対する関心が高まっていることである。

第二に，増大する相談ニーズに対応するために学生相談機関が利用可能な方略は何かという問題である。具体的には，i)青年期的な問題に対する社会の関心，学生の家族の関心がこれまでの時代に比べて格段に高くなっているため，学生相談機関には，顧客としての家族，「stakeholders」としての家族の要望に応えることが重要になってきていること，そして，ii)大学の上層部はそのことが学生募集や学生在籍率に関わってくることを認識しているため，学生相談機関としてこうした点に留意することが必要であること，また，iii)危機管理の面からもキャンパスにおけるメンタルヘルスサービス

の重要性が認識されていること，が財政的な安定のための重要な要因であることを指摘している。

　第三に，「家庭教育の権利とプライバシーに関する法」(Family Educational Rights and Privacy Act：FERPA)により，学生の健康と安全を保護するために必要な情報を開示することが許されるようになり，これと学生相談における守秘義務との関係性が問題となることである。実際に，学生相談機関が関わっていた学生が自殺したケースでは，家族が大学当局を相手取り訴訟を起こし，自殺のリスクを大学当局が家族に伝えなかったことが争点となった。こうしたことから，法的な対応，訴訟への対応に関するポリシーを持つことが重要であることを指摘している。なお，アメリカの学生相談機関を取り巻く訴訟について，Affsprung (2010)が約20年間にわたる状況をまとめているが，それによれば，訴訟の結果，大学や学生相談機関が法的な責任を厳しく追及されたことはけっして多くはない。

　第四に，現行のカウンセラー養成教育が学生相談に要求される多様なニーズ，現代的なニーズを満たすものとなっていないという問題である。

　一方，LaFollette (2009)は，学生相談機関の現代の役割として，4つの点を挙げている。まず，第一に，様々な人種・民族の学生が入学してくるようになり，必然的に，学生相談機関には多文化的な能力を高めることが求められるようになっていることである。実際，これはアメリカの学生相談機関のカウンセラーがほとんどの場合，白人だけでなく黒人，アジア系等の様々な人種から構成されていることにも表れている。

　第二に，重篤な精神疾患を抱えつつ入学してくる学生の増加により，医療モデルの利用が劇的に増加しており，こうした状況への対応が必要となっていることである。これには，学生が高額化する学費を納めるためにアルバイトをせざるを得ず，そのことが学生の精神的健康を圧迫していることも背景としてあげられる。

　第三に，危機管理や災害対応のプランを持つことである。これには2001年

に起きたニューヨーク世界貿易センタービルなどを標的にした同時多発テロや，2007年にバージニア工科大学で起きた銃乱射事件を受けて，こうした危機事態における精神的健康への対応に対する社会的関心が高まり，学生相談機関に危機介入や緊急事態への対応が求められるようになったことが挙げられる。危機管理には急性の精神的混乱を呈した学生や自傷他害のおそれのある学生への対応，入院加療が必要な学生への対応，学生の自殺への対応なども含まれる。

　第四に，学生相談機関にはコンサルテーション，アウトリーチ，カウンセラーのトレーニング，個人カウンセリング・グループカウンセリング等の従来の活動に加えて，サービスの効果についての研究・評価や説明責任が求められていることである。

　こうした点を踏まえ，LaFollette（2009）は，学生相談機関が新たに資金を獲得できた場合には，カウンセラーの補充や予防的対応に振り分けることが必要であると述べている。

　また，Sharkin（2011）も，今後の学生相談の課題として，他の研究者らと同様に，第一に，「増加し続けるサービスへのニーズと限られたリソース」の関係の問題を，第二に，学生相談の専門性やその活動の特徴に対して理解の十分でない大学管理運営者のもとにおける「大学の運営構造の中における活動」を，第三に，学生相談機関が，特に，学生の自殺を受けて遭遇するであろう「訴訟への不安」を挙げている。バージニア工科大学の事件を受け，キャンパス内で発生する事件を未然に防ぐための「脅威に対する評価（Threat Assesment）についての増大する役割」，また，それと関連して，自傷他害のおそれがあると判断されるような学生に対する「命令による査定とカウンセリング（mandated assessments and mandated counseling）への対応についての増大する圧力」をあげ，学生相談機関や学生相談カウンセラーがキャンパス・セイフティやキャンパスの監視役，学生のプロファイリングの役割を負わされることが急速に広がる可能性について懸念している。その他

に，電子メールやウェブサイト，様々なソーシャルネットワーキングサービス，相談予約や相談記録の電子データによる管理など，情報技術の発達によって生ずる「新しい技術に関連したリスク」，これまでの大学とは大きく異なり，様々な学生が学ぶことを前提として設置された「コミュニティ・カレッジのカウンセラーにとっての特殊な課題」もあげている。

一方，Much, Wagener, Breitkreutz & Hellenbrand (2014) は，学生サービスの関係職員を対象とした質的な調査研究に基づき，学生相談機関に必要となる Millennial Generation（著者注：1980—2000年頃生まれた世代，すなわち，大学に2000年以降に入学してくる世代の総称）の学生の特徴を踏まえた対応について検討している。その結果，この世代は，ⅰ）「規則に対する例外」志向（「自分は規則に対して例外である」，「自分は自分自身の行動規範に従う」），ⅱ）「問題に対する受け身的な対応」志向（「問題の存在を無視して立ち去る」），ⅲ）「他者に対する問題解決の依存」志向（「学生の事柄に対して親が介入してくる」，「他者による問題解決を期待する」）を持っており，このため，学生相談機関は，学生を個人として扱うことが必要であること，ステレオタイプで見てはならないことを前提としながらも，「責任ある行動への期待を伴った教育的アプローチ」と「学生とかかわると同様に学生の親にもかかわる必要があることを理解しなければならない」と指摘している。実際，Lum (2006) は，学生に対して常に関心を持ち，何か気になることがあればすぐさま大学に電話やメールをする，あるいは，大学を直接訪れて，質問や依頼，抗議をする親（著者注：アメリカでは「helicopter parents」と呼ばれている。これについては，多賀（2008）を参照されたい）の様子を詳細に報告している。

### 1-2-2　アメリカにおける学生相談の発展の特徴

以上，アメリカにおける学生相談の発展の歴史について，第二次世界大戦以後の経緯を重点的に振り返った。アメリカの学生相談機関のカウンセラー数が充実していることについては先述の通りであり，学生相談機関の利用者

数が多いこと，多様な活動を行っていること，カウンセラーをはじめ人的にも充実していることについては，日本における多くの文献でも紹介されている（ナガモト，1994；森，1989；森；1990；森田，1990；齋藤・中釜・香川・堀田，1996；太田，2004；松村，2008；鈴木，2009）。

　その発展と充実には，学生生活全体を支援しようというアメリカの大学のもともとのあり方に加えて，アメリカの社会的状況が深く関わっており，そうした状況に対する対応が，恒久的で充実したスタッフ体制，研究体制を持つアメリカの学生相談機関の基礎を形成したと見ることができる。

　McCarthy（2014）によれば，第二次世界大戦後の「アメリカ合衆国退役軍人省のプログラム」は，社会が「カウンセリングを通じてはるかに幸福なアメリカ人を増やすことができるという心理学者への信頼感」を持つきっかけとなったという。アメリカにおける学生相談の発展には，単に社会的，政治的な状況だけでなく，カウンセリングを通じて人は成長し，幸福になれるという時代的な空気の影響も大きかったと考えられる。

　また，その充実した体制により，「学生相談機関は多くのカウンセリング理論を生み出す，いわば研究室（laboratory）として機能」した。実際，もっとも充実した体制を有した学生相談機関のひとつであったシカゴ大学のカウンセリング・センターはRogers, C. R. の活躍の場となったという（McCarthy, 2014）。

　このように発展を遂げてきた学生相談機関であったが，社会的状況の変化，特に予算の削減と説明責任の徹底により，その運営方針の変更を迫られることとなった。制限された予算の中で，複雑化，多様化する学生の問題に対応し，また，より多くの学生にできるだけ効果的にサービスを提供するためには，コミュニティ的なアプローチ，ワークショップやグループ・カウンセリングの実施，コンサルテーションやアウトリーチ活動，相談回数の制限と近隣リソースへのリファーといった積極的で広域的な対応を重視せざるを得ないといえるだろう。そして，最近では，学生相談機関が現状への理解と

今後に対する明確なビジョンを持ち，戦略的に活動を展開させ，機関を維持，発展させる必要性が指摘され，また，そうした傾向が強まっていると見ることができる。さらに，費用対効果，サービスの質の維持・向上などの観点から，カウンセリングサービスとメンタルヘルスサービスの統合や「Managed Care」の広がりが学生相談活動に与えている影響も大きいと考えられる。

## 1-3 日本における学生相談の発展経緯

### 1-3-1 日本における学生相談の歴史

次に，日本における戦後の学生相談の導入から現在までの流れを概観する。その過程を通じて，日本の学生相談の発展に影響を及ぼしてきた要因を探る。

既述の通り，日本における学生相談は，1951年，アメリカから講師を招いて行われた学生補導厚生研究会において，教育学，哲学，心理学の理論と方法に基づいた「student personnel services」（SPS）が紹介されたことが始まりとされる（都留，1994）。当時の講義をまとめた『学生助育総論』（文部省大学学術局学生課，1953）によれば，このとき，講師として日本を訪れたのは，Brigham Young大学学生部長のW. P. Lloyd博士，Kansas州立大学学生部長のM. D. Woolf博士，Ohio州立大学女子学生部長のL. W. Felsted博士，Wisconsin大学文理学部副学部長のC. H. Ruedisili博士，Minnesota大学職業補導準教授のH. Borow博士，Wisconsin大学学生活動相談係のG. J. Klopf博士の6人であった。

『学生助育総論』の冒頭の「序言」において，「学生助育」という用語について解説がなされている。それによれば，「大学における学生部を中心とするこの種の活動は，従来厚生補導の名をもつて呼ばれてきた」が，「その教育的効果に対する適確な反省なしに行われる『厚生』が教育を『飼育』に堕

落させるものとして非難され」,「環境的・物的なものの人間形成に対して占める役割に関する認識とそれに基く学生への世話の裏付けなしに行われる『補導』が実質的に『監督』と区別できない状態を作り出し,誤解と偏見を拡大する原因となったことも否定できない」ことが,新しい「学生助育」という用語を用いた第一の理由とされている。また,第二の理由として「研究的なものと,教育技術的なものと,行政管理的なものとの特殊な実践的総合として,学生助育は新しい領域を要求しているのではあるまいか」という認識をあげている。「学生助育」という用語の背景には,第二次世界大戦において,多くの学生を戦地に赴かせる一端を担ってしまった大学教育に対する反省と,これからの日本社会のために,ひとりひとりの学生を尊重し,育てていこうという未来志向的なビジョンが託されており,また,そうしたビジョンには,学生相談を新しい領域として大学教育に中に位置づけようというねらいが反映していたものと考えられる。

Lloyd は同書の「緒言」の中で,「良き組織と職員をもつ学生助育という形で示される学生に対する同程度の関心をもってするならば,日本の高等教育機関は,新日本建設の要請に答えうる指導力を十分に供給することができるであろう」と述べ,日本の将来の人材育成のために「学生助育」が果たすべき役割を強調している。また,彼は「米人講師は米国の学生助育制度を日本の大学に移植しようとしたのではない」,「米国においては,学生を周到かつ科学的に研究することの必要性が痛感され,学生の妥当な要求を満たすために,大学の教育計画を改造しようとする要望が高まった」と述べている。彼らは,アメリカで発展した学生相談をそのまま日本に普及させることを考えていたのではなく,むしろ,そこにはより広い視野から高等教育機関における教育の改善をもたらすことが含意されていたものと考えられる。この研究会には日本の大学関係者が数多く参加し,その後,多くの大学に学生相談機関が設置されるきっかけとなった。

以後,日本において,学生相談は学生相談機関の設置数の増加だけでな

く，その活動や大学の中における位置づけにおいても発展を遂げてきた。「学生助育」という用語自体は使われることはなくなったが，初期の日本の学生相談関係者が，Lloydらが語った学生への教育のあり方に関する哲学を日本の文脈の中に根付かせていこうとしたことは間違いないであろう。

　それでは日本における学生相談は1951年の学生補導厚生研究会以後，どのように展開してきたのであろうか。Lloydは「student personnel services」に関する講義の中で，その基本的な理念的前提として，「(1)大学は学生の教室外の欲求に応ずる計画を有効に実施する責任を有し，教室における研究と学習にのみ重点をおくことは，近代の大学の機能として十分ではない。(2)学生の能力と欲求には幅広い差異がある。在学中，個人が最大限の発達を遂げる機会を，理性の許す範囲内で与えるべきである。(3)いかなる国民としても，その社会的責任と自由に適切な注意を払うことはあらゆる法治国の義務である。このような政治哲学は個人と個人の義務及び機会について，十分な注意を払うような教育の方法を伴わなければならない」の3点を挙げている。また，「学生助育の観点は，単に学生と書物を一緒に認めようとするだけではなく，学生の生活全般にわたつて特に注意を払うために，十分能力のある職員を雇用しないならば，過去の大学は現代の要求を満たすことができないのだという事実を認めるものである」（文部省大学学術局学生課, 1953）と述べ，学生助育における大学の責任による学生の包括的教育，個々の学生の適性・資質等を踏まえた効果的な教育，個人の権利と義務を踏まえた教育および専門職員配置の必要性を指摘している。

　都留（1994）や大山（1997）でも述べられているが，日本に「student personnel services」として紹介され，「学生助育」という用語で開始された活動は，単に心理的な問題を抱えた学生のカウンセリングを行うということではなく，全学生を対象とし，学生生活全般における発達と成長を支援するための包括的かつ専門的な活動であった。

　その後の歴史的な流れを，齋藤（2010）にならい，苫米地・森川（2006）

による「学生相談 年表」による整理および大山（2000）の時代区分を参考にしながら，また，他の関連文献にも触れながら概観する。なお，各期のネーミングについては，1953—1979年までは齋藤（2010）にならい，1980年以降については著者による。

① 1953—1959年：「充実期」

1951年のLloydの来日を受けて，1953年には東京大学と山口大学に我が国初の学生相談所が設置された。都留（1994）によれば，同じ年に国際基督教大学は「中央に学生相談室（所）を置くことはせず，カウンセリングの経験豊かな学務副学長（学生人事担当兼務）の下に広義のカウンセリングの訓練を米国で受けた学生係員（personnel worker）を配した」という。Lloydの述べた「student personnel services」の考え方に基づく活動を展開することが企図されたものと考えられる。

1955年には，日本学生相談学会の前身である学生相談研究会が設立され，1957年には京都大学に学生懇話室が設置された。そして，1959年にはわが国で初めてとなる，学生相談研究会による「日本の大学における学生相談活動の調査報告」がまとめられ，日本の学生相談の実態把握がなされた。この調査では，当時の4年制大学および短期大学総計499大学のうち，422大学が対象となり，255大学から回答があった。これらの大学における学生相談のあり方について，「個人相談のための予算計上」の有無，「助言教官制度」の有無，「相談のための特別な施設」の有無などにより分類がなされ，その結果，国立大学が6分類，私立4年制大学が4分類，公立短期大学が3分類，私立短期大学が3分類の合計16種類に分類されている（学生相談研究会,1959）。この頃，すでに学生相談機関およびその活動を支える条件には大学間に大きな差異が見られたことが推察されるが，その後も，各大学の持つ固有の背景，条件により，多様なタイプの学生相談が展開されていくこととなった。

② 1960—1969年：「衰退期」

都留（1994）によれば，このように学生相談に関する体制が少しずつ整備され始めてきた矢先，学生運動がその激しさを増していき，「授業料値上げ反対運動が激化」した。その後の大学紛争の時期には「SPS（student personnel services）も学生助育も影をひそめ，学生相談も一時はその全機能をストップさせてしまわざるを得なかった」という。

当時，学生運動に対して，学生相談としてどのように向き合うべきかが熱心に議論されており，設立間もない日本学生相談学会の発行する「学生相談研究」6号では特集が組まれ，この点について様々な立場から意見交換がなされている（杉渓，1968；伊東・江川・岸田・佐藤・富山・依田・中沢，1968）。そこでは，学生運動にかかわる学生との対話の重要性と学生相談がそれに主体的に取りくむ必要性が叫ばれ，「新しい大学つくりへの学生とカウンセラーの参加」（杉渓，1968）といった理念も提案されるが，その後，それが実現したことを示す資料は見られない。

一方，小柳（1987）は国立大学における学生相談の歴史について，国大協会報をもとに整理，分析している。小柳（1991）によれば，当時，国立大学には「学生の人格形成を専門的に援助する」教官を配置し，また，学生相談に関する全国的な組織である「学生相談センター」を設立する動きがあったものの，詳細は不明であるが，保健管理センター設置の動きが強くなり，それに押される形で学生相談専門の教官の配置と「学生相談センター」設置の動きは消滅してしまったという。そして，1963年を最後に国立大学に学生相談室を新設する動きは途絶えてしまった。その後，1964年に制定された国立大学設置法施行規則に基づき，1966年から国立大学に保健管理センターが設置され始める。大山（1997）によれば，「1964年から65年にかけて，『学生相談センター』の各大学への設置へ向けて『学生相談全国組織』結成の動きがあった」が，保健管理センター設立の動きに押されて挫折してしまい，この頃から「『学生相談』というSPSの一機能の用語が盛んに用いられ」，「学生の人格形成のための総合的な援助というSPSの理念は縮小し，学生『カウ

ンセリング』が主体」となっていったという。

　実際，著者の調べた限りでは，1960年代の学生相談では，学生の精神的問題に関する個人心理療法的なアプローチが重視されていたと思われ，事例研究や心理療法，また，大学におけるカウンセリングの重要性等についての論考が多い（例えば，都留，1964；浜田，1965；村上，1966；中村，1969）。この背景には，「個」よりも「全体」を優先した戦前の全体主義的な教育への反省と，「個」の内面に着目したかかわりの重要性に対する社会の認識の高まりがあったのではないかと考えられる。

　私学では，富山（1969）が日本女子大学における学生相談室（開室は1958年）の様子を報告している。この中でも，1960年の日米安全保障条約批准以降，学生運動が激しくなり，学生指導部と学生の関係が途切れ，学生指導部が自治会関係を，学生相談室がカウンセリングを担当するというように役割分担がなされた旨，記されている。学生全体を対象とした「学生助育」は，学生の管理につながるとして学生からの信頼を得ることができず，それに伴って，個人を対象とした「カウンセリング」機能が「学生助育」から独立していく様子がうかがえる。

③　1970—1979年：「停滞期」

　1970年代前半は学生運動が継続し，大学キャンパス内の混乱は続いていた。学生の内面の管理につながるとみなされかねなかった学生相談は大きな発展を遂げることはなかったようである。

　対馬・福井（1972）によれば，学生相談の領域では1960年代より，グループ・アプローチによる様々な試みがなされていたという。これには，1961年のRogers, C. R. の来日の影響も大きいものと考えられるが，実際，1970年代より学生相談領域におけるグループ・アプローチに関する論考が多く見られるようになってくる（例えば，対馬・福井，1972；村山，1974；近藤，1974など）。面接室内における学生とカウンセラーの一対一のカウンセリングだけでなく，カウンセラー側の専門的あるいは恣意的なかかわりを極力抑えて，

学生同士の自然で人間的な交流や学び合いの中から，学生の成長を促進しようとするアプローチが志向されるようになってきたものと考えられる。

④ 1980—1989年：「再興期」

1980年代以後，学生相談をどのようにとらえるかについての問題意識が高まり，我が国における学生相談のモデルについての研究が増加した。例えば，山本（1987）は，大学コミュニティ内で学生相談機関が有効に機能するためには「システムアプローチ」が有用であると述べている。下山（1987）は，学生相談機関が，学内の様々な資源や組織に学生をつないでいくことが重要であるとし，「つなぎモデル」を提案している。始まりの時期は正確には特定できないが，学生が学生相談室に持ち込む問題は，その程度や種類を問わずに対応する「駆け込み寺」的な相談スタイルとしての「よろず相談」が我が国の学生相談の特徴と考えられるようになっていった（鳴澤，1986）。

1950年代の「学生助育」モデルの導入期に続き，1960年代には個人心理療法をベースにしたモデルが試みられ，1970年代にはその不足を補うという面もあり，グループ・アプローチが導入された。そして，1980年代になり，学生相談活動のこれまでの展開を踏まえ，学生相談の方法論やモデルが模索されたと見ることができる。

⑤ 1990—1999年：「学生相談の専門性明確化への試み」

1990年代になると，学生相談の専門性を明確化させ，その専門性に根ざした理論化，モデル化を志向する研究が増える。例えば，下山・峰松・保坂・松原・林・齋藤（1991）では，我が国において学生相談活動のモデルが未確立であることへの問題意識から，学生相談の活動分類をもとに「統合システムモデル」が提案されている。さらに，平木（1994）は「学生相談室の役割機能モデル」を，小谷（1994）は「学生相談システムズ理論」を提案している。また，九州大学ではカウンセラー自身が教員として授業を担当することに着目した「教育モデル」が提案されている（例えば，藤原，1992；吉良，1998）。鶴田（1998）は，大学生が直面する諸課題という視点から「学生生活

サイクル」による学生相談モデルを，齋藤（1999）は，「『厚生補導』モデル，『大学教育』モデル，『心理臨床』モデルの三者の重なり合いによる『学生相談モデル』」を提示している。

⑥ 2000年以降：「学生相談の専門性確立期」

そして，最近の学生相談の流れを大きく方向付けたのが，「大学における学生生活の充実方策について―学生の立場に立った大学づくりを目指して（報告）」（文部省高等教育局・大学における学生生活の充実に関する調査研究会，2000），いわゆる「廣中レポート」である。この報告書では，「教員中心の大学」から「学生中心の大学」への視点の転換の重要性が指摘された。

また，2003年の学校教育法の改正により，大学は国により認証された評価機関による評価を受けることが義務づけられた。代表的な認証機関である大学評価・学位授与機構や大学基準協会の評価基準の中に，学生相談や学生生活支援に関する事項が設けられたこともあって，学生相談機関を新たに設置した大学も多い。実際，吉武・大島・池田・高野・山中・杉江・岩田・福盛・岡（2010）による全国の大学を対象とした調査では，2001―2008年度において，新たに学生相談機関を設置した4年制大学は121大学あるとされるが，これは回答した大学の約4分の1に相当しており，そのことを裏付けている。

2000年代以降は，急速な社会の変化，大学を取り巻く環境の変化，大学生の質的な変化に対応するために，学生相談機関と学内他部署，学生相談機関のカウンセラーと教職員との連携が重視されるようになる。例えば，宇留田・高野（2003）は大学内の関係者による「コラボレーションによるシステム作りの循環的プロセスモデル」を，吉武（2005）は大学コミュニティ全体を対象とした予防的介入や大学上層部への働きかけなどを積極的に活用する「コミュニティ・アプローチモデル」を提案している。

上記のように様々なモデルが提案される中で，日本学生支援機構（2007）から，「大学における学生相談体制の充実方策について―『総合的な学生支

援』と『専門的な学生相談』の『連携・協働』」(「苫米地レポート」)が出され，学生相談の包括的な整備モデルとして「日常的学生支援，制度化された学生支援，専門的学生支援の3階層モデルによる総合的な学生支援体制の整備」が提案された。このモデルの背景には，2004年に制定された発達障害者支援法などにより，大学における学生の個別のニーズを把握した支援と各関係部署の連携による対応の必要性が認識されるようになってきたことの影響もあると考えられる。

また，日本学生相談学会は学会認定資格として，2001年度から「大学カウンセラー」資格の認定を，さらに，2012年度からは，学生相談機関のカウンセラーと連携・協働して学生支援に携わる教職員を対象とした「学生支援士」資格の認定を開始し，学生相談に特化した専門性の明確化と研修による専門性のさらなる向上に向けた取りくみを始めている。

こうした一連の専門性の明確化とその向上のための取りくみの成果を受け，2013年には，我が国の学生相談機関の組織と運営の基礎となる「学生相談機関ガイドライン」(日本学生相談学会，2013)が作成された。このモデルとガイドラインは，今後の学生相談の方向性を示す基本的な指針となっていくと考えられる。第二次世界大戦後，「新しいもの」(都留，1994)として導入された我が国の学生相談であったが，導入からおよそ60年を経て，大学内における機能と役割，専門性の基礎が確立したといえるだろう。

## 1-3-2 日本における学生相談の発展の特徴

日本における学生相談は，全学生を対象とした学生の成長全体を促進させる当初の「学生助育」という発想から，学生運動による活動の停滞を経て，問題を抱えた学生に対する対応にウェイトが移っていく。その後，さらに，教育機関における相談機関としての位置づけを模索する様々なモデルの提案がなされ，最終的に，学生相談としての専門的な資格や包括的なモデルとガイドラインが作成されるに至った。

また，技法的には，学生個人に対していかにして援助を行うかという個人心理療法を志向した時代から，小集団を対象としたアプローチを加え，大学教育との関係性を重視し，学生の成長を促進する教育的アプローチを意識したモデル，さらには学内関連部署，関係者間の連携・協働などコミュニティへのアプローチを視野に入れたモデルへと移っていった。

　2000年以後の急速なモデル構築の動きの背景には，当時の大学改革の動きが大きな影響を及ぼしていると考えられる。2007年には大学・短期大学進学率が50％を越え（文部科学省，2014），また，本格的な「大学全入時代」を迎え，かつては一部の若者が通う教育機関であった大学は，より多くの若者が通うだけでなく，様々な年齢層の人々が利用する一般的な教育機関となった。それに伴い，大学に対する社会的関心も高まることとなり，大学教育がどのようにあるべきかが広く問われる時代となった。学生相談についてもそれは例外ではないといえるだろう。

　国立大学は国立学校設置法施行規則に基づき，法的に保健管理センターを設置することが規定され，組織的には学生相談がこの枠組みの中で行われている大学も少なくない。この意味では，投下された予算規模に大きな差があるとはいえ，国立大学に限っては，アメリカと同様，国レベルでの後押しがあったといえる。しかし，このことは私立大学や多くの公立大学には当てはまらない。本章で取り上げた国際基督教大学や日本女子大学，その他，比較的大規模の大学や古くからある一部の小・中規模大学を除けば，私立大学および公立大学の多くにおける学生相談体制の整備と発展は遅れることとなった。日本学生相談学会の調査（岩田・林・佐藤・奥野，2016）を見ると，国立大学の実質カウンセラー数は1.36人，私立大学は1.21人，公立大学は0.49人となっていることがわかるが（図1-3），依然として設置形態によりカウンセラー数に差があり，特に，公立大学の少なさが際立っている。

　1990年代後半から2000年代にかけて「臨床心理学ブーム」（尾見，1997）があり，この時期に，臨床心理学やカウンセリングが社会的な注目を集めるこ

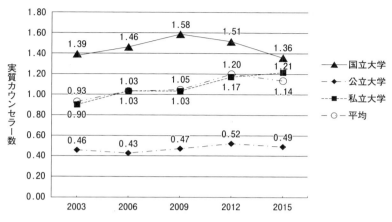

図1-3　日本における大学の設置形態別に見た実質カウンセラー数の推移

ととなり，また，大学改革という社会的な要請の中で学生相談機関の新設が進むが，予算的な裏付けに乏しく，カウンセラーの多くが非常勤という状態は解消されなかった。これには様々な要因が考えられるが，1998年に出された「21世紀の大学像と今後の改革方策について―競争的環境の中で個性が輝く大学（答申）」（文部省大学審議会，1998）の影響を受け，大学がその組織編成と管理運営の整備に追われるようになった（黒羽，2000）ために，学生相談体制の充実が優先事項として扱われなくなった可能性が一因として考えられよう。

## 1-4　日米の学生相談の発展経緯の比較

以上，アメリカと日本の学生相談の発展の経緯を概観した。両者に共通しているのは，時代こそ違うものの新しい活動として導入された「学生相談」を大学という教育機関の中にどのように位置づけていくかが大きなテーマとなっている点であるといえる。

しかし、その過程では、両者には対照的な面が見られた。

第一に、アメリカでは、「大恐慌」や「戦争」、「冷戦」といった政治的・社会的情勢により、いわば国レベルでのプランとして学生相談が後押しされ、莫大な予算が投じられて、施設、人員、プログラムが整備された。これにより、アメリカの多くの大学において学生相談の基礎が固められ、その後の発展を支えた。

一方、日本では、こうした政治的・社会的情勢による国レベルでのプランが学生相談を後押しすることはなかった。そのため、予算的にも施設的にも人員的にも、その体制は脆弱であった。国立大学に限っては、法的な根拠に基づき、保健管理センターの設置が行われたので、この点では事情は異なるが、保健管理センターは本来、医療・保健分野の専門性に基づく組織であり、学生相談独自の専門性に基づいた活動が志向されているとはいえない。また、比較的規模が大きい大学を除いては、私立大学や公立大学において学生相談機関の整備が遅れたということも大きな相違点である。アメリカでも、私立大学より公立大学の方が学生相談体制の整備が若干充実しているという状況が見られるが（例えば、Whiteley, Mahaffey, & Geer, 1987）、いずれであっても常勤のカウンセラーが勤務しているなど、基本的な条件では日本と大きな差がある。（著者注：アメリカにおける公立大学は州立大学であり、規模やその役割の点から見れば、日本の国立大学に相当するといえるだろう）

アメリカの学生相談機関はその後の経済的な状況や社会的な要請の変化により、予算削減のプレッシャーの中、複雑化、多様化し、増加する相談に対応しなくてはならなくなった。その結果、活動をアピールし、説明責任を果たすことが重視され、コンサルテーションやアウトリーチ活動など、よりコミュニティを志向した活動に重点が移った。

一方、日本では、もともと予算的、人員的に規模が小さい中で、複雑化、多様化し、そして増加する相談に対応する必要性から、コンサルテーションやコラボレーションといった、よりコミュニティ志向的な活動が注目される

ようになった。もともとの学生相談体制の整備の状況に差はあるものの，社会の変化への対応が学生相談のあり方に影響を及ぼしている点には両者に共通点があると考えられる。

　第二に，1960年代に学生運動が激しさを増す中，学生相談機関が学生の立場に立って支援を行いながら，大学の一機関として「管理的」と見なされるような位置づけにあるという「二重性」が批判された点も共通している。こうした動きに対し，アメリカでは学生と大学が共同でかかわる委員会を設置するという試みがなされ，学生が学生相談に様々な形でかかわる契機となった。新たな組織による発展的解消の方向性が目指されたといえるだろう。

　一方，日本では，この対立に際し，理念としては，学生との対話の重要性と学生相談がそれに主体的に取りくむことや「新しい大学つくり」の必要性が叫ばれるが，個人心理療法に加えてグループへの志向が高まった点に見て取れるように，大学全体というよりはむしろ学生相談活動の内部において新たな方向性を模索することで対応したと見ることができよう。

　第三に，カウンセリングや心理学に対する人々や社会の認識のあり方の変化にも共通点が見られる。アメリカでは，「アメリカ合衆国退役軍人省のプログラム」が，社会が「カウンセリングを通じてはるかに幸福なアメリカ人を増やすことができるという心理学者への信頼感」を持つ契機となった（McCarthy, 2014）。

　日本でも，2000年前後に「臨床心理学ブーム」があり，この時期に「心の問題」について社会的な関心が高まった。このように，人々が共有するその時代固有のトレンドの影響を受けた点は共通していると見ることができるが，アメリカでは学生相談の整備が進んだのに対し，日本では大学改革の動きに押されて，そうした動きは十分にはもたらされなかった。

　第四に，高等教育の大衆化への対応が学生相談のあり方に影響を及ぼしている点にも共通点が見られる。アメリカでは，大学生の増加に伴い，学生相談が対応する問題も多様化，複雑化し，さらに，予算削減と説明責任の徹底

が運営に影響を及ぼすようになった。限られた予算の中で，より効率的にサービスを提供し，同時に学内における存在感を高めるためにコミュニティ的なアプローチやコンサルテーション，アウトリーチ活動，相談回数の制限や近隣リソースへの積極的リファーといった対応が選択されたと見ることができる。

　一方，日本でも2007年には大学進学率が50％を越え，本格的な「全入時代」を迎えた。それに伴い，大学に対する社会的関心も高まり，大学教育がいかにあるべきかが広く問われる時代となってきた。もともと予算の規模が小さい中で，複雑化，多様化する相談に対応する必要性から，コンサルテーションやコラボレーションといった，よりコミュニティ志向的な活動が注目されるようになった。

　日米とも長期の不況の影響から抜け出すのに苦労しており，大学はより競争的な環境におかれ，費用対効果が重視され，説明責任が求められる時代となった。一方で，急激な社会の変化の影響を受け，入学してくる学生も多様化した。最近では，グローバル化の流れを受け留学生が増加していることに加え，マイノリティの学生への対応が求められるなど，学生への対応には一層のフレキシビリティが必要となっている。学生と一緒に問題をじっくり考えていくことが最も重要であることにはかわりはないが，限られたリソースを適切に配分し，様々な面で学生生活を支えるという方向で学生相談活動を充実させていくことも必要である。学生相談の発展を考える場合，こうした側面も今まで以上に積極的に考えていく必要があるといえるだろう。

　アメリカの状況との類比で考えれば，予算削減と大学改革の圧力の高まりにより，日本においても，これまで以上に費用対効果と説明責任が求められるようになることが予想される。また，学生・家族のサービスの享受者としての権利意識の高まりにより，学生への教育的対応，生活指導的対応に加え，家族に対する心理教育的な対応に取り組むことがその中心的業務のひとつとなっていくことも考えられる。18歳人口のさらなる減少を受けて，大学

にとっての重大な関心事である学生数確保のプレッシャーに加え，自殺予防や事件・災害等の危機事態における精神的ケア，訴訟をはじめとしたリスクマネジメント等に対する学生相談機関としての指針を定めることが必要となるだろう。

　これらは大学経営に関する問題でもあるが，それに対してどの程度関与し，発言ができるかどうかが学生相談機関の存続と発展のための鍵となる可能性がある。こうした問題に対して，学生相談の専門性を維持していくためには，ひとつの大学内部における対応だけでなく，大学を超えた学生相談機関の共同による取り組みが，これまで以上に必要になってくると考えられる。

## 1-5　本書における問題設定および目的と構成

### 1-5-1　本書における問題設定

　これまで述べてきた学生相談の歴史と，現在，学生相談を取り巻く状況を踏まえると，日本の学生相談機関が今後，取り組むべき課題を大きな枠組みでとらえれば，

① 限られたリソースの中で，学生の利用をいかにして促進するか
② 学生への対応を十分に行えるような相談スタッフの体制，組織としての学生相談機関の体制をいかにして構築するか
③ 急激に変化する社会に対応し，充実した相談体制を構築していくためにはどのような点に考慮すべきか

の３点をあげることが可能だろう。
　①についてであるが，アメリカの学生相談機関におけるカウンセラー数と

の比較で明らかになったように,日本の学生相談機関におけるカウンセラー数は非常に少なく,また,非常勤が多いため,学生相談活動にかけられる人的資源が小さい。一方で,キャンパス内には支援を必要としながら,学生相談機関に結びつかない学生が少なくないと予想される。したがって,限られたリソースを有効に活用して,こうした学生の利用を促進するための方策を検討する必要がある。

学生の利用促進ついて明らかにしようとしたものに援助要請行動についての一連の研究がある(Fisher & Turner, 1970;Vogel & Wester, 2003;日本においては,水野・石隈,1999;高野,2015など)。この領域においては,性別や年齢,人種などの属性的変数,抱える問題の程度,学生相談機関に対する認知,援助を求めることに関する様々な心理学的変数,実際の来談との関連が分析され,また,学生相談機関への来談行動をモデル化し,そこから実践的な工夫についての示唆が得られている。しかし,日本においては研究の蓄積が少ないのが現状である。日本の学生相談の発展のためには,この領域において得られた知見の信頼性,妥当性の検証を重ねていく必要がある。

②についてであるが,日本の大学における学生への支援の必要性の高さを考えれば,限られたリソースで取り組むことに加えて,カウンセラー数や受付担当者などの人的な面での充実,面接室数や心の健康に関する図書などの施設・備品等の面での充実,カウンセラーの待遇の改善や研修機会の確保などの労働条件の面での充実などについて,大学運営者・経営者と交渉し実現していく必要がある。

こうした相談体制および学生相談機関の体制の充実に関する研究は,学生相談機関自体を研究対象とした研究領域になる。日本では,学生相談機関を直接の研究対象とした研究は,日本学生支援機構や日本学生相談学会が実態把握のために行う調査と,各大学の学生相談機関が自大学における学生相談活動を報告・分析する報告書によるものが大半である。学生相談機関の相談体制を充実・発展させるためには,学生相談機関自体を対象とした全国的で

横断的な調査研究が必要である。

③についてであるが、アメリカと日本の学生相談の歴史的経緯から、学生相談が様々な社会的要因の影響を受けながら発展してきたことがうかがえた。近年、社会は急激に変化し続けており、大学やそこで学ぶ学生もその影響を強く受けているものと考えられる。

この点について、本研究では、特に、情報化社会への対応を取り上げる。その理由は、学生相談機関が対象とする大学生が、情報化社会にいち早く適応している世代であり、彼らの情報化社会への親和性を考えれば、学生相談機関がこの点についてどのように対応し、実践に取り入れていくかがひとつのポイントとなり得ると考えられるからである。すでに大学では情報化社会への対応が必須のものとなっており、インターネットを活用した社会への情報発信やイントラネットを活用した学生への教育体制の整備などをほとんどの大学が行っている状況にある。学生相談機関が、こうした学内の状況の変化にどのように対応するかといった点についても検討する必要があるだろう。

## 1-5-2　本書の目的

上記の3点を主題に据え、本書では、学生相談機関およびその活動の「発展」をひとつの研究の対象として取り上げ、それに対して様々な角度から分析を加え、得られた知見を今後の学生相談のさらなる発展に生かすことを目的とする。学生相談機関およびその活動の「発展」という研究対象それ自体が壮大なテーマであり、当然のことながら、一研究者が取り組める内容はきわめて限定されたものとならざるをえない。

そこで、本書では、次の点を中心的なテーマとして取り上げ、実証的に検討を進めるものとする。

① 学生相談機関の利用を促進するためにはどのような方法が効果的か。

② 学生相談活動および学生相談機関の相談体制の発展に寄与する要因は何か。
③ 学生相談機関の情報化社会への対応の現状および課題はどのようなものか。

## 1-5-3 本書の構成

上記のテーマについて明らかにするために，本書では以下のような構成のもとに検討を進める。

まず，第2章では，テーマ①について知見を得るために，利用促進のために必要な実践的な介入とその効果を扱った研究を取り上げ検討する。具体的には，研究Ⅱにおいて，ある学生相談機関の再開室過程を取り上げ，その初期における活動と利用促進との関係について分析を加える。次に，研究Ⅲにおいて，大学生を対象にした調査を行い，学生相談機関に対するイメージと周知度が来談意思に与える影響について検討する。さらに，研究Ⅳにおいては，実験的な手法を用いて，利用促進を目的とした介入の効果と学生の来談意思，学生相談機関に対する周知度とイメージの変化との関連を明らかにする。

このように実践的研究，調査的研究，実験的研究といった異なるアプローチを織り交ぜて検討を進めるのには，次のような理由がある。一般に，調査的な研究による相関関係の分析において，要因間に一定の関係が見られたとしても，それらの因果関係を実証したことにはならない（Rosenthal & Rosnow, 1984）。因果関係を明らかにするためには，条件を統制した上で介入を行い，その効果を測定する実験的なアプローチが必須である。また，いかに相関関係や因果関係が明らかになったとしても，それが学生相談の実践の場にどのように適用されうるのかについて記述しない限り，研究で得られた知見を臨床実践に活用することは難しい。この意味で実践的研究も必須である。

第3章では，学生相談機関を対象とした研究により，学生相談機関の組織としての発展に寄与する要因を探る（研究Ⅴ）。前節でも触れたが，学生相談の研究領域においては，一般の学生や来談学生を対象にした調査研究，事例研究は多く見られるものの，学生相談機関それ自体を対象とし，多くの学生相談機関を比較対照する研究は見られない。広く学生相談機関を対象とした調査を実施することにより，独自性の高い知見が得られるものと考えられる。

第4章では，学生相談機関のウェブサイトを取り上げ，その現状と課題について明らかにする。具体的には，日本の学生相談機関のウェブサイトの現状について，アメリカとの比較に基づき，最近約10年の変化を検討する（研究Ⅵ，研究Ⅶ，研究Ⅷ）。これらの研究により，今後，学生相談機関が情報化社会にどのように対応し，相談体制を発展させていくかについて示唆を得る。

第5章では，第1章から第4章までの検討を踏まえ，学生相談の発展のために必要な介入の方向性および実践的な工夫のあり方について考察する。それにより，学生相談の実践に資する知見を提示したい。

## 1-5-4　本書における用語の定義

本書で用いる主要な用語について以下のように定義する。なお，「学生相談機関」および「学生相談カウンセラー」の定義については，日本学生相談学会が3年ごとに行う全国調査を参考にして設定した。また，「学生相談機関およびその活動の発展」については，これまで述べてきた日本の学生相談機関の抱える課題を踏まえて設定した。その他の用語については，各章において適宜，説明を加える。なお，本書では，学生相談機関への学生の接触を指し示す用語として，「来談」と「利用」のふたつの用語を用いているが，「来談」は「相談」を主たる目的として訪れる場合，「利用」は必ずしも「相談」に限らず，広くリソースとしての学生相談機関にアクセスする場合を指し示している。

① **学生相談機関**

「当該大学の学生およびその家族・保護者，教職員等を対象に，学生の心理的問題，対人関係・家族関係の問題，精神衛生上の問題，進路就学の問題等の様々な問題について，学生生活の支援を目的として相談に応じる学内の部署」

② **学生相談カウンセラー**

「学生相談機関において，心理学や精神医学，その他対人援助に関する専門性に基づき，学生生活の支援のための相談に応じることを業務とする教職員（非常勤・常勤，専任・兼任等，雇用形態・勤務形態は問わない）」

③ **学生相談機関およびその活動の発展**

「学生相談機関および学生相談活動の二つの面での発展。具体的には，学生相談機関の予算，施設・設備，人員，学内組織としての位置づけ等が向上すること，学生相談機関が提供するサービスが多様化，充実化すること，学生相談機関の利用者が増加すること，の三つの側面からとらえられる学生相談機関の活動の拡大および学生相談活動の質の向上」

# 第2章 学生相談機関の利用促進に寄与する要因に関する研究（研究Ⅱ・Ⅲ・Ⅳ）

## 2-1 はじめに

　第1章の日米における学生相談の発展の歴史の概観からは，学生相談機関の活動は，社会的な状況，大学を取り巻く環境，人々の価値観の変化などの様々な外部的要因と，学生相談関係者や大学教職員の取り組み，そして，その他の学内の様々な内部的要因が相互に影響を及ぼし合い，変化，発展していくことが見て取れる。

　第2章では，発展に寄与する要因のうち，特に学生の利用促進に寄与する要因を取り上げ，実践的研究，調査研究，実験的研究といった複数の手法により明らかにすることを目指す。

　日本の学生相談機関は，アメリカのように大学内において中心的な位置にある組織としては発展してこなかったとされる（大山，2000）。学生相談機関の学内における存在感を高めるには，何よりも学生相談機関の利用者を増やし，活動を発展させることが必要である。そうした視点からも利用促進につながる方法の研究は重要である。

## 2-2 学生相談機関の再開室過程における実践の分析（研究Ⅱ）

### 2-2-1 問題と目的

　研究Ⅱでは，著者自身がかかわった学生相談室の再開室の過程を取り上

げ，再開室に際しての大学内の諸状況と，その後の学生相談活動および学生相談機関の発展の過程に分析を加える。学生相談機関の発展に寄与する要因を考える場合，その活動がゼロの状態からいかに変化するかを分析することは，発展に寄与する要因を直接的にとらえることにつながると考えられる。

新設される学生相談機関の運営初期の状況については，いくつかの事例報告がある。例えば，武田・渡邉（1993）では，学生相談室の開室の経過を報告し，開室までの準備段階，開室1年目の活動の概要が詳細に記述されている。そして，学生相談機関が学内で有効に機能するために，準備段階から開室初期にかけて教職員との人的なつながりを作ったことや，学生・教職員にその存在と役割をピーアールすることで学内への定着を目指したことが効果的であったことが指摘されている。

また，讃岐（1997）は，学生相談室開設初年度の事例について報告している。この中で，「学内他部所とのつながりを Th（著者注：Therapist の略）が模索し」つつ相談にあたったこと，学生部職員など学生と直接関わりのある教職員と学生相談機関が「補完し合う形で」学生の成長に向けて働きかけを行ったことが効果的であったことが報告されている。

いずれの報告でも，開設初期から学内でのネットワーク作りと学生相談機関の位置づけを意識した活動が行われており，学生相談機関の開設初期に必要となる活動について示唆に富んでいる。また，開設初期の活動は，開設初期にとどまらず，その後の活動のあり方の雛形となっていくと考えられる。こうした点からも，開設初期の活動の展開を事例的に分析することはきわめて重要であると考えられる。本研究では，武田・渡辺（1993），讃岐（1997）らにあるような実践の分析に加えて，学生を対象にしたアンケートの結果との関係を探ることで，知見の信頼性を高めることを目指す。

## 2-2-2　方法

ある私立小規模大学におけるおよそ2年間にわたる学生相談室再開室の過

程を分析する。具体的には以下のような手順で研究対象を提示し，分析を進める。

① 分析の対象となった大学の特徴および学生相談室閉室から再開室に至るまでの経緯を概観する。
② 学生相談活動の再開とその後の活動経過および利用状況を概観する。
③ 学生を対象とした学生相談に関するアンケート調査の結果と学生相談室の利用状況との関係について探る。
④ ①—③の過程を踏まえ，学生相談室の利用促進および発展に寄与する要因について考察する。

## 2-2-3 結果

### (1) 分析の対象となったA大学およびA大学学生相談室閉室までの経緯
#### ① 大学の特徴
A大学は1970年代に創立された関東地方の地方都市にある学生数約2000人の比較的小規模な私立大学である。著者着任2年後に大規模な改組が行われた。

#### ② 閉室から再開室に至るまでの経緯
以下，著者がA大学に着任した年度をX年度とする。A大学学生相談室はX-1年度まで閉室状態にあったが，閉室に至る経緯については正式な記録が残っていなかった。そこで，著者が主にX年度に得た様々な情報から，その経緯を再構成すると以下の通りとなる。

A大学においては，かつてはカウンセリング等を専門とする人文系の教員1名が学生相談にあたってきた。学生便覧には「学生相談室」の説明がなされているものの，学内組織図に「学生相談室」が明確に位置づけられていたわけではなく，運営に関する規程も運営委員会もなかった。しかし，閉室になる前には，学生相談室と保健室の連携も含めた学生への相談・援助活動なども行われていたということである。その後，A大学では大学の運営方

針をめぐり学内的な混乱が生じ，著者の前に学生相談を担当していた教員が他大学へ転出したのを機に，しばらくカウンセリング等を専門とする教員が不在となり，学生相談室の閉室状態が続いた。この間は，カウンセリングに関心があった保健室職員が個別に学生の相談にあたっていた。その後，カウンセリング等を専門とはしない人文系の他の教員が自主的に「学生生活相談室」を開設し，週に2回程度，昼休みの間だけ会議室を使用して学生の相談にあたった。「学生生活相談室」では，レポートの書き方や大学での勉強の仕方など，修学上の問題に関する相談が多かったという。

　「学生生活相談室」開室後，しばらくして保健室職員は退職したが，後任の保健室職員は補充されず，それ以後，保健室も事実上，閉室状態が続いた。こうした状況に対して，人文系教員らの意向もあり，学生相談室の再開室に関わる教員を採用することとなった。著者の着任時までに，A大学の学生相談室は6年間閉室状態にあったことになる。

(2) 学生相談活動の再開とその後の活動経過
① 活動再開のための準備
　著者は，「学生相談室を主管すること」，「教職課程を担当すること」，「一般教養科目を担当すること」を主な条件とした人文系の教員としてX年度に着任した。「学生相談室を主管する」ということに関しては，「必ずしも全ての相談を直接担当するということではなく，ゆくゆくは専門の相談員を雇うということを視野に入れており，大学自身もそのための予算を考えているようである」という説明を受けていた。

　着任間もない頃は学生委員長がカウンセリング・ルーム（著者注：再開室を機に「学生相談室」を「カウンセリング・ルーム」と改称し，新たにスタートすることとなった）関連の様々な事柄のサポートにあたった。なお，学生委員長は著者と同一の教員組織に所属している教員であり，先述の「学生生活相談室」における相談も担当している。

4月の学生ガイダンス時に，他の諸々の連絡事項とともに学生課職員より新入生に対してカウンセリング・ルームの紹介が行われた。カウンセリング・ルームはかつての学生相談室の部屋をそのまま用いた。著者としては，カウンセリング・ルームを，学生が気軽に立ち寄ることができ，また，「よろず相談所」（鳴澤，1986）的に十分活用してもらえるような場所にしたいと考えながら，活動を開始した。

② 初年度の活動の概要

初年度は，先述のような大学の歴史的経緯や閉室に至るまでの状況が徐々にわかってきた時期である。初年度の大きな目標は，著者自身がA大学の学内状況や学生気質について理解を深めることであった。

[X年4月―5月]

4月の学生ガイダンス以外には特に広報活動は行わなかったが，4月当初から対応の難しい相談があり，学生委員長，学生課長と頻繁に連絡を取り合った。他にも何件かの相談があったが，こちらの受け入れ態勢があまり整わない時期でもあり，著者は相談を受けるスタンスの定まらなさに不安を覚え，大学内での「カウンセリング・ルーム」の位置づけをもう少し明確にしたいという気持ちが強くなった。そこで学生課長にこの点を問い合わせ，「学生課所管の活動であり，それを人文系の教員に依頼している」という趣旨のことを確認した。同時に，カウンセリング・ルームの予算の件については「X年度予算に組まれていないので経費は支出できない」とのことであったので，次年度の予算編成の際にはぜひ申請させてほしい旨伝えた。

[X年6月―8月]

大学全体で「自己点検・評価報告書」を作成することになり，著者が「学生相談」・「教職課程」関連の担当となったため，カウンセリング・ルームと関係が深い学内部署，教職員と連絡を取ることが多くなった。「自己点検・評価報告書」の中に相談体制の整備・充実や専任の相談員の配置の必要性などを盛り込んだ。相談活動では，学生課長から「気になる学生」の紹介を受

けたほか，著者が担当する授業を聞いて来談した学生からの相談もあった。

[X年9月―10月]

　4月にカウンセリング・ルームのガイダンスが行われたのは1年生のみであったことを踏まえ，9月の後期ガイダンス時に，カウンセリング・ルームの案内を学部学生全員に配布し，存在の周知に努めた。教務課から，履修相談に訪れたが「専門的なカウンセリング」が必要と考えられる学生の紹介を受けた。この時，教務課長から，「専門的なカウンセリング」が必要と考えられる学生は全てカウンセリング・ルームに紹介することで，教務課内では意思統一が図られていると伝えられた。

[X年11月―X+1年3月]

　教務課の教職課程担当職員の熱心な依頼を受け，著者と教務課が中心となって，教職課程履修者のための講習会を実施したことを契機に教務課と頻繁に連絡を取り合うことになり，教務課職員ほぼ全員と面識ができた。この後も，教職課程関連で様々な新しい試みを行うこととなった。著者にとっては着任してまだ月日が浅いうちに業務を増やすことはかなりの負担であったが，次第に，この過程で多くの学内情報に接することができることに気づいた。上述の通り，実際，教務課には「教務的な相談」で窓口を訪れるものの，背後に学生生活全般に対する課題を抱えている学生が多いこともあり，学生に関する情報交換も行われるようになっていった。この時，形成された教務課とのネットワークは後にカウンセリング・ルームの体制の整備に大きな役割を果たすことになった。

　カウンセリング・ルームのX年度経費の実績の報告とX+1年度の予算措置願いを学生課長に提出し，次年度に向けて学生課との間で予算の交渉を行ったが，独自の予算を認めてもらうことはできなかった。しかし，学生課長の配慮もあり，学生課予算内であるが，カウンセリング・ルーム分の予算が確保されることとなった。

③　2年目の活動の概要

1年目の相談件数が少なかったことから、広報活動を増やし、学生にカウンセリング・ルームの存在を知ってもらうことを2年目の活動方針とした。

[X+1年4月―8月]

学生課の新入生ガイダンス時にカウンセリング・ルームを紹介する時間を設け、著者自身がカウンセリング・ルームの説明を行った。また、カウンセリング・ルームのパンフレットを学部学生全員に配布するとともに、学生課掲示板、各学科掲示板、大学院掲示板、食堂など学生が目にしやすい場所にポスターを掲示した。

相談件数は少なかったが、学生委員長、学生課にカウンセリング・ルームの活動をよりよく理解してもらうこと、今後の活動の充実化に向けたアピールすることを目的として、X年度の活動報告書を作成し、学生委員長、学生課に提出した。しかし、結局、カウンセリング・ルームの活動を学内の正式な会議体で報告する機会を得ることはできなかった。

[X+1年9月―X+2年3月]

後期ガイダンス時に、4月と同様にカウンセリング・ルームのパンフレットを配布した。

相談が増えてきたこと、学内の改組に関する業務が増えたことなどにより、著者に余力がなくなり、この時期には上記以外の新たな活動は行えなかった。4月にポスター等で「性格検査」、「職業興味検査」等の紹介をしたためか、心理検査を受けることを契機として来談する学生が比較的多かった。

また、X+2年度より、学内の改組に伴い、心理系学科が設置されることとなり、著者は心理系学科に移籍することを打診された。学内の諸状況を勘案すれば、学生相談に携わる人員をX+2年度までに新たに配置することは非常に難しいこと、これまで同様、学生相談業務を著者が単独で行うことになる可能性が大きいことが予想された。

著者としては、大学内における位置づけが曖昧なまま、学生相談の業務と新設される学科の業務の両方をこなすことは極めて難しく感じられ、このま

まではカウンセリング・ルームが再び閉室に近い状態になることが懸念された。そこで，関係する教員に，著者の配置換えとともに学生相談業務を心理系学科の複数の教員で分担する案を提案したところ，理解が得られたため，X+2年度より，カウンセリング・ルームは新しく心理系学科に着任した教員と著者の2名体制で運営されることとなった。一方，「学生生活相談室」は，学内改組の影響を受け，相談を担当していた主体の組織が再編されたため，X+2年度前期の段階で閉室状態となった。

(3) 2年間の利用状況

再開初期の利用状況を表2-1および表2-2に示した。1年目の相談件数（実数）は8件，相談回数（延べ数）は41回，2年目の相談件数（実数）は13件，相談回数（延べ数）は65回であり，実数，延べ数とも増加した。しかし，学生数約2000人に対する割合で見ると，来談率は約0.4％から0.65％に増加したに過ぎず，学生生活相談室の利用者（年間延べ40—50人程度）を差し引いたとしても，まだ，潜在的には利用可能性のある学生が多いのではないかと推察

表2-1 学年別相談件数（実数）・相談回数（延べ数）

| | 相談件数（実数） | | | | | | 相談回数 |
| | 1年 | 2年 | 3年 | 4年 | 大学院生 | 計 | （延べ数） |
|---|---|---|---|---|---|---|---|
| X年度 | 3(0) | 1(0) | 0(0) | 2(0) | 2(1) | 8(1) | 41 |
| X+1年度 | 4(1) | 3(0) | 2(0) | 2(0) | 2(0) | 13(1) | 65 |
| 計 | 7(1) | 4(0) | 2(0) | 4(0) | 4(1) | 21(2) | 106 |

注）括弧内は女子で内数

表2-2 相談内容別相談件数（実数）

| | 進路修学 | 心理性格 | 対人関係 | 精神衛生 | 家族関係 | 学生生活 | 計 |
|---|---|---|---|---|---|---|---|
| X年度 | 2(0) | 1(0) | 1(0) | 0(0) | 2(0) | 2(1) | 8(1) |
| X+1年度 | 2(0) | 1(0) | 2(0) | 4(0) | 1(0) | 3(1) | 13(1) |
| 計 | 4(0) | 2(0) | 3(0) | 4(0) | 3(0) | 5(2) | 21(2) |

注）括弧内は女子で内数

表2-3 来談経路別相談件数（実数）

|  | 直接 | 紹介 | 授業 | 継続・再申込 | 計 |
|---|---|---|---|---|---|
| X年度 | 2(0) | 3(1) | 2(0) | 0(0) | 8(1) |
| X+1年度 | 6(1) | 4(0) | 1(0) | 2(0) | 13(1) |
| 計 | 8(1) | 7(1) | 3(0) | 2(0) | 21(2) |

注）括弧内は女子で内数

された。

　また，利用学生の来談経路を見ると，教職員からの紹介という相談がX年度で3件，X+1年度で4件，全21件中7件（33.3％）と比較的高い割合で占めていることがうかがえる（表2-3）。後述の学生へのアンケート結果からもわかるように，再開室して間もない時期には，学生相談機関の存在自体が学生にはまだよく知られておらず，このため相対的に教職員からの紹介が多くなったものと考えられる。

(4) アンケート調査の結果とカウンセリング・ルームの利用状況との関係

　学生相談機関の活動を充実させるためには，学生相談機関が学生からどのように認知されているかということを把握することが重要であると考えられる。そこで，学生を対象にしたアンケート調査の結果からこの点について検討する。

① 初年度のアンケート調査の結果から

　X年度7月に，大学による全学生を対象とした「学生生活に関するアンケート調査」が実施された。その中のカウンセリング・ルームに関連する項目の結果を示す。まず，「周知度」についてであるが，図2-1にあるように「利用した」と「知っているが利用したことはない」を合わせると，64.0％の学生が学生生活相談室の存在を知っていたことになるのに対し，カウンセリング・ルームのそれは46.5％であった。X年度は4月のガイダンス時に，新入生に対してのみカウンセリング・ルーム，学生生活相談室の説明が行わ

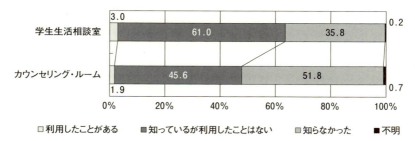

図2-1　学生生活相談室およびカウンセリング・ルームの存在の周知度（X年度）

れたが，在校生については，両者の説明は特に行われなかった。このため，昨年度まで閉室状態にあり，名称も変更されていたカウンセリング・ルームの周知度が低かったのは当然といえるだろう。

次に，「相談したこと，相談したいこと」について検討する。両者の質問項目の選択肢に一部違いがあるため，直接比較することには留意が必要であるが，学生の状況について少しでも有益な情報を得るために，そのまま比較に用いた（図2-2，図2-3）。図2-2，図2-3の上段のX年度における「相談したこと，相談したいこと」を見ると，カウンセリング・ルームの「特にない」という回答を除いて考えれば，両者とも「就職」，「進路」，「学業」の順であり，ほぼ同様な傾向を示していると見ることができる。すなわち，カウンセリング・ルームと学生生活相談室は，学生には似たような場所と認知されていた可能性が高いと考えられる。

② 2年目のアンケートの結果から

活動再開2年目には，「学生生活に関するアンケート調査」が行われなかったため，著者の担当する授業（著者注：この授業は教養科目として設置されており，履修者は1－2年生が多いが，卒業までに多くの学生が履修する科目である。）に出席していた121人の学生を対象に調査を実施した。なお，調査参加者には，学生生活支援の向上をはかるという調査の趣旨と目的を説明の上，回答は無記名式であり，すべて統計的に処理されること，また，成績評価等には

第2章　学生相談機関の利用促進に寄与する要因に関する研究（研究Ⅱ・Ⅲ・Ⅳ）　49

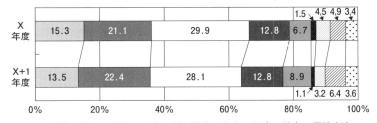

図2-2　学生生活相談室で相談したこと，相談したいこと

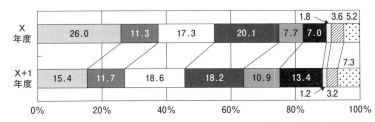

図2-3　カウンセリング・ルームで相談したこと・相談したいこと

関係がないこと，協力したくない場合は調査に回答しなくてもよいことを伝え，調査への協力について承諾を得た。

アンケートでは，カウンセリング・ルームと学生生活相談室の「存在」，「開室日時」，「場所」についてたずねた。「相談したこと，相談したいこと」については，前年度と同じ項目を用いた。このアンケートの前に授業の中で学生生活相談室，カウンセリング・ルームに関する説明は特に行っていなかったので，回答は，X年9月―X+1年4月までの3回のガイダンスとポスター掲示という広報活動の効果をおおむね反映していると考えられる。

まず，存在の「周知度」について検討する。図2-4より，「利用したことがある」，「知っているが利用したことはない」を合わせると，学生生活相談室が75.3%，カウンセリング・ルームが70.8%となっており，両者とも7割以

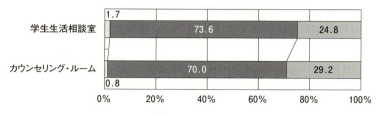

図2-4　学生生活相談室およびカウンセリング・ルームの存在の周知度（X+1年度）

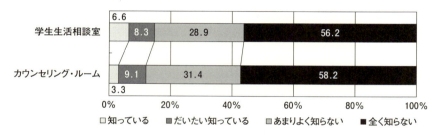

図2-5　学生生活相談室およびカウンセリング・ルームの開室日時の周知度（X+1年度）

上の学生が存在を知っていることがわかる。これらの値は両者とも前年度よりかなり増加していた。次に，「開室日時」についてであるが，「全く知らない」と答えた学生が学生生活相談室で56.2%，カウンセリング・ルームで58.2%となっており，いずれにおいても半数以上の学生が依然として開室日時を知らないという状況であった（図2-5）。

次に，「場所」についてであるが，「全く知らない」と答えた学生は，学生生活相談室が42.1%であったのに対し，カウンセリング・ルームでは半数以上の51.7%に達しており，「場所」についての周知度に差があることがうかがえた（図2-6）。

最後に，「相談したこと，相談したいこと」について検討する。図2-2，図2-3の下段を見ると，学生生活相談室については，前年度の調査と同様，「就

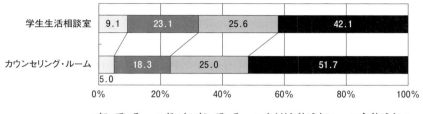

図2-6 学生生活相談室およびカウンセリング・ルームの場所の周知度（X+1年度）

職」,「進路」,「学業」の順であったのに対し，カウンセリング・ルームでは，まず,「特にない」が大きく減少（26.0%→15.4%）していた。また,「特にない」を除けば，初年度は上位3位が「就職」,「進路」,「学業」の順であったのに対し，2年目は「進路」,「就職」,「対人関係」と順位が入れ替わっていた。さらに,「性格」（7.7%→10.9%）「対人関係」（7.0%→13.4%），「精神衛生」（5.2%→7.3%）などで増加が見られた。

これらの結果を見ると，ガイダンス時におけるカウンセリング・ルームの紹介やポスター掲示などを中心とした広報活動などにより，カウンセリング・ルームの存在についての「周知度」が増し，また,「相談したい内容」についてもイメージがより具体的なものとなったことがうかがえる。すなわち，カウンセリング・ルームは「対人関係」,「性格」,「精神衛生」の相談をする場所という見方をする学生が増え，カウンセリング・ルームが学生生活相談室と機能的に分化してイメージされてきたと推測される。

### 2-2-4 考察

**(1) 学生相談機関の開設初期における発展に寄与する要因**

**① 関係者との初期の関係構築**

讃岐（1997）の指摘にもあるように，学内のネットワーク形成には，学生

相談機関を訪れた学生への援助をめぐって関係する教職員，諸部署が連携をはかり，そのことによって有機的な関係が生まれるというパターンが多いであろう。A大学の場合には，開設初期で相談件数が少なかったこともあり，こうした面から形成されたネットワークはまだ小さい状況であったが，それでも初期における教職員との関係構築は学生相談機関の活動を軌道に乗せるために必要不可欠であったと考えられる。一般的に，小規模な大学では，学生相談機関に対する大学のバックアップ体制も整っていないことが少なくないが，そういう場合こそ，初期における教職員との関係構築が重要になってくると考えられる。

渡邉・加藤・深見・橋本・濱田・諏訪（2011）は，学生相談におけるネットワーク型支援の有効性と課題について報告している。また，日本学生支援機構（2007）や齋藤（2015）の指摘にもあるように，学生相談において関係者との「連携」はきわめて重要である。「連携」については，その性質上，学内の諸事情を把握し，学生相談機関の学内における位置づけがある程度固まった段階で行う方が効率的であろう。しかし，本研究で示したように，学生相談機関の活動初期から関連する部署の関係者と少しずつ関係を作っていくことは，その後の活動の発展を支える基盤となりうると考えられる。

② 開設初期における広報活動の効果

カウンセリング・ルームに対する学生の周知度は，1年後には初年度より高くなっていた。著者の行った広報活動は一般的なものであると考えられるが，それでもその効果はあったものと推測される。広報活動のみで利用する学生が増えるというような単純な図式が成り立つわけではないであろうが，本研究における実際の来談件数の統計からは，広報活動が学生の利用の促進に一定程度の影響を及ぼすことが推察される。

また，学生の周知度に加え，学生相談機関にはどのような相談が適切かという学生が持つ印象も重要である。アンケートの結果を見ると，A大学では「性格」，「対人関係」，「精神衛生」に関して「相談したこと，相談したい

こと」という回答が増えていることから、「深刻な悩みを持っている人が行く所」というようなやや敷居の高い場所としてイメージされている可能性も考えられる。したがって、今後の活動方針としては、学生のこのようなイメージをいかに改善していくかという点が重要となってくるだろう。このように活動初期において、学生の状況を把握することは、その後の活動指針を立てる際に活用することが可能である。

③ 学内における情報収集の必要性

A大学での実践において、著者が学生相談機関を組織として位置づけるために効果的であったと強く感じたこととして、学内の情報を早め早めに収集したことがあげられる。著者の場合、教務課をはじめ、学内の様々なネットワークを通じて、大学内の様々な情報や学内改組の動きを速やかに知ることができた。このことが、結果として、カウンセリング・ルームの組織としての位置づけの改善に寄与した。

④ 相談担当者の増員

A大学では、X+2年度より、学生相談業務を心理系学科の教員が分担することとなり、カウンセラーも2名体制となった。研究の対象とした期間の後のX+2年度には、相談件数（実数）が21件（来談率約1％）、相談回数（延べ数）が82回と、X+1年度に比べて、実数で8件、延べ数で17回増加している。教員職にあるカウンセラーが2名になったことは、人的資源が増えるという直接的なメリットに加えて、特に、小規模大学にあっては、学内における発言力という点でも意味があったのではないかと考えられる。また、著者は、学科の複数の教員が分担したことにより、その後、カウンセリング・ルームの運営をどのように行うかについて議論するための場が明確になったという点でも意味があったと考えている。

⑤ A大学カウンセリング・ルームのその後の発展状況

著者はX+2年度末で他大学に異動したため、カウンセリング・ルームのその後の活動には関与していないが、以後、カウンセリング・ルームは着

実に発展を遂げたようである。まず，X+2年度は週2日の開室であったのが，およそ10年後には週5日の開室となっている。そして，非常勤ではあるが学生相談専従のカウンセラーが相談に対応している。また，独自の予算がなかったため，当時は空き教室をカウンセリング・ルームとして利用し，備品も古いものを継続して利用してきた状況にあったが，これについても専用の新しい部屋が用意され，また，備品も新しいものに買い換えられるなどし，アメニティが格段に向上している。著者在任時より，学生が利用しやすい体制が整えられている状況にあるといってよいであろう。

(2) **本研究の限界と今後の課題**

本研究は，ある私立大学における学生相談機関の再開室について，活動初期の非常に短期間の実践を振り返ったものである。その点で，他大学への適用可能性については限界を有しているといえる。また，学生の来談件数の増加とアンケート調査における周知度の増加が同時期に起きていることから，それらに因果関係があると考えて分析を加えたが，両者の関係について直接的に検証できているわけではない。この点についても注意が必要である。

より長期的な実践過程に基づく分析や，学生や教職員を対象としたアンケート調査，実際に来談した学生に対する調査などを通じて，広報活動と来談との関係について検証を重ねる必要がある。また，広報活動の方法の差異による来談状況の変化について，実験的なアプローチを踏まえた研究も必要であろう。

## 2-3 学生相談機関に対するイメージおよび周知度と来談意思の関係（研究Ⅲ）

### 2-3-1 問題と目的

研究Ⅱでは，学生相談室の再開室の実践について分析し，学生が学生相談室をどのような相談に適した場所ととらえているか，場所や開室日時を知っているか否か等が利用の促進に関連していることが示唆された。学生相談に関する広報活動により，学生の周知度が高まったり，学生相談室に対するとらえ方が変化したりすれば，学生の利用が促進される可能性がある。また，そのことにより，不適応状態に陥った学生に適切な援助が行われる可能性も高まると考えられる。

一方，ひとつの大学における実践で示唆された知見だけでは，こうしたかかわりの効果が他の大学にどの程度適用できるのかが明確になったとはいえない。知見をより一般化するためには，実践活動の事例分析をつみ重ねることに加え，他のアプローチによる検証が必要である。この点を踏まえ，研究Ⅲでは，学生を対象としたアンケート調査というアプローチによって検証を行う。

大学生の来談行動については，高野・宇留田（2002）が社会心理学における「援助要請行動」をベースにした概念を用いてモデル化している。彼らは，学生が援助要請行動を取る際の負担として，設備面でのアクセスのしやすさなどの「経済的・物質的コスト」と，援助を要請すること自体に付随する心理面での負担である「心理的コスト」を挙げている。そして，学生の来談には「心理的コストを下げるために，相談機関に対するイメージを改善すること」が重要であることを指摘している。

そこで，研究Ⅲでは，「経済的・物質的コスト」にかかわる要因のひとつとして，学生の学生相談機関に関する周知度を，「心理的コスト」にかかわる要因のひとつとして，学生が学生相談機関に対して持っている「イメージ」を取り上げ，両者が学生相談機関への来談意思にどの程度関連しているかを明らかにすることを目指す。

(1) 「学生相談」に対する認知，期待，態度，イメージを扱った研究

まず，「学生相談機関に対するイメージ」と来談との関係を扱った研究を概観する。実は，アメリカでは，学生相談について，直接，「イメージ」という用語を用いて行われた研究は非常に少ない。管見の限りでは，Carney & Savitz (1980), Sanders & Sanders (1985), Johnston (1988), Kushner & Sher (1989), Deane & Chamberlain (1994) の論文中に「イメージ」という用語が登場するものの，研究上の説明概念としては用いられていない。かわりに後述するカウンセリングの適切性に対する「認知」(perception)，カウンセリングへの「期待」(expectation)，カウンセリングに対する「態度」(attitude) といった概念が広く用いられている。時代的には，「認知」を扱った研究は比較的古いものが多く，次に，「期待」を扱った研究が多くなり，最近では，「態度」を扱った研究が多くなる傾向が見られ，また，これらの概念を「援助要請行動」(help-seeking behavior) の枠組みで検討する場合が圧倒的に多くなっている。いずれにせよ，アメリカでは，カウンセリングの適切性に対する「認知」(perception)，カウンセリングへの「期待」(expectation)，カウンセリングに対する「態度」(attitude) を扱った研究が膨大に存在し，これらの点について，様々な角度から繰り返し検証がなされ，知見が蓄積されている。

アメリカの研究において「イメージ」という概念が用いられないことの背景には，日米の文化差や言語に対する感覚の差異に加え，研究面での概念の扱いやすさにその要因があると考えられる。日本の臨床現場的な感覚からすれば，学生の持つ「イメージ」が来談行動に影響を与えるというとらえ方がより身近で，感覚的に親しみやすいと考えられるが，「イメージ」という概念は，研究としてそれを測定するという面では焦点をしぼりにくいというデメリットがある。それに比べて，「認知」，「期待」，「態度」といった，すでに心理学の中で概念化されている用語の方が研究には用いやすく，理解が得られやすい。

アメリカにおけるカウンセリングの適切性に対する「認知」(perception)，カウンセリングへの「期待」(expectation)，カウンセリングに対する「態度」(attitude) を扱った多くの研究論文と，日本の独自の視点でもある学生相談に対する「イメージ」を扱った研究についてレビューを行うために，研究Ⅲにおける文献レビューは若干長くならざるを得ないが，研究Ⅲの目的が不明確となることがないよう，大学生を調査対象とし，かつ，学生相談の実践への応用を想定していると考えられる日本とアメリカの研究に絞って概観することにする。

## (2) 相談への適切性に関する「認知」を扱った研究

アメリカでは，学生や教職員に学生相談機関のサービスが正確に理解されていないことが利用を妨げる要因のひとつであると考えられており，こうした問題意識から「学生相談機関で相談するのに適切な問題」に対する「認知」を取り上げた一連の研究がある。学生の学生相談機関に対する「認知」が適切になれば，結果として「心理的コスト」が下がり，来談につながることが予想される。

この領域で最も広く用いられている尺度は，「カウンセリング適切性チェックリスト (Counseling Appropriateness Check List；CACL)」(Warman, 1960；Warman, 1961) であるため，以下，この尺度ないし関連する尺度を用いた研究を取り上げる。

Wilcove & Sharp (1971) は，大学生，保護者，学生課職員，大学教員，カウンセラーを対象に調査を行い，カウンセラーは「適応」に関する問題を最も相談に適切と考えているのに対し，他の集団は「職業選択」を最も適切と考えていることを明らかにした。

Gelso, Karl, & O'Connell (1972) は，カウンセラー，一般学生，学生相談機関のクライエントを対象に調査を行い，カウンセラーと適応上の問題を抱えたクライエントのみが「適応」に関する問題を最も適切と考え，他の集団

は全て「職業選択」を最も適切と考えていることを明らかにした。また，学生相談機関についての理解が深まれば，「個人的・社会的問題」についての来談意思が高くなる傾向が見られることを報告している。

　Sanders & Sanders (1985) は，学生と教員を対象に質問紙調査を行い，学生相談に対する認知に差があるか否かを検討した。その結果，学生相談機関によって提供されるサービスへの全体的な認知には，学生と教員間の差異および教員の職格による差異は見られなかったが，学生については学年による差異が見られたことを報告している。

　第1章でも触れたが，アメリカの学生相談は1960年代までは「職業カウンセリング」が重視されていたこともあり，学生相談機関に対して「職業カウンセリング」と認知する学生が多かったと考えられる。学生相談機関において，心理面に関する個人的な問題あるいは対人関係などの問題を扱っているということが適切に理解されれば，そうした問題に対する相談も増えることが考えられる。

(3)　相談への「期待」を扱った研究

　学生が学生相談機関に何を「期待」するかは，「心理的コスト」に密接にかかわっていると考えられ，「期待」が大きいほど「心理的コスト」の低下につながりやすいと予測される。したがって，学生の「期待」を把握し，また，「期待」を高めるような働きかけを行うことができれば，学生の利用を促進できると考えられる。この領域では，「カウンセリングに関する期待尺度 (Expectation About Counseling Scale : EAC)」(Tinsley & Harris, 1976 ; Tinsley, Workman & Kass, 1980) を用いた一連の研究がある。以下，この尺度ないし関連する尺度を用いた研究を取り上げる。

　Tinsley & Harris (1976) は，「カウンセリングに関する期待尺度」のもとになる尺度を用いて大学生を対象に調査を行い，男性は女性よりカウンセリングに関して「指示」の期待を，女性は男性より「受容」の期待を，1年生

は3, 4年生よりカウンセリングの「専門性」について期待を, 2年生は4年生より「受容」の期待を持つ傾向があることを報告している。

Yuen & Tinsley (1981) は, アメリカ人, 中国人, アフリカ人, イラン人大学生に「カウンセリングに関する期待尺度」を実施し, 文化的な背景によってカウンセリングへの「期待」が異なってくることを明らかにした。その上で, 学生相談機関にはこうした期待の差違に配慮した援助が必要となることを指摘している。

Tinsley, Brown, de St. Aubin, & Lucek (1984) は, 大学生を対象にキャンパス内の様々な援助の提供者（アドバイザー, キャリアカウンセラー, クリニカルサイコロジスト, カレッジカウンセラー, カウンセリングサイコロジスト, ピアカウンセラー, 精神科医）を想定して「カウンセリングに関する期待尺度」および「援助要請傾向質問紙」（Tendency to Seek Help questionnaire）を実施した。その結果, 援助提供者が誰であるかにより「期待」が異なること, 個人的問題とキャリア的問題では「援助要請傾向」が異なること, また, 個人的問題とキャリア的問題については「期待」と「援助要請傾向」に関連があることを見出している。

Hardin & Subich (1985) は, 一般学生, 学生クライエント, 非学生クライエントのカウンセリングに関する「期待」の比較を行い, グループ間で有意な差異が見られたのはカウンセラーの「純粋性」への「期待」のみであり, 他の16尺度ではすべて有意な差異が見られなかったと報告している。そして, この結果から, 一般学生の「期待」に関する研究の知見を学生クライエントに適用することの有用性を指摘している。

Kemp (1994) は, 白人が多数を占める大学と黒人が多数を占める大学のアフリカ系アメリカ人大学生のカウンセリングに関する「期待」を比較した。その結果, 17尺度中14尺度において, 黒人が多数を占める大学のアフリカ系アメリカ人大学生の「期待」得点が, 白人が多数を占める大学のそれよりも高い傾向が見られたことを報告している。そして, マイノリティの学生

の利用の促進のためには，彼らを取り巻く大学内の諸環境を改善することが重要であることを指摘している。

　これらの研究から，学生相談機関を利用した場合にどのようなメリットがあるかに関する「期待」については，人種や性別，学年といった属性的要因によって差異が見られること，キャンパス内の相談資源や大学コミュニティの特徴が「期待」の持ち方に影響を与えることが予想される。この意味では，当該大学に在籍する学生の特徴を把握し，それに見合った対応を行うこと，大学コミュニティの特性を把握した上で学生へのアプローチを工夫することが，カウンセリングへの「期待」を高めることにつながり，学生の利用の促進に寄与すると考えられる。

### (4)　援助を求める行動に対する「態度」を扱った研究

　援助を求める行動に対する「態度」がポジティブなものであれば，「心理的コスト」が下がると考えられる。こうした点からも，援助を求める行動に対する「態度」は，学生の来談を考える上で重要である。この領域では，Fischer & Turner (1970) の作成した「専門的心理的援助を求めることへの態度尺度」(Attitudes Toward Seeking Professional Psychological Help Scale；ATSPPH) を用いた援助要請行動に関する一連の研究がある。「専門的心理的援助を求めること」については，日本では，水野・石隈 (1999) によって「被援助行動」という概念を用いて紹介されている。

　学生相談機関のイメージを考えた場合，あるいは，心理的援助を受けるということについて考えた場合，そこには心理的援助を受けることによって不利益を被るのではないかという「スティグマ (stigma)」の問題がつきまとう。（著者注：「stigma」という概念は，ギリシャ語の「印」に由来し，キリスト教文化圏においては「聖痕」のことも意味する。訳語では「汚名」や「烙印」という語が用いられることが多いが，日本における学生相談領域では感覚的に馴染みにくい語であるため，本研究では「スティグマ」という用語をそのまま用いることとする）以

下,「専門的心理的援助を求めることへの態度尺度」や「援助要請行動」を扱った研究を概観する。

　Kelly & Achter (1995) は,大学生を対象に調査を行い,「自己隠蔽性 (self-concealment)」と「専門的心理的援助を求めることへの態度尺度」との関連を検討した。その結果,「自己隠蔽性」が高い学生はカウンセリングに対してより否定的な態度を示すが,カウンセリングを求める意思は高いことを見出し,「自己隠蔽性」が高い学生のカウンセリングへの態度が否定的であるのは,「自己開示 (self-disclosure)」への恐怖が強いからではないかと推測している。

　Deane & Todd (1996) は,大学生を対象に調査を行い,「専門的心理的援助を求めることへの態度」と性別に関連が見られ,女子学生の方が「専門的心理的援助を求めること」に対して肯定的であり,また,「専門的心理的援助を求めることへの態度」については,「社会的スティグマ」に対する不安が重要な要因としてかかわっている可能性を指摘している。

　Cramer (1999) は,Kelly & Achter (1995) および Cepeda-Benito & Short (1998) の研究を再分析し,「自己隠蔽性」,「カウンセリングへの態度」,「心理的苦痛」,「ソーシャルサポート」と「援助要請行動」の関係について,パス解析を用いてモデル化している。そのモデルでは,「自己隠蔽性」が高い学生は「ソーシャルサポート」が低く,「カウンセリングへの態度」は否定的であり,抱えている「心理的苦痛」も大きいこと,そして,「心理的苦痛」と「カウンセリングへの態度」の2要因が実際の「援助要請行動」に影響を及ぼすという流れが示されている。

　Komiya, Good & Sherrod (2000) は,「感情に向き合うことへの恐怖」が,「専門的心理的援助を求めることへの態度」が否定的となる理由であるという仮説を設定し,大学生を対象にした調査により,感情の開示と他の要因が「専門的心理的援助を求めることへの態度」に与える影響について検討した。その結果,「スティグマ」については男子学生の方が高い傾向が見ら

れ，また，感情を隠そうとする人は，心理的援助を受けることを「スティグマ」としてとらえる傾向があることを見出した。この結果から，感情の開示を促進するような広報的努力（事前教育）を行えば，心理的サービスの利用が増える可能性があることを指摘している。

Kahn & Williams（2003）は，大学生を対象にした質問紙調査から，「自己隠蔽傾向」，「ソーシャルサポート」，「心理的苦痛」，「専門的心理的援助を求めることへの態度」および来談意思の関連について検討した。その結果，以前にカウンセリングの経験がある学生の方が「援助要請行動」を肯定的にとらえており，また，来談意思も高かった。パス解析の結果，「自己隠蔽傾向」が高いほど「援助要請行動」に対する態度は否定的であること，また，「援助要請行動」に対する態度は来談意思の予測因子として有効であることを指摘している。

Morgan, Ness, & Robinson（2003）は，大学生，大学院生を対象に調査を行い，性別，人種的背景，学部生・大学院生の違いが「援助要請行動」に与える影響について，Cramer（1999）のモデルを用いて検討した。その結果，従来の研究通り，女性は男性より，白人学生は他の人種の学生より，大学生は大学院生より「援助要請行動」の得点が高かった。また，実際にカウンセリングを利用した学生は「自己隠蔽性」，「心理的苦痛」のレベル，「カウンセリングを求める意思」が高かった。

Vogel, D. L. らは，「援助要請行動」について，「接近因子（approach factors）」と「回避因子（avoidance factors）」の点から多変量解析的手法を駆使して一連の研究を行っている。

Vogel & Wester（2003）は，大学生を対象に「個人的苦痛の自己開示傾向」，「情動的自己開示傾向」，「カウンセリングを受けることのリスクと有用性に対する認知」が「専門的心理的援助を求めることへの態度」に与える影響を検討した。その結果から，援助を求める行動と意思の促進には，回避的な要因の改善が効果的であると指摘している。

Vogel, Wester, Wei, & Boysen（2005）は，「カウンセリングに対する態度」，「カウンセリングを求める意思」，「社会的スティグマ」，「治療恐怖」，「自己開示性」，「自己隠蔽性」，「自己開示をした場合に予期される有益性とリスク」，「社会的規範」，「ソーシャルサポート」，「以前のカウンセリング経験」といった個人的・心理的要因相互の関係について，構造方程式モデリングにより検証した。その結果から，様々な変数を媒介する要因として，「カウンセリングに対する態度」が重要であることを見いだしている。

Vogel, Wade, & Hackler（2007）は，大学生を対象に，「認知された公的スティグマ」，「自己スティグマ」，「カウンセリングに対する態度」および「カウンセリングを求める意思」との関係について，同様に構造方程式モデリングにより分析した。その結果から，「認知された公的スティグマ」より，介入が行いやすい「自己スティグマ」に焦点付けした介入の方が効果的ではないかと考察している。

アメリカでは人種が多様であること，強い男性性が求められる社会であることを反映し，人種や性別と「専門的心理的援助を求めることへの態度」や「援助要請行動」の関係を中心的に扱った研究も多い。以下，この点に着目した研究を概観する。

Lucas & Berkel（2005）は，実際に学生相談機関に来談している大学生を対象に質問紙調査を行い，カウンセリングに対するニーズと性別，人種との関連を検討している。その結果，性別，人種によりカウンセリングに対する態度はかなり異なっていること，女子学生はカウンセリングに対して肯定的であるが，アフリカ系アメリカ人は職業に関するカウンセリングを受けることに対して障壁を感じていること，アジア系アメリカ人はそもそも職業アイデンティティ自体が明確になっていないことを報告している。

Masuda, Suzumura, Beauchamp, Howells, & Clay（2005）は，アメリカと日本の大学生を対象に「専門的心理的援助を求めることへの態度」に影響を及ぼす要因について検討している。その結果，両国の学生とも，以前に専門

的心理的援助を受けたことがある学生はそれがない学生に比べて「専門的心理的援助を求めることへの態度」が肯定的であること，専門的心理的援助の必要性を強く感じ，また，心理学の専門家への信頼が高いが，「スティグマ」への寛容さと「対人的開放性 (interpersonal openness)」には差異は見られなかったことを報告している。さらに，全体的に女性の方が「専門的心理的援助を求めることへの態度」は肯定的であることに加えて，性別を考慮しなければ，アメリカ人学生の方が日本人学生より「専門的心理的援助を求めることへの態度」は肯定的であるが，「スティグマ」に対する寛容性のみ，日本人学生の方が肯定的であることなどを報告している。

また，Eisenberg, D. らは大規模な調査を行い，多様な変数を導入した多変量解析的手法により，諸変数間の関連を探る一連の研究を行っている。以下，そのうちの主なものを概観する。

Eisenberg, Golberstein, & Gollust (2007) は，「実際の問題の有無」，「相談ニーズの認識の有無」，「援助資源に関する知識の有無」と「援助要請行動」および実際の「精神的健康に対するケアの利用」の関係を検討した。その結果，問題を抱えている多くの学生が，実際にはサービスを利用してないことを見いだし，その理由として，相談ニーズを認識していない，健康保険の適用範囲を知らない，ケアの効果について懐疑的である，低所得者層出身である，アジア系ないし太平洋諸島系の学生であるなどの要因を指摘している。

Golberstein, Eisenberg, & Gollust (2008) は，精神的健康サービスに対する「認知された公的スティグマ」および援助に対する「認知されたニーズ」と「精神的健康ケアの希求」との関係を検討している。その結果，男子学生，より年齢の高い学生，アジア系，太平洋諸島系の学生，留学生の方が「認知された公的スティグマ」が高いこと，より年齢が低い学生においては「認知された公的スティグマ」が高いほど「精神的健康ケアに対する希求」が低いことなどを報告している。

さらに，Eisenberg らは「スティグマ」を「認知された公的スティグマ」

と「個人的スティグマ」に分類し，それらと「援助要請行動」の関連を検討した一連の研究を行っている。

例えば，Eisenberg, Downs, Golberstein, & Zivin（2009）は，学生を対象にした調査の結果から，全体的に「個人的スティグマ」は「認知された公的スティグマ」より高いことに加えて，男性，より年齢の低い学生，アジア系学生，留学生，より宗教的である学生，低所得者層出身の学生ほど「個人的スティグマ」が高く，「個人的スティグマ」が高い学生ほど「援助要請行動」を起こさない傾向にあることを報告している。

また，Downs & Eisenberg（2012）は，大学生を対象にした調査から，自殺企図をしたことがある学生や自殺念慮を持ったことがある学生は，援助に対する「認知されたニーズ」，「援助機関への接触」，「心理療法や服薬の効果に対する信頼感」，「認知されたスティグマ」が高く，「温かく信頼できる人間関係」が少ないことに加えて，学生全体では，「認知されたニーズ」と「援助の効果に対する信頼感」，「援助を利用した身近な人の有無」が援助の利用に寄与し，「個人的スティグマ」が高いほど，また，「温かく信頼できる人間関係」が多いほど援助の利用に否定的であることを見いだしている。

その他，McCarthy, Bruno, & Sherman（2010）は，学生相談サービスが十分でないブランチキャンパスというキャンパスの特性に着目した研究を行っており，興味深い。この研究では，ブランチキャンパスにおいて専門的研究を行う大学院生の「援助要請行動」に焦点を当てて，調査研究を行っている。その結果，女子学生は男子学生よりカウンセリングに対して肯定的に感じていることに加えて，大多数の大学院生は，「時間や利用しやすさの欠如」，「健康保険の非適用」といった理由から，メインキャンパスの学生相談機関を利用したいと思わないことを見出した。重回帰分析の結果からは，「スティグマ」は有意な変数ではなく，「健康保険の状況」，「以前のカウンセリング経験」，「自己開示に伴う苦痛」，「メインキャンパスへの移動時間」が「援助要請行動」に関連がある有意な変数であったと報告しており，Eisenbergらが「スティグマ」に着目したのとは対照的である。

　また，Nordberg, Hays, McAleavey, Castonguay, & Locke (2013) は，実際に学生相談機関に「援助を求めたことがある学生」と「来談していない学生」の弁別に寄与する要因について検討しており，相談経験の有無という明確な違いに焦点を当てている点で注目される。研究では，「薬物使用」，「食行動問題」，「自傷行為」，「自殺念慮」の高低といった要因では両者を弁別できないこと，学生用精神症状カウンセリング評価票（College Counseling Assessment of Psychological Symptons-62：CCAPS-62, Locke, Buzolitz, Lei, Boswell, McAleavey, Sevig, Dowis, & Hayes, 2011）によるスクリーニングはかなり正確であり利用価値が高いことを報告している。

　以上，多くの研究を概観したが，これらの研究からは，おおむね以下のような知見が積み重ねられているといえよう。すなわち，「専門的心理的援助を求めることへの態度」には，人種，性別，学年などの学生の属性的要因が関連していること，Vogelらの研究における「回避因子」やEisenbergらの研究における「スティグマ」など，学生側の様々な心理学的特性が「専門的心理的援助を求めることへの態度」や「援助要請行動」にかかわっていること，そして，実際の来談行動に最も影響を及ぼすのは「援助を求めることに対する態度」であり，心理学変数の多くは「援助を求めることに対する態度」を媒介して来談行動を説明する要因となっていることである。

　特に，専門的心理的援助を利用することについて抱く「個人的スティグマ」が高いほど来談が抑制されるという知見については，次節で触れる「イメージ」に関係が深い要因であり，示唆に富んでいる。さらに，別の観点では，健康保険の適用の有無やキャンパスまでの移動時間といった，高野・宇留田 (2002) の指摘する「経済的・物質的コスト」も，非常に現実的な側面として，来談行動に影響を及ぼしていることが指摘できる。

(5)　「イメージ」について扱った研究

先述の通り，日本の学生相談の領域では，水野・石隈（1999），高野・宇留田（2002），木村・水野（2010）などの一連の研究を除けば，「イメージ」という観点からの研究が多く見られる。そこで，次に，学生相談ないし学生相談機関に対する「イメージ」を扱った日本における研究を概観する。

　櫻井・有田（1994）はSD法を用いて，大学生を対象に「学生相談センター」，「カウンセラー」，「カウンセリング」に関するイメージを調査し，「学生相談センター」のイメージの因子として「受容性因子」，「内面性因子」の2因子を抽出している。

　西河・鈴木（1994）は，短大生と専門学校生を対象に，櫻井・有田（1994）と同様にSD法を用いて，SD法の項目に他のいくつかの項目を加えて作成した質問紙により，学生相談室に対するイメージについての調査を実施した。その結果，彼らが学生相談室に関して，「'暖かい'が'暗い'かつ'重い'というイメージを強く持ち，さらに'利用しにくい''堅い'と捉えていた」としている。また，学生相談室のイメージについて「利用希望あり」群と「利用希望なし」群に分けて比較したところ，「利用希望あり」群のイメージは全般的に「利用希望なし」群よりも肯定的であり，しかもそれが調査の1年後も継続していたと報告している。

　一方，真覚・中村（1993）は，大学生を対象に自由記述式の調査を行い，学生相談機関に対するイメージをたずね，回答を「親しみにくい」，「不信感」，「信頼感」の3つに分類している。

　また，萩原・吉川・山田（1995）は，大学生を対象に真覚・中村（1993）と同様に自由記述式の質問紙調査を実施し，「学生相談室」という名称から学生が連想した回答を，「相談内容に関するもの」，「相談室の機能に関するもの」，「相談を受ける人に関するもの」，「相談室の雰囲気に関するもの」，「マイナスのイメージ」，「プラスのイメージ」に分類している。

　森田（1990），森田（1997）は，同じく自由記述式のアンケートを用いて，大学の新入生に学生相談室イメージに関する調査を行い，実際に学生相談室

を訪れた学生が入学時にどのような学生相談室イメージを持っていたかを遡って分析している。これらの研究の中で森田は，学生が入学時に抱いていた学生相談室イメージにより，「来談」，「相談の継続性」，「相談内容」などに違いが見られたことを報告している。森田の研究は，実際に来談した学生について分析している点で貴重な示唆を与える。

　織田（1996）は，カウンセラーがどのような人物であるかという人間観という点から調査を行っており，興味深い。大学生を対象に9種類のカウンセラーのタイプを提示し，それらに対する印象を評定させるとともに，それぞれのカウンセラーのところにどの程度相談に訪れたいかをたずねた。その結果，日本の大学生は中庸的な人間観を持つカウンセラーに対する来談意図が高いことを見出し，カウンセラーがどのような人であるかが実際の学生の来談に影響を与える可能性について言及している。

　これらの研究で得られた知見からは，研究によって着目している点は異なるものの，学生相談，カウンセラー，学生相談機関に対して学生が持っている「イメージ」が学生相談機関の利用との間に何らかの関連があることが示唆される。それゆえ，学生相談機関に対する「イメージ」は臨床実践に密接に結びついた視点として有用であることが指摘できよう。したがって，学生の持つ「イメージ」と「来談意思」との関連を明らかにできれば，学生の利用を促進する実践的工夫に結びつく示唆が得られると考えられる。

　しかし，SD法を用いた研究は，学生相談に対する「イメージ」をシンプルに把握でき有用であるものの，得られた「イメージ」がSD法の項目に制約されている感が強く，学生が実際に感じる学生相談機関の「イメージ」を正確に把握するのに適しているかという点では課題もある。また，自由記述による研究は，学生の「イメージ」を学生の視点に即してより具体的に把握し分類しようとしている点で有用であると考えられるが，自由度が高いゆえに，見出された「イメージ」の妥当性については，さらに検証が必要であるといえる。いずれにせよ，大学生の持つ学生相談に対する「イメージ」を的確に

とらえた表現による項目により測定を行うことが重要であると考えられる。

(6) **本研究の目的**

　先行研究の知見および日本における学生相談領域での臨床実践への導入のしやすさを考慮し，本研究では，アメリカで多く行われている「専門的心理的援助を求めることへの態度」や「援助要請行動」，「回避因子」や「スティグマ」といった概念を参考にしつつ，学生が学生相談機関に対して持つ「イメージ」という視点から，より学生の実感に即した研究を行う。そして，測定された「イメージ」と来談の促進との関係を探ることとする。

　なお，日本における学生相談の来談率はアメリカに比べて低いため，来談経験の有無を取り上げた場合，来談経験のある学生が少数とならざるを得ない。本研究では，学生全体を対象にしたアプローチにより来談を促進することを目的としていることから，実際の来談ではなく，来談に間接的につながると考えられる「来談意思」との関係を探ることとする。

　また，学生が学生相談機関の場所や開室時間などついて正しく理解していることが重要であると考え，「認知」，「期待」に関する一連の研究やキャンパスの地理的条件，健康保険の適用の有無など，高野・宇留田（2002）の指摘する「経済的・物質的コスト」にかかわる要因のひとつとして，学生の学生相談機関に対する「周知度」と「来談意思」との関連も探る。

## 2-3-2　方法

(1) **予備調査**
① **実施時期**：2001年11月
② **調査参加者**：関東地方にある私立B大学の1―3年生46人（男子33人，女子13人）
③ **手続き**：学生相談機関に対する「イメージ」をたずねる自由記述式の質問紙を実施し，学生の学生相談機関に対する「イメージ」に関する表現

を収集した。

(2) 質問紙の作成

櫻井・有田 (1994)，西河・鈴木 (1994)，萩原・吉川・山田 (1995)，森田 (1990) および予備調査の回答から，学生相談機関の「イメージ」に関する記述235個を抽出した。次に，KJ法（川喜多，1967）を参考にして項目の整理を行い，「学生相談機関イメージ項目」(55項目) を選定した。「周知度」については，Kahn, Wood, & Wiesen (1999) を参考にして，学生相談機関の「存在」，「場所」，「開室日時」を知っているかどうかについてたずねる項目 (3項目) を作成した。「来談意思」については，下山・峰松・保坂・松原・林・齋藤 (1991) における分類を参考に，現在および将来において悩みや不安を抱えた時に学生相談機関を利用したい程度をたずねる項目 (2項目) と，「学業」，「進路」，「就職」，「性格」，「対人関係」，「家庭」，「経済」，「精神衛生」の各分野における不安や悩み別に利用したい程度をたずねる項目 (8項目) の合計10項目を作成した。なお，ここでいう「来談意思」とは，自分が悩みや不安を抱えた場合に学生相談室を利用するか否かについての予測であり，実際の来談行動を推測するための指標である (Blier, Atkinson, & Geer, 1987)。

これらを合わせた68項目からなる質問紙を本調査に用いた。なお，「学生相談機関イメージ」と不安や悩み別の「来談意思」は5件法により，現在および将来の「来談意思」と「周知度」は4件法により回答を求めた。

(3) 本調査
① 実施時期：2001年12月—2002年1月および2004年7月
② 調査参加者：関東地方にある私立B大学，C大学および国立D大学の1—4年生495人。（著者注：B大学の調査参加者は予備調査の調査参加者とは異なっている。）

③ **手続き**:予備調査により作成された質問紙を,授業時に一斉に実施した。なお,一部の学生に対しては手渡し式で実施した。

④ **倫理的配慮**:調査参加者には,研究の趣旨と目的を説明した上で,回答は無記名であり,すべて統計的に処理されること,調査は成績評価等には関係がないこと,協力したくない場合は調査に回答しなくてよいことを伝えた。

## 2-3-3 結果

### (1) 学生相談機関イメージ尺度の作成

すべての項目に回答した421人(1年生221人,2年生42人,3年生77人,4年生81人,男子202人,女子219人)を分析の対象とした(表2-4)。なお,本研究では,$\eta^2$,$\beta$の値および信頼区間の算出にはHAD(清水,2016)を,それ以外の統計処理にはSPSS Statistics 16を用いた。

「学生相談機関イメージ項目」55項目のうち,項目間の相関が$r>.7$以上のペアの片方および分布に偏りが見られた2項目を除外した。残りの53項目について因子分析(主因子法,ヴァリマックス回転)を行い,固有値1を目安に因子数を定め,比較的解釈がしやすい4因子を得た(表2-5)。因子負荷の高い項目をもとに因子の解釈を行った。第Ⅰ因子は,学生生活を送る上で学生相談機関が役に立つ場所であることを示す項目の因子負荷が高かったた

表2-4 分析の対象となった調査参加者の内訳

| | | 性別 | | 合計 |
|---|---|---|---|---|
| | | 男 | 女 | |
| 学年 | 1年生 | 104 | 117 | 221 |
| | 2年生 | 20 | 22 | 42 |
| | 3年生 | 33 | 44 | 77 |
| | 4年生 | 45 | 36 | 81 |
| | 計 | 202 | 219 | 421 |

表2-5　学生相談機関イメージ項目の因子分析結果

| 項　目 | 第Ⅰ因子<br>有益 | 第Ⅱ因子<br>危機支援 | 第Ⅲ因子<br>不利益 | 第Ⅳ因子<br>不気味 | 共通性 |
|---|---|---|---|---|---|
| 学生にとってありがたいところ | .77 | －.06 | －.02 | －.07 | .60 |
| 役に立つところ | .75 | －.10 | －.12 | －.10 | .59 |
| 学生にとって心強いところ | .73 | －.08 | －.06 | －.14 | .56 |
| 頼りになるところ | .70 | －.02 | －.17 | －.17 | .55 |
| 信頼できるところ | .68 | .02 | －.29 | －.13 | .55 |
| 便利なところ | .64 | －.09 | .16 | －.16 | .46 |
| 適切なアドバイスを与えてくれるところ | .61 | .06 | －.23 | －.04 | .43 |
| 学生のために良いことをしているところ | .61 | －.01 | －.09 | －.02 | .38 |
| 学生のためにがんばっているところ | .60 | .10 | －.16 | －.09 | .40 |
| 学生のことを真剣に考えてくれるところ | .59 | .06 | －.28 | －.08 | .43 |
| 学生生活に必要なところ | .57 | －.08 | .04 | －.11 | .34 |
| 悩みを解決してくれるところ | .56 | .13 | －.15 | －.02 | .35 |
| やさしい先生がいるところ | .50 | .23 | －.12 | －.24 | .38 |
| 専門家として相談にのってくれるところ | .46 | .07 | －.27 | －.06 | .29 |
| 追いつめられている人が行くところ | －.03 | .74 | .02 | .17 | .57 |
| 自分で悩みを解決できない人が行くところ | .00 | .68 | .12 | －.10 | .49 |
| 絶望した人が行くところ | .02 | .67 | .11 | .11 | .48 |
| ひどく悩んでいる人が行くところ | .02 | .64 | －.15 | .10 | .44 |
| 精神的に弱い人が行くところ | －.12 | .63 | .27 | .05 | .49 |
| いじめにあっている人が行くところ | .05 | .62 | .23 | .08 | .45 |
| どうしようもなくなったら行くところ | .03 | .59 | －.08 | .28 | .43 |
| 人に言えない悩みがある人が行くところ | .20 | .58 | －.24 | .14 | .45 |
| 相談相手がいない人が行くところ | －.16 | .57 | .23 | －.01 | .41 |
| 自分のことを決められない人が行くところ | －.19 | .53 | .28 | －.05 | .40 |
| 神経質な人が行くところ | －.08 | .51 | .33 | .02 | .38 |
| 不安なことがある人が行くところ | .27 | .48 | －.09 | .09 | .32 |
| 何かトラブルがあった人が行くところ | .19 | .43 | .07 | .16 | .25 |
| お説教されるところ | －.16 | .05 | .64 | .17 | .46 |
| 相談すると不利益がありそうなところ | －.17 | .12 | .60 | .14 | .42 |
| 甘えている人が行くところ | －.15 | .25 | .53 | －.01 | .37 |
| 相談したことが外部にもれそうなところ | －.07 | .09 | .43 | .04 | .20 |
| 事務的・機械的な対応をするところ | －.19 | .05 | .42 | .25 | .27 |
| 近寄りがたいところ | －.21 | .15 | .13 | .64 | .49 |
| 相談に行きにくいところ | －.27 | .29 | .15 | .58 | .51 |
| できれば行きたくないところ | －.24 | .31 | .16 | .51 | .43 |
| 何をしているかよくわからないところ | －.29 | .09 | .16 | .47 | .34 |
| 各因子によって説明される分散 | 6.18 | 5.05 | 2.42 | 1.73 | |

め,「有益イメージ」因子と命名した。第Ⅱ因子は,学生生活において自分一人では解決できない状況で利用する場所であることを示す項目の因子負荷が高かったため,「危機支援イメージ」因子と命名した。第Ⅲ因子は,相談に行った場合に相談者に不利益がもたらされる場所であることを示す項目の因子負荷が高かったため,「不利益イメージ」因子と命名した。第Ⅳ因子は,学生にとって学生相談機関が得体の知れない場所であることを示す項目の因子負荷が高かったため,「不気味イメージ」因子と命名した。

各因子への因子負荷が.40以上の項目により尺度構成を行い,調査参加者ごとに各項目の粗点の和を項目数で除した得点を「学生相談機関イメージ」得点とした。これら4尺度についてCronbachの$\alpha$係数および尺度間相関を求めたところ表2-6の通りとなり,おおむね内的一貫性には問題がないと考えられた。

## (2) 周知度得点および来談意思得点の算出

周知度については3項目の粗点の和を周知度得点とした。また,来談意思に関しては,4件法で回答させた項目の粗点を5/4倍し,5件法の得点のレンジと合わせた得点と,内容別の来談意思の粗点を加えた得点を来談意思得点とした。両尺度の$\alpha$係数は表2-6に示す通りであり,いずれも内的一貫性には問題がないと考えられた。

表2-6 学生相談機関イメージ・周知度・来談意思尺度間の相関

|   | $M$ | $SD$ | $\alpha$係数 | 有益 | 危機支援 | 不利益 | 不気味 | 周知度 |
|---|---|---|---|---|---|---|---|---|
| 有益 | 3.31 | .64 | .91 | ― | | | | |
| 危機支援 | 3.01 | .70 | .88 | -.01 | ― | | | |
| 不利益 | 2.23 | .65 | .70 | -.36** | .27** | ― | | |
| 不気味 | 3.37 | .83 | .77 | -.44** | .36** | .37** | ― | |
| 周知度 | 6.20 | 2.56 | .84 | .11* | -.04 | -.12** | -.17** | ― |
| 来談意思 | 27.79 | 7.20 | .83 | .47** | .07 | -.17** | -.30** | .16** |

\* $p<.05$, \*\* $p<.01$

## (3) 学生相談機関イメージおよび周知度と来談意思の関係

「学生相談機関イメージ」と「来談意思」の相関を求めたところ,表2-6の下段のようになった。「有益イメージ」は「来談意思」との間に有意な正の相関が見られた ($r=.47$, $p<.001$, 95%CI [.41 .61])。これに対し「不利益イメージ」および「不気味イメージ」は「来談意思」との間にそれぞれ $r=-.17$ ($p=.001$, 95%CI [-.27 -.08]), $r=-.30$ ($p<.001$, 95%CI [-.41 -.21]) の有意な負の相関が見られた。周知度と来談意思の相関を見たところ, $r=.16$ ($p=.001$, 95%CI [.07 .26]) の有意な正の相関が見られた。

## (4) 性差・学年差の分析

先行研究において,学生相談ないし学生相談機関に対する認知,期待,態度に性差や年齢・学年差があることが指摘されているため,「学生相談機関イメージ」,「周知度」および「来談意思」の性差・学年差を算出し(表2-7),性別×学年の2要因の分散分析を行った。なお,学年差については学年間の人数差を考慮し,1年生と2—4年生の2群により分析を行った。その結果,「危機支援」($F(1,417)=4.41$, $p=.036$, $\eta^2=.01$, 95%CI [.00, .04]),「不利益」($F(1,417)=13.78$, $p<.001$, $\eta^2=.03$, 95%CI [.01, .07]) において,男子が女子より有意に得点が高かった。また,「周知度」は女子が男子より有意に得点が高かった($F(1,417)=11.03$, $p=.001$, $\eta^2=.03$, 95%CI [.00, .06])。

表2-7 学生相談機関イメージ・周知度・来談意思の性差・学年差

| | 性 別 | | | | | 学 年 | | | | |
| --- | --- | --- | --- | --- | --- | --- | --- | --- | --- | --- |
| | 男子 | 女子 | 性差 | $F$値 | $p$値 | 1年生 | 2—4年生 | 学年差 | $F$値 | $p$値 |
| 有益 | 3.28(.69) | 3.35(.59) | -.07 | 1.23 | .268 | 3.28(.64) | 3.36(.64) | -.08 | 1.64 | .201 |
| 危機支援 | 3.09(.76) | 2.94(.63) | .15 | 4.41* | .036 | 3.02(.67) | 3.01(.73) | .01 | .04 | .835 |
| 不利益 | 2.35(.71) | 2.12(.56) | .18 | 13.78** | $p<.001$ | 2.28(.70) | 2.18(.58) | .10 | 3.22 | .074 |
| 不気味 | 3.37(.86) | 3.36(.81) | .01 | .00 | .985 | 3.37(.84) | 3.36(.82) | .01 | .05 | .824 |
| 周知度 | 5.79(2.63) | 6.58(2.44) | -.79 | 11.03** | .001 | 5.89(2.54) | 6.55(2.54) | -.66 | 7.19** | .008 |
| 来談意思 | 27.59(7.76) | 27.96(6.67) | -.37 | .28 | .598 | 28.02(6.59) | 27.53(7.83) | .49 | .49 | .485 |

*$p<.05$, **$p<.01$

学年差については「周知度」のみ2―4年生が1年生より有意に得点が高かった（$F(1,417)=7.19$, $p=.008$, $\eta^2=.02$, 95%CI [.00, .05]）。なお、いずれも交互作用は見られなかった。

(5) 来談意思の予測

来談意思に影響を及ぼす要因をさらに探るために、「学生相談機関イメージ」および「周知度」を予測変数、「来談意思」を目的変数として重回帰分析（ステップワイズ法）を行った。「学生相談機関イメージ」および「周知度」にいくつかの性差、学年差が見られたことから、全体の分析に加え、1年生男子、1年生女子、2―4年生男子、2―4年生女子の4群に分けて分析を行い、各群で最も説明率の高いモデルを採択した（表2-8）。統計的に有意であった予測変数の回帰係数は、全体では、「有益」が $\beta=.39$（95%CI [.30, .48]，$p<.001$）、「危機支援」が $\beta=.13$（95%CI [.04, .22]，$p=.004$）、「周知度」が $\beta=.10$（95%CI [.01, .18]，$p=.023$）、「不気味」が $\beta=-.16$（95%CI [-.26, -.06]，$p=.002$）、1年生男子では、「有益」が $\beta=.51$（95%CI [.34, .68]，$p<.001$）、1年生女子では、「有益」が $\beta=.32$（95%CI [.14, .49]，$p<.001$）、「周知度」が $\beta=.21$（95%CI [.03, .38]，$p=.019$）、2―4年生男子では、「有益」が $\beta=.51$（95%CI [.34, .68]，$p<.001$）、「周知度」が $\beta=.20$（95%CI [.03, .37]，$p=.026$）、2―4年生女子では、「不気味」が $\beta=-.54$（95%CI [-.72,

表2-8 来談意思を目的変数とした重回帰分析

| | 予測変数（$\beta$値） | $R^2$ | $F$値 | $p$値 |
|---|---|---|---|---|
| 全体 | 有益（$\beta=.39$），危機支援（$\beta=.13$），不気味（$\beta=-.16$），周知度（$\beta=.10$） | .26 | 36.04** | $p<.001$ |
| 1年男子 | 有益（$\beta=.51$） | .26 | 36.42** | $p<.001$ |
| 1年女子 | 有益（$\beta=.32$），周知度（$\beta=.21$） | .17 | 11.65** | $p<.001$ |
| 2―4年男子 | 有益（$\beta=.51$），周知度（$\beta=.20$） | .30 | 20.77** | $p<.001$ |
| 2―4年女子 | 不気味（$\beta=-.54$），危機支援（$\beta=.31$），不利益（$\beta=-.20$） | .36 | 18.52** | $p<.001$ |

**$p<.01$

−.36], $p<.001$),「危機支援」が $\beta = .31$ (95%CI [.13, .48], $p<.001$),「不利益」が $\beta = -.20$ (95%CI [−.37, −.03], $p=.024$) であった。

## 2-3-4 考察

### (1) 学生相談機関イメージと来談意思の関係

　本研究では,学生相談機関に対するイメージを「有益」,「危機支援」,「不利益」,「不気味」の4因子でとらえた。このうち,来談意思にもっとも影響を及ぼすのは「有益」イメージであることが明らかとなった。「危機支援」イメージも有意な寄与を持っていたが,「有益」イメージと比較すると,その影響は相対的に小さいものと考えられた。学生の持つイメージを修正することを試みる場合,たとえば,「大学生活で友達ができない,勉強がわからない,大学に行きたくない,不安な気持ちが抑えられない」といった「危機」の例をあげ,そうした場合に「学生相談機関を利用しましょう」と呼びかけるよりも,「学生相談室には,休憩スペースがあり,心に関する本や映像資料を借りることもできます。大学生活で何かわからないことがあったときは利用しましょう」と「役に立つ」面を中心に呼びかける方が学生全体を対象とした場合には効果的であると考えられる。

　また,学生相談機関イメージには学年差が見られなかったことから,特に何もしなければ,入学時のイメージが卒業まで続く可能性があると推察される。逆にいえば,このことは入学時のガイダンスの時などに学生相談機関のイメージを,例えば「有益」という方向のイメージに変容させることができれば,それが継続する可能性があることを意味している。したがって,来談学生数を増やすためには,まず,何よりも入学生全員を対象として,学生相談機関のイメージを「有益」イメージに修正するような紹介と説明が効果的であると考えられる。

　ただし,学年や性別により,来談意思に影響を及ぼすイメージに差異があることには留意する必要がある。本研究では,男子学生は「有益」イメージ

の寄与が最も大きかった。一方，女子学生では，1年生は「有益」イメージの寄与が大きかったが，2―4年生では「不気味」イメージの負の寄与が大きかった。学年や性別の差異によりイメージが来談意思に及ぼす影響が異なることが予想されるが，これらの点については，引き続き研究が必要であろう。

### (2) 学生相談機関の周知度と来談意思の関係

全体としては，周知度と来談意思の関連は小さかったが，1年生女子，2―4年生男子は周知度の来談意思に関する寄与がある程度見込まれた。学年や性別により，その効果には差異がある可能性があるが，学生が学生相談機関のことを知れば知るほど，学生の来談意思が若干高まることが予想される。したがって，ガイダンスやパンフレットの配布，学生相談機関主催の催しの実施，カウンセラーが教員職の場合における，担当する授業，あるいは，学内における講演活動といった学生相談機関についての理解を広める試みには，これらの活動をまったく行わないのに比べれば，学生の利用を促進する効果が期待できるだろう。

### (3) 本研究の限界と今後の課題

本研究では，学生相談機関の全体的なイメージを明らかにすることを主たる目的としたため，大学による学生相談体制の差違については考慮しなかった。今後は，こうした差違が学生の来談に及ぼす影響についても検討する必要があろう。さらに，学生相談機関イメージが形成される過程やイメージを変容させる方法，来談した学生と来談しようと思ったが実際には来談しなかった学生の差違などを明らかにする実践的な研究も必要となるだろう。

## 2-4 学生相談機関のガイダンスが利用促進に与える効果（研究Ⅳ）

### 2-4-1 問題と目的

　大学では，新入生等を対象にした学生ガイダンスの中で学生相談機関を紹介することが多い。研究Ⅲにおいて得られた，何もしなければ学生相談機関に対するイメージが変化しにくい可能性があるという知見からも，ガイダンスのような機会に学生に学生相談機関の情報を提供し，利用を促進するよう働きかけることは，イメージの変容という面で効果が大きいことが予想される。また，「大学における学生相談体制の充実方策について」（日本学生支援機構，2007）では，「学生期の課題に応じた学生支援」として，「初期適応」の重要性が指摘されている。こうした観点から考えてみても，特に，新入生を対象に実施するガイダンスの果たす役割はきわめて重要であるといえるだろう。

　「2009年度学生相談機関に関する調査報告」（吉武・大島・池田・高野・山中・杉江・岩田・福盛・岡，2010）では，過去に実施された調査の結果に基づき，「コミュニティ活動」の重要性が高まっているとの認識のもと，新たに学生相談機関のガイダンスに関する質問項目が設けられている。それによれば，調査対象となった586相談機関のうちの81.1％がガイダンスを実施しており，パンフレット（75.9％），ホームページ（49.7％），ポスター（67.1％）と比較しても，ガイダンスに期待される役割の大きさが実感される。

　ところで，多くの大学で学生相談機関のガイダンスが行われてはいるが，その内容は様々なものであることが予想される。おそらく，個々の大学の状況に応じて工夫が施されたガイダンスが行われていると考えられるが，特に，新入生を対象にしたガイダンスでは，これから始まる大学生活に必要となる情報が一度に提示されるため，学生相談機関についての情報が学生の記

憶にどの程度残るか心許ない。したがって，より効果のあるガイダンスの方法について明らかにする研究が必要である。

そこで，学生への情報提供という観点から先行研究を概観する。なお，研究Ⅱでは実践研究，研究Ⅲでは調査研究を用いて研究を行い，利用促進のための方法について知見を得た。「1-5-3　本書の構成」でも述べたが，これらの知見の信頼性，妥当性を確認するためには，条件を統制した研究により検証を行う必要がある。このため，研究Ⅳでは実験的手法を用いることとし，以下，実験的手法を用いた研究を中心に関連する先行研究を概観することにする。

Gelso & McKenzie（1973）は，「カウンセリング適切性チェックリスト」（Counseling Appropriateness Check List；CACL）（Warman, 1960；Warman, 1961）を用いて，文書および口頭による学生相談機関の情報提供が相談の適切性に対する認知と来談意思に及ぼす効果について，実験的手法により検討した。その結果，「音声および文書情報提供群」は「文書のみ群」より「個人的—社会的問題の相談の適切性」に対する認知および「来談意思」が高まったと報告している。

Duckro, Beal, & Mobes（1976）も，同じく「カウンセリング適切性チェックリスト」を用いて，文書による学生相談機関の情報提供の効果について，実験的手法により検討している。その結果，「個人的—社会的問題の相談」を強調した個人宛の手紙を受け取った「実験群」は，何も受け取らなかった「統制群」と比較し，「個人的—社会的問題の相談への適切性」に対する認知が高まり，特に1年生でこの傾向が強かったと報告している。

両者は，いずれも，学生相談機関にどのようなことを相談したらよいか（「相談への適切性」）が理解されているか否かに着目している研究であるが，研究Ⅲでも述べたように，その背景には，学生にとって，学生相談機関がどのような相談に対応してもらえる場であるのかがわかりにくいという現状があり，その改善が来談学生数を増やすための効果的な方法であるという認識

がある。また，両者の研究からは，学生への情報提供は情報伝達の手段がより多面的であることが効果的であることが予測される。

一方，Nathan, Joanning, Duckro, & Beal (1978) は，比較的小規模の集団に対して「学生相談機関のカウンセラーが実際に説明を行う方法」と「個人宛の文書を送付する方法」の効果について，実験的手法を用いて検討した。その結果，ふたつの方法において「個人的─社会的問題の相談」への態度の変容は同程度であることを見出し，カウンセラーが実際に説明することには期待するほどの効果はないのではないかと考察している。カウンセラーが直接説明することの効果と個人宛の文書の効果は「直接性」という点で同程度と考えることが可能であろう。

Miles & McDavis (1982) は，「カウンセリング適切性チェックリスト」を用いて，黒人学生を対象に「大集団でのガイダンス」，「パンフレット郵送」，「学生相談機関見学会」，「小集団でのガイダンス」，「個別ガイダンス」の効果について実験的手法により比較した。その結果，「学生相談機関見学会」，「小集団でのガイダンス」，「個別ガイダンス」では，「自己の問題を相談することへの適切性」に対する認知や「来談意思」が高まったことを見出している。この研究では多様な情報提供が比較されているが，Nathan, Joanning, Duckro, & Beal (1978) における「直接性」に着目した方法自体は，それ以外の方法と比べて有効性が高いことを示唆していると考えられよう。

Robertson & Fitzgerald (1992) は，男子学生を対象にした研究により，「伝統的な学生相談に関するパンフレット」と「代替サービス（授業，ワークショップ，セミナー，ビデオライブラリー）に関するパンフレット」の効果について実験的手法を用いて比較した。その結果，「男性性 (masculinity)」が高い学生は「代替サービスのパンフレット」を好む傾向があることを見出し，サービスの呼称を変えることにより，学生の来談を促進できる場合があることを指摘した。この研究は，情報提供の効果を考える上で，情報の受け手側

の要因を考慮することが必要であることを示唆しており，大学により，また，学部，学年，性別等により，情報の受け手である学生がかなり異なることを考えれば，ガイダンスの際にはこうした観点を重視することが必要であると考えられる。

Scheel, Razzhavaikina, Allen-Portsche, Backhaus, Madabhushi, & Rudy (2008) は，留学生を対象にカウンセリングに関するビデオを見せるという実験的手法を用いて，その効果を検証した。その結果，ビデオ視聴後，カウンセリングへの個人的関心が高まること，また，カウンセリングに関するイメージが広がったことを報告している。この研究は留学生を対象としたものではあるが，より「具体的」で「直接的」な情報を提供する方が来談行動を促進しやすい可能性が大きいと考えられる。

Nathan, Joanning, Duckro, & Beal (1978) の研究を除く研究からは，ガイダンスの方法を変えることにより学生の来談行動が異なってくること，学生相談機関に関する情報提供が学生相談機関での相談に適した相談内容についての学生の認知に影響を及ぼすこと，したがって，ガイダンスに工夫を加えることにより利用促進につながる効果が期待できることが予想される。また，情報提供の方法・手段により，その効果が異なることも予想され，情報提供の手段・方法の「多面性」，「直接性」，「具体性」が重要な要因であること，その際には，情報の受け手側の要因の影響を考慮する必要があることも指摘できよう。

次に，日本における実験的手法を用いた研究を概観する。

香取・石田・池田 (2000) は学生相談室の広報活動として，新入時エクササイズ（対人関係に関するグループワーク）を実施し，来談者数との関係を検討した。その結果，新入生エクササイズ後に来談者の大幅な増加は見られなかったと報告している。

また，西山・谷口・樂木・津川・小西 (2005) は，「新入生オリエンテーション」，「リーフレットの刷新」，「学生相談機関の愛称募集キャンペーン」

などの働きかけを行い，学生相談室に対する認知の変化の有無を検討した。その結果，「学生相談室でどんなことを相談できるか」の得点は高まったが，「学生相談機関に対する認知」では有意な変化は見られなかったと報告している。

木村（2007）は，実験参加者を「情報提供群」，「情報提供群＋体験群」の2群に分け，「情報提供群」には学生相談機関に対する情報のみを伝達し，「情報提供群＋体験群」では情報伝達および学生相談室の見学を行って，両群の「援助不安」，「被援助志向性」得点の変化を比較した。その結果から，学生相談に関する情報提供は部分的にではあるが「援助不安」を低減させ，「被援助志向性」を高める可能性があること，1回のみの情報提供ではその効果は不十分であり，継続的に情報提供を行う必要性があることを指摘している。

藤巴（2009）は，授業の一環として学生相談室ガイダンスを行った効果を検証し，ほとんどの学生に学生相談室を周知させることができたこと，また，利用しやすいという印象を持っていなかった学生のうち73％が利用しやすいという印象を持つ状態に変化したことを報告している。

日本における研究は，学生相談機関に関する広報活動や情報提供に一定の効果があることを示す研究と，明確な効果が認められなかった研究に二分される。効果があるとした場合でも，それではどのような手法が最も効果的であるか，また，実際に，利用に結びつきやすいのはどのような手法かといった点については，アメリカに比べて明確な知見が得られていない状況にあるといえる。

実験的手法ではないが，学生への情報提供に示唆を与える研究についても触れる。

高野・吉武・池田・佐藤・関谷（2008）は，学生相談機関に対する援助要請行動と学生相談に関する情報ニーズとの関係を明らかにするために調査を実施した。その結果，「援助要請に対する親和性」が高い学生ほど「学生相

談のシステムに関する情報」を求め，「スティグマ耐性」の低い学生ほど「相談の実際」に関して情報を求める傾向が高いことを指摘している。この研究は，Robertson & Fitzgerald（1992）と同様，情報提供の際には情報の受け手側の要因を考慮することが必要であることを示唆している。

　また，木村・水野（2010）は，学生が友人に学生相談機関の利用を勧めることに関連する要因について検討し，学生相談機関に関する情報提供は，問題を抱えた本人よりもむしろ，そのまわりの友人に対しての効果が見込まれ，結果として，友人が本人に学生相談の利用を勧めることを促進する効果があるのではないかと考察している。情報提供には，学生への直接的な効果以外に間接的効果が期待できる可能性を示唆しており，短期的に学生の来談促進につながらなくとも，大学コミュニティ全体を対象とした情報提供にも意味があることを示しているといえるだろう。

　これらの研究は，学生相談機関に関する情報提供の効果が，その情報の種類に加え，学生の来談への構え，学生と学生を取り巻く人との関係性の影響といった，いわば，学生の側の要因の影響を受けて変わってくることを示唆している。

　アメリカと日本の研究を総合すれば，ガイダンスによる情報提供には利用に促進的な効果がある可能性があること，しかし，日本では，その具体的な方法については確実な知見は得られていないこと，学生にとって具体的な情報，より直接的な情報，より身近に感じられる情報が効果的であることが予想されること，また，その効果には情報提供を受ける学生側の要因を考慮する必要があることが指摘できる。

　特に，日本では，研究の蓄積が不十分であり，実際にガイダンスを行う際の情報提供の仕方について十分な知見が得られていない点に課題がある。先述の通り，大学への「初期適応」の重要性や学生相談機関の「コミュニティ活動」の重要性を踏まえれば，ガイダンスの手法について実践につながる知見が必要である。

そこで本研究では，学生相談機関のガイダンスが学生相談機関の周知度，来談意思に与える効果を検討すること，また，その際，学生側の要因のひとつとして，学生相談機関のイメージがガイダンスの効果に及ぼす影響を含めて検討することを目的とする。

## 2-4-2 研究Ⅳ-1

### 2-4-2-1 目的

学生相談機関についての説明手法の差異が学生相談機関の周知度と利用促進に及ぼす効果について明らかにする。

### 2-4-2-2 方法

① **実施時期**：事前調査　2006年5月　　事後調査　2006年7月
② **実験参加者**：関東地方にある私立Ｅ大学1―4年生（事前調査335人，事後調査285人）
③ **手続き**：調査は教職課程を履修している学生を対象に，著者が担当する授業時間内に，著者自身が学生相談室の説明および質問紙の配布・回収を行い実施した。なお，著者はＥ大学の授業は担当しているが学生相談は担当していない。また，研究Ⅳの実施に際してはＥ大学の学生相談機関の了解を得るとともに説明用資料作成の際，協力を得た。
ⅰ）事前調査として，研究Ⅲで用いた質問紙を簡略化した質問紙を実施した。
ⅱ）約3週間後に，著者が実験参加者にＥ大学の学生相談機関に関する説明を行った。この際，実験参加者は説明の手法により4群（多人数・口頭説明群，多人数・視覚情報説明群，少人数・口頭説明群，統制群）に分けられ，前3群の実験参加者には学生相談機関発行のパンフレットを配布の上，内容が同一の15分ほどの説明を行い，統制群にはパンフレットの配布および説明は行わなかった。なお，「多人数」は説明実施時の人数が

50人以上,「少人数」は50人未満とし,「口頭説明」はパンフレットを示しながらの口頭による説明,「視覚情報説明」はパワーポイント(学生相談機関の写真等を提示)を主たる媒体としての説明である。授業日程の関係で少人数・視覚情報説明群を設けることはできなかった。

ⅲ) 学生相談機関の説明から約3週間後に,事前調査で用いた質問紙を再度,実施した。

④ **倫理的配慮**:実験参加者には,研究の趣旨と目的を説明の上,回答は無記名であり,すべて統計的に処理されること,成績評価等には関係がないこと,協力したくない場合は参加しなくてよいことを伝えた。また,事後調査実施後,統制群の対象者には学生相談機関パンフレットを配布した上で口頭による説明を実施して不利益が生じないよう配慮した。

## 2-4-2-3 結果

### (1) 周知度得点,来談意思得点の算出

質問紙への回答に不備がない210人の実験参加者を分析の対象とした(表2-9)。次に,周知度をたずねる3項目の粗点の和を項目数で除した値を「周知度」得点(1—4点),悩みや不安が生じた際の来談意思をたずねる10項目のうち,4件法の2項目については粗点を5/4倍し,他の8項目との粗点の和を項目数で除した値を「来談意思」得点(1—5点)とした。なお,「学生

表2-9 分析の対象となった実験参加者の内訳

|  |  | 性別 男 | 性別 女 | 合計 |
|---|---|---|---|---|
| 学年 | 1年生 | 67 | 73 | 140 |
|  | 2年生 | 11 | 11 | 22 |
|  | 3年生 | 26 | 19 | 45 |
|  | 4年生 | 1 | 2 | 3 |
| 計 |  | 105 | 105 | 210 |

相談機関イメージ」項目の分析は研究IV-3で取り上げる。また，研究IV-1，IV-2，IV-3においては$d$，$\eta^2$，$\beta$の値および信頼区間の算出にはHAD（清水，2016）を，その他の統計処理にはIBM SPSS PASW Statistics 18を用いた。

### (2) 周知度得点の変化の分析

「周知度」得点の変化には学年差は見られなかったが，性差が見られ，女性の変化量が有意に大きかった（$t(209)=-2.15$, $p=.033$, $d=-.30$, 95%CI [-.57, -.02]）（表2-10）。群別に「周知度」得点の事前―事後の変化について比較したところ，少人数・口頭説明群（$t(10)=4.08$, $p=.002$, $d=.72$, 95%CI [.23, 1.65]），多人数・視覚情報説明群（$t(48)=4.04$, $p<.001$, $d=.58$, 95%CI [.17, .99]），多人数・口頭説明群（$t(50)=2.41$, $p=.020$, $d=.38$, 95%CI

表2-10 性別・学年別に見た周知度得点の事前・事後の変化の比較

| | 人数 | 事前 | | 事後 | | 事後－事前 | | $t$値 | $p$値 |
|---|---|---|---|---|---|---|---|---|---|
| | | $M$ | $SD$ | $M$ | $SD$ | $M$ | $SD$ | | |
| 男子 | 105 | 2.15 | .82 | 2.30 | .80 | .15 | .72 | -2.15* | .033 |
| 女子 | 105 | 2.10 | .82 | 2.46 | .78 | .37 | .72 | | |
| 1年生 | 140 | 2.14 | .80 | 2.40 | .80 | .27 | .77 | .22 | .823 |
| 2-4年生 | 70 | 2.10 | .85 | 2.12 | .82 | .02 | .11 | | |

*$p<.05$

表2-11 条件別に見た周知度得点の事前・事後の変化の比較

| | 人数 | 事前 | | 事後 | | 事後－事前 | | $t$値 | $p$値 |
|---|---|---|---|---|---|---|---|---|---|
| | | $M$ | $SD$ | $M$ | $SD$ | $M$ | $SD$ | | |
| 多人数・口頭説明群 | 51 | 2.11 | .80 | 2.42 | .84 | .31 | .91 | 2.41* | .020 |
| 多人数・視覚情報説明群 | 49 | 2.16 | .77 | 2.59 | .70 | .43 | .74 | 4.04** | $p<.001$ |
| 少人数・口頭説明群 | 11 | 2.12 | 1.02 | 2.82 | .95 | .70 | .57 | 4.08** | .002 |
| 統制群 | 99 | 2.11 | .83 | 2.21 | .77 | .10 | .57 | 1.76† | .082 |

†$p<.10$, *$p<.05$, **$p<.01$

［−.02, .77］）の3群でいずれも事後得点が有意に高く統制群（$t(98)=1.76$, $p=.082$, $d=-.13$, 95%CI［−.41, .15］）で有意に高い傾向が見られた（表2-11）。次に，事前—事後の変化量の群間差を明らかにするために分散分析を行ったところ，統計的に有意であった（$F(3,206)=4.06$, $p=.008$, $\eta^2=.06$, 95%CI［.00, .12］）。そこで，Duncan の多重比較を行ったところ，少人数・口頭説明群が統制群より変化量が有意に大きかった（$p<.05$）。

### (3) 来談意思得点の変化の分析

「来談意思」得点の変化には性差・学年差は見られなかった（表2-12）。群別に「来談意思」得点の事前—事後の変化を比較したところ，少人数・口頭説明群（$t(10)=2.97$, $p=.014$, $d=.60$, 95%CI［−.33, 1.53］），統制群（$t(98)=2.45$, $p=.016$, $d=.19$, 95%CI［−.09, .47］）で事後得点が有意に高く，多人

表2-12 性別・学年別に見た来談意思得点の事前・事後の変化の比較

| | 人数 | 事前 | | 事後 | | 事後−事前 | | $t$値 | $p$値 |
|---|---|---|---|---|---|---|---|---|---|
| | | $M$ | $SD$ | $M$ | $SD$ | $M$ | $SD$ | | |
| 男子 | 105 | 2.85 | .66 | 3.02 | .74 | .16 | .56 | 1.25 | .213 |
| 女子 | 105 | 3.05 | .63 | 3.11 | .65 | .07 | .52 | | |
| 1年生 | 140 | 3.04 | .65 | 3.11 | .70 | .07 | .58 | −1.58 | .116 |
| 2—4年生 | 70 | 2.77 | .61 | 2.97 | .70 | .20 | .47 | | |

表2-13 条件別に見た来談意思得点の事前・事後の変化の比較

| | 人数 | 事前 | | 事後 | | 事後−事前 | | $t$値 | $p$値 |
|---|---|---|---|---|---|---|---|---|---|
| | | $M$ | $SD$ | $M$ | $SD$ | $M$ | $SD$ | | |
| 多人数・口頭説明群 | 51 | 3.15 | .66 | 3.13 | .64 | −.02 | .53 | −.33 | .741 |
| 多人数・視覚情報説明群 | 49 | 3.12 | .51 | 3.27 | .60 | .15 | .55 | 1.75[†] | .087 |
| 少人数・口頭説明群 | 11 | 2.58 | .66 | 3.02 | .82 | .44 | .50 | 2.97* | .014 |
| 統制群 | 99 | 2.80 | .66 | 2.94 | .74 | .14 | .54 | 2.45* | .016 |

[†] $p<.10$, * $p<.05$

数・視覚情報説明群については事後得点が有意に高い傾向が見られた（$t(48)=1.75$, $p=.087$, $d=.25$, 95%CI $[-.16, .65]$）（表2-13）。次に，事前—事後の変化量の群間差を明らかにするために分散分析を行ったところ，統計的に有意な傾向が見られた（$F(3,206)=2.59$, $p=.054$, $\eta^2=.04$, 95%CI $[.00, .09]$）。そこで，Duncanの多重比較を行ったところ，少人数・口頭説明群が他の3群に比べて変化量が有意に大きかった（$p<.05$）。

### (4) 来談意思得点が高くなった実験参加者の分析

参考までに，今回の研究期間中に来談につながる可能性がかなり高くなったと考えられる学生として，仮説的に，「来談意思」得点が1.0点以上高くなった9人の実験参加者を抽出して分析した。その結果，「周知度」得点，「来談意思」得点の変化はそれぞれ.56点，1.24点と比較的大きい値を示していることがわかった。

## 2-4-2-4 考察

先行研究と同様，情報提供により学生相談機関の周知度が高まることが確認された。また，少人数・口頭説明群，多人数・視覚情報説明群では来談意思が高まったが，多人数・口頭説明群では来談意思が高まらなかったことから，少人数ないし視覚情報という条件により説明を行った方が来談意思を高める効果があると考えられる。しかし，統制群の来談意思も高まっていた。これについては，統制群のみ実験参加者が多かったために統計的に有意となりやすかったこと，質問紙の実施による効果，研究以外の要因の影響などが理由として考えられる。

来談意思については，実際に学生が問題を抱えるか否かに依存する部分も大きいと考えられる。本研究の結果からは，実際に問題を抱えるか否かによる来談意思の高まりと情報提供による来談意思の高まりとの関係については不明である。ただし，来談意思の増加量が比較的大きい実験参加者も見られ

た。これらの実験参加者が，仮に，潜在的に問題を抱えていたとしたら，そうした学生に対しては情報提供の効果があったという可能性も考えられる。この点については，別のアプローチによる検証が必要である。

また，結果の信頼性を確認するために，今回設けられなかった少人数・視覚情報説明群を設けること，統制群の人数を他群と同程度に調整すること，説明を受けてもその内容を十分に理解していない実験参加者がいる可能性を踏まえ，説明の理解度の確認の手続きを設けることの3点が今後の課題であると考えられた。

### 2-4-3 研究Ⅳ-2

#### 2-4-3-1 目的

研究Ⅳ-1における条件の不備を補った上で，同様な手法により結果の検証を行う。

#### 2-4-3-2 方法

① **実施時期**：事前調査　2009年6月　　事後調査　2009年7月
② **実験参加者**：私立E大学1―4年生（事前調査230人，事後調査258人）
　　　　　　　（注：研究Ⅳ-1とⅣ-2の実験参加者に重複はない）
③ **手続き**
ⅰ）事前調査として，実験参加者全員に研究Ⅳ-1で用いた質問紙を実施した。
ⅱ）2週間後に研究Ⅳ-1と同様に学生相談室の説明を行った。この際，実験参加者は説明の手法により4群（少人数×口頭説明群，少人数×視覚情報説明群，多人数×口頭説明群，多人数×視覚情報説明群）に分けられた。研究Ⅳ-2では，説明直後に内容の理解度を確認した。
ⅲ）事前，事後調査を受けたが学生相談室の説明時に授業を欠席した学生を

表2-14　分析の対象となった対象者の内訳

| | | 性別 | | 合計 |
|---|---|---|---|---|
| | | 男 | 女 | |
| 学年 | 1年生 | 41 | 17 | 58 |
| | 2年生 | 13 | 10 | 23 |
| | 3年生 | 24 | 31 | 55 |
| | 4年生 | 2 | 1 | 3 |
| | 計 | 80 | 59 | 139 |

統制群とした。

④ **倫理的配慮**：実験参加者には，研究の趣旨と目的を説明の上，回答は無記名であり，すべて統計的に処理されること，成績評価等には関係がないこと，協力したくない場合は参加しなくてよいことを伝えた。また，事後調査実施後，統制群の対象者には学生相談機関パンフレットを配布した上で口頭による説明を実施して不利益が生じないよう配慮した。

## 2-4-3-3　結果

(1)　**周知度得点，来談意思得点の算出**

　学生相談機関の説明に対する内容の理解度の低い実験参加者が見られなかったため，回答に不備のない対象者139名全員を分析の対象とし（表2-14），「周知度」得点，「来談意思」得点を算出した。

(2)　**周知度得点の変化の分析**

　「周知度」得点の変化には性差・学年差は見られなかった（表2-15）。群別に「周知度」得点の変化を比較したところ，統制群を除くすべての群で事後得点が有意に高かった（少人数×口頭説明群（$t(19)=4.53$, $p<.001$, $d=1.12$, 95%CI [.42, 1.82]），少人数×視覚情報説明群（$t(26)=4.92$, $p<.001$, $d=1.23$, 95%CI [.63, 1.84]），多人数×口頭説明群（$t(47)=6.42$, $p<.001$, $d=.93$, 95%CI

**表2-15　性別・学年別に見た周知度得点の事前・事後の変化の比較**

|  | 人数 | 事前 M | 事前 SD | 事後 M | 事後 SD | 事後−事前 M | 事後−事前 SD | t値 | p値 |
|---|---|---|---|---|---|---|---|---|---|
| 男子 | 80 | 3.12 | .82 | 3.69 | .72 | .58 | .77 | 1.58 | .116 |
| 女子 | 59 | 3.05 | .75 | 3.85 | .88 | .81 | .96 | | |
| 1年生 | 58 | 3.30 | .76 | 3.78 | .77 | .59 | .77 | 1.02 | .312 |
| 2−4年生 | 81 | 3.01 | .76 | 3.74 | .82 | .74 | .92 | | |

**表2-16　条件別に見た周知度得点の事前・事後の変化の比較**

|  | 人数 | 事前 M | 事前 SD | 事後 M | 事後 SD | 事後−事前 M | 事後−事前 SD | t値 | p値 |
|---|---|---|---|---|---|---|---|---|---|
| 多人数・口頭説明群 | 48 | 3.17 | .77 | 3.85 | .70 | .69 | .74 | 6.42** | p<.001 |
| 多人数・視覚情報説明群 | 24 | 3.19 | .96 | 3.69 | .77 | .50 | .84 | 2.92** | .008 |
| 少人数・口頭説明群 | 20 | 2.98 | .77 | 3.92 | .90 | .93 | .92 | 4.53** | p<.001 |
| 少人数・視覚情報説明群 | 27 | 2.98 | .74 | 3.88 | .73 | .90 | .95 | 4.92** | p<.001 |
| 統制群 | 20 | 3.02 | .74 | 3.30 | .91 | .28 | .87 | 1.46 | .160 |

**p<.01

[.51, 1.36])，多人数×視覚情報説明群（$t(23)=2.92$，$p=.008$，$d=.58$，95%CI [−.02, 1.18]）（表2-16）。次に，事前―事後の変化量の群間差を明らかにするために分散分析を行った。統計的に有意な傾向が見られたため（$F(4,134)=2.28$，$p=.064$，$\eta^2=.06$，95%CI [.00, .13]），Duncanの多重比較を行ったところ，少人数×口頭説明群と少人数×視覚情報説明群は，統制群より変化量が有意に大きかった（$p<.05$）。

### (3) 来談意思得点の分析

「来談意思」得点の変化には性差は見られなかったが，学年差（1年生と2−4年生）が見られ，1年生の変化量が有意に大きかった（$t(137)=2.36$，$p=.020$，$d=.41$，95%CI [.07, .74]）（表2-17）。群別に「来談意思」得点の変化を見たところ，すべての群で有意な変化は見られなかった（表2-18）。

表2-17　性別・学年別に見た来談意思得点の事前・事後の変化の比較

| | 人数 | 事前 M | 事前 SD | 事後 M | 事後 SD | 事後－事前 M | 事後－事前 SD | t値 | p値 |
|---|---|---|---|---|---|---|---|---|---|
| 男子 | 80 | 3.36 | .65 | 3.44 | .66 | .08 | .63 | －.21 | .835 |
| 女子 | 59 | 3.19 | .64 | 3.30 | .65 | .11 | .62 | | |
| 1年生 | 58 | 3.34 | .62 | 3.58 | .62 | .24 | .67 | 2.36* | .020 |
| 2－4年生 | 81 | 3.26 | .68 | 3.26 | .68 | －.01 | .57 | | |

*p<.05

表2-18　条件別に見た来談意思得点の事前・事後の変化の比較

| | 人数 | 事前 M | 事前 SD | 事後 M | 事後 SD | 事後－事前 M | 事後－事前 SD | t値 | p値 |
|---|---|---|---|---|---|---|---|---|---|
| 多人数・口頭説明群 | 48 | 3.46 | .61 | 3.60 | .60 | .14 | .68 | 1.41 | .166 |
| 多人数・視覚情報説明群 | 24 | 3.43 | .63 | 3.48 | .56 | .05 | .49 | .52 | .610 |
| 少人数・口頭説明群 | 20 | 3.30 | .57 | 3.38 | .69 | .08 | .48 | .72 | .482 |
| 少人数・視覚情報説明群 | 27 | 2.95 | .71 | 2.99 | .71 | .04 | .04 | .29 | .774 |
| 統制群 | 20 | 3.18 | .63 | 3.30 | .59 | .13 | .66 | .85 | .406 |

また，事前―事後の変化量の群間差についても有意なものは見られなかった。

(4) 変化の大きかった実験参加者の分析

研究Ⅳ-1と同様，参考までに，今回の研究中に来談につながる可能性が高くなったと考えられる学生として，仮説的に，「来談意思」得点が1.0点以上高くなった10人の実験参加者を抽出して分析した。その結果，これらの対象者は1年生が6人（60.0％）と相対的に大きな割合を占め，「周知度」，「来談意思」得点の変化の平均値がそれぞれ1.48点，1.43点と比較的大きい値を示していることがわかった。

## 2-4-3-4 考察

　研究Ⅳ-1と同様，学生相談室の説明を行うと周知度は高くなること，少人数による説明の方が効果的であることが確認された。周知度だけを考えれば，少人数による説明の実施の方が効果的であると予想される。一方，説明の実施の有無や手法の差異は来談意思そのものには影響を与えないことが示唆された。研究Ⅳ-1において，少人数×口頭説明群，統制群，多人数×視覚情報群において有意ないし有意な傾向が見られる結果となっていたが，来談意思については，実際に問題を抱えるか否かが大きな要因となるのも事実であり，研究Ⅳ-1の結果もあわせて考えれば，ガイダンスによる効果だけによりその多くを説明することは難しい可能性がある。

　日本の学生相談における4年制大学の来談率が2―5％（日本学生相談学会特別委員会，2001；大島・林・三川・峰松・塚田，2004；大島・青木・駒込・楡木・山口，2007；吉武・大島・池田・高野・山中・杉江・岩田・福盛・岡，2010；早坂・佐藤・奥野・阿部，2013；早坂・佐藤・奥野・阿部，2014；岩田・林・佐藤・奥野，2016）であることを考慮すると，来談する学生は相対的に少数であり，そうした学生の来談意思が実際に高まったとしても，多人数を対象とした調査ではその増分が平均化され，全体の結果には反映されない可能性もある。

　一方，研究Ⅳ-1と同様，個別に見れば，一部，来談意思が高まっていた学生も見られた。こうした学生が潜在的な相談ニーズを抱えている学生だと仮定すれば，相談ニーズの低い学生と比較した場合，情報提供が与える効果が異なっている可能性も考えられる。

　研究としては，実際に，その後の学生相談機関の利用の有無について追跡調査を行うことによって，この点を明らかにすることも考えられる。しかし，学生相談機関の利用はプライバシーに配慮すべき事柄であり，研究実施前に了承を取っていない今回の研究の枠組みでは継続的に調査を行うのは適当ではないと判断した。

## 2-4-4　研究Ⅳ-3

### 2-4-4-1　目的

　研究Ⅳ-1および研究Ⅳ-2から，学生相談機関に関する情報提供により周知度が高まること，その際，多人数よりは少人数の方が効果的であると考えられることが示唆された。一方，学生相談機関に関する情報提供と来談意思の関係については，一部，その効果が確認されたが，全体としては明確な結果が得られたとは判断できなかった。また，相談ニーズを抱える学生に対して効果的な情報提供の方法を明らかにすることが必要であることが示唆された。

　先行研究からは，来談意思には学生側の要因がかかわっていることが示されている。そこで，研究Ⅳ-3では，学生の側の要因のひとつとして学生が学生相談機関に対して持っている「イメージ」を取り上げ，それと「来談意思」の関連を明らかにする。そして，学生の「来談意思」を詳細に把握することにより，「来談意思」を高める方法についてより具体的な示唆を得ることを目的とする。

### 2-4-4-2　方法

① **分析の対象者**
　研究Ⅳ-1および研究Ⅳ-2の分析対象者をあわせた349人。

② **手続き**
　研究Ⅳ-1および研究Ⅳ-2において得られたデータのうち，「周知度」項目，「来談意思」項目に加え，「学生相談機関イメージ」項目を分析に組み入れた。また，「来談意思」項目については，因子分析により項目をグループ化して，より細かくとらえることを試みた。

## 2-4-4-3 結果

### (1) 学生相談機関イメージ尺度の構成

　事前調査における「学生相談機関イメージ」項目のうち，分布に偏りがある3項目を削除した上で因子分析（重み付けのない最小二乗法，プロマックス回転）を行った。どの因子にも負荷の低い項目を削除した上で再度，因子分析を行ったところ，研究Ⅲとは異なり，3因子が抽出された（表2-19）。なお「学生のことを真剣に考えてくれるところ」は2つの因子に.4以上の負荷が見られるが，項目の意味内容から必要性が高いと判断されたため，そのまま残すこととした。因子負荷量の大きい項目から，それぞれ「有益な支援の提供」イメージ，「利用対象者」イメージ，「利用不安」イメージと命名した。事後調査における「学生相談機関イメージ」項目について同様な手続により因子分析を行ったところ，事前調査の場合と同様な因子が得られたので，事前調査における因子分析の各因子への因子負荷が高い項目に基づき尺度構成を行った。なお，「学生のことを真剣に考えてくれるところ」については項目の意味内容と因子負荷の絶対値の大きさを踏まえ，「有益な支援の提供」尺度に用いた。Cronbachの$\alpha$係数を求めたところ，順に，.88，.86，.48となった。「利用不安」尺度は$\alpha$係数が.48と低かったため分析から除外した。

### (2) 来談意思尺度の構成

　事前調査における「来談意思」をたずねる項目には分布に大きな偏りがある項目がなかったため，全10項目を用いて因子分析（重み付けのない最小二乗法，プロマックス回転）を行った。その結果，解釈可能な3因子が抽出された（表2-20）。因子負荷量の大きい項目に基づき，それぞれ「進路就学相談」来談意思，「心理相談」来談意思，「全般的相談」来談意思と命名した。事後調査における「来談意思」項目を同様な手続により因子分析したところ，事前調査と同様な因子が得られたため事前調査の因子分析結果をもとに尺度構成

表2-19　学生相談機関イメージ項目の因子分析結果

|  | 第Ⅰ因子<br>有益な支援の提供 | 第Ⅱ因子<br>利用対象者 | 第Ⅲ因子<br>利用不安 |
|---|---|---|---|
| 役に立つところ | **.80** | －.12 | .20 |
| 学生にとって心強いところ | **.72** | .04 | .01 |
| 便利なところ | **.72** | －.18 | .28 |
| 信頼できるところ | **.70** | .07 | －.12 |
| 頼りになるところ | **.67** | －.05 | －.13 |
| 適切なアドバイスを与えてくれるところ | **.65** | .04 | －.06 |
| 学生のために良いことをしているところ | **.62** | .08 | －.12 |
| 学生生活に必要なところ | **.60** | －.08 | .21 |
| 学生のためにがんばっているところ | **.58** | .07 | －.07 |
| 悩みを解決してくれるところ | **.54** | .16 | .06 |
| 学生のことを真剣に考えてくれるところ | **.47** | .13 | **－.42** |
| 追いつめられている人が行くところ | －.03 | **.70** | .02 |
| いじめにあっている人が行くところ | －.11 | **.66** | －.01 |
| ひどく悩んでいる人が行くところ | .03 | **.65** | －.11 |
| どうしようもなくなったら行くところ | .06 | **.64** | .05 |
| 不安なことがある人が行くところ | .24 | **.56** | －.08 |
| 自分で悩みを解決できない人が行くところ | .12 | **.55** | .07 |
| できれば行きたくないところ | －.24 | **.54** | .11 |
| 近寄りがたいところ | －.13 | **.52** | .15 |
| 相談相手がいない人が行くところ | .01 | **.51** | .04 |
| 何かトラブルがあった人が行くところ | .38 | **.50** | .16 |
| 人に言えない悩みがある人が行くところ | .08 | **.49** | －.15 |
| 精神的に弱い人が行くところ | －.13 | **.49** | .09 |
| 相談に行きにくいところ | －.21 | **.48** | .09 |
| お説教されるところ | .15 | .05 | **.52** |
| 相談すると不利益がありそうなところ | .01 | .07 | **.52** |
| 事務的・機械的な対応をするところ | .00 | .04 | **.47** |
| 因子間相関　　第Ⅰ因子 | — | －.18 | －.36 |
| 　　　　　　　第Ⅱ因子 |  | — | .27 |

表2-20 来談意思項目の因子分析結果

|  | 第Ⅰ因子 心理相談 | 第Ⅱ因子 進路修学相談 | 第Ⅲ因子 全般的相談 |
| --- | --- | --- | --- |
| 家庭に関する悩みや不安 | **.79** | −.01 | −.05 |
| 対人関係に関する悩みや不安 | **.78** | −.08 | .15 |
| 精神衛生に関する悩みや不安 | **.76** | .04 | −.06 |
| 性格に関する悩みや不安 | **.75** | −.04 | .13 |
| 経済状況に関する悩みや不安 | **.63** | .11 | −.17 |
| 進路に関する悩みや不安 | .01 | **.94** | .04 |
| 就職に関する悩みや不安 | .05 | **.86** | −.09 |
| 学業に関する悩みや不安 | −.03 | **.51** | .16 |
| 現在の悩みや不安 | −.04 | −.02 | **.81** |
| 将来の悩みや不安 | −.02 | .12 | **.68** |
| 因子間相関 第Ⅰ因子 | — | .10 | .46 |
| 第Ⅱ因子 | | — | .27 |

表2-21 周知度・学生相談機関イメージ・来談意思の事前・事後の比較

|  | 事前 | | 事後 | | 平均の差 (事後−事前) | | $t$値 | $p$値 |
| --- | --- | --- | --- | --- | --- | --- | --- | --- |
|  | $M$ | $SD$ | $M$ | $SD$ | | | | |
| 周知度 | 2.11 | .80 | 2.53 | .82 | .42 | .81 | 9.82** | $p$<.001 |
| 「有益な支援の提供」イメージ | 3.60 | .63 | 3.69 | .61 | .09 | .55 | 3.03** | .003 |
| 「利用対象者」イメージ | 3.17 | .67 | 3.22 | .73 | .05 | .58 | 1.54 | .124 |
| 「心理相談」来談意思 | 2.55 | .89 | 2.92 | .89 | .37 | 1.15 | 6.05** | $p$<.001 |
| 「進路修学相談」来談意思 | 3.81 | .89 | 3.10 | 1.11 | −.71 | 1.29 | −10.24** | $p$<.001 |
| 「全般的相談」来談意思 | 2.86 | .97 | 2.95 | .99 | .09 | .93 | 1.83† | .068 |

†$p$<.10, **$p$<.01

を行った。各尺度のCronbachの$\alpha$係数を求めたところ,それぞれ.72,.80, .86となり,内的一貫性の点からは問題がないと考え,3尺度を分析に用いた。

## (3) 来談意思の変化の予測

研究Ⅳ-2において，情報提供の手法の差異それ自体が来談意思に及ぼす影響は見られなかったため，研究Ⅳ-3では，説明手法の差異による対象者の群分けは行わず，「学生相談機関イメージ」得点の変化と「周知度」得点の変化から「来談意思」得点の変化の予測を試みた。なお，各尺度の事前・事後得点は表2-21の通りである。

「周知度」得点の変化，各「学生相談機関イメージ」得点の変化を独立変数，各「来談意思」得点の変化を従属変数として，重回帰分析（ステップワイズ法）を行ったところ，「全般的相談」来談意思の変化（$R^2=.03$, $F(1,347)=10.63$, $p=.001$），「進路就学相談」来談意思の変化（$R^2=.02$, $F(1,347)=6.20$, $p=.013$），「心理相談」来談意思の変化（$R^2=.05$, $F(1,347)=16.90$, $p<.001$）で有意なモデルが得られた。各モデルで統計的に有意な変数は，「全般的相談」来談意思の変化では「周知度」の変化（$\beta=.17$, $p=.001$, 95%CI [.07, .28]），「進路修学相談」来談意思は「有益な支援の提供」イメージの変化（$\beta=.13$, $p=.013$, 95%CI [.03, .24]），「心理相談」来談意思の変化は「利用対象者」イメージの変化（$\beta=.22$, $p<.001$, 95%CI [.11, .32]）であった（表2-22）。

表2-22　来談意思の変化を目的変数とした回帰分析

|  | 予測変数（β値） | $R^2$ | $F$値 | $p$値 |
| --- | --- | --- | --- | --- |
| 「全般的相談」来談意思の変化 | 周知度の変化（$\beta=.17$） | .03 | 10.63** | .001 |
| 「進路修学相談」来談意思の変化 | 「有益な支援の提供」イメージの変化（$\beta=.13$） | .02 | 6.20* | .013 |
| 「心理相談」来談意思の変化 | 「利用対象者」イメージの変化（$\beta=.22$） | .05 | 16.90** | $p<.001$ |

*$p<.05$, **$p<.01$

## 2-4-4-4 考察

### (1) 学生へのガイダンスが来談意思に及ぼす効果

来談意思の予測では，学生が学生相談機関に対して持っているイメージにより，来談意思に及ぼす影響が異なっていたことから，目的に応じてガイダンスの内容を変える必要性があることが示唆された。すなわち，学生の「全般的相談」に対する来談意思を高めるためには，「周知度」を高めることが効果的であると考えられる。したがって，こうした場合には，ガイダンスで学生相談機関の概要について説明を行う，新入生にパンフレットを配布する，学生の集まる場所にポスターを掲示するなどの試みが有益であろう。

一方，進路・就職・学業といった「進路修学相談」に対する来談意思を高めるには，「有益な支援の提供」イメージを明確にするようなガイダンスが効果的であると考えられる。具体的には，学生相談機関が単に心理的な相談だけに対応する場所ではなく，進路，就職，学業など学生生活全般に関する「よろず相談」，「何でも相談」に対応することを強調することが有益であろう。

最後に，家庭・対人関係・精神衛生・性格・経済状況など「心理相談」に対する来談意思を高めるためには，「利用対象者」イメージを明確にするようなガイダンスを行うことが効果的であると考えられる。具体的には，青年期によく見られる心理的・精神的な問題の例をあげて説明することがあげられよう。

ただし，いずれも重決定係数（$R^2$）が比較的小さいことから，各モデルの当てはまりについては慎重に考える必要がある。

### (2) 本研究の限界と今後の課題

本研究では，ガイダンスの効果の持続性や実際の来談への結びつきについては明らかになっていない。来談意思の予測に必要となる要因，例えば，学

生の精神的健康度など何らかの学生側のニーズ・特徴を把握する要因を変数として組み込むことで，より精度の高い予測が可能なモデルを考案することが必要である。

## 2-4-5　研究Ⅳのまとめ

### (1)　研究Ⅳで得られた成果

研究Ⅳ-1，研究Ⅳ-2，研究Ⅳ-3の結果を踏まえ，学生相談機関の利用を促進するためのガイダンスのあり方について考察する。研究Ⅳ-1，研究Ⅳ-2の結果から，手法の差異にかかわらずガイダンスにより学生の周知度が高まることが示されたが，特に少人数によるガイダンスに効果があることが示唆された。また，研究Ⅳ-3からは，周知度が高まると「全般的相談」に対する来談意思が高まることが示された。

木村・水野（2010）の指摘にもあるが，学生が学生相談機関について知ることは，当該学生の周りにいる相談ニーズを抱えた学生を学生相談機関に紹介する際にも役立つと考えられる。また，Nolan, Pace, Lannelli, Palma, & Pakalns（2006）によれば，学生の学生相談機関への紹介に最も効果的な方法は学部教員への直接的な説明であるという。学生本人に対してはもとより，教職員に対しても広報活動を行って，大学コミュニティ全体において学生相談機関の周知度を高めることには学生の利用を促進する効果が期待できよう。

日本における研究では，ガイダンスの効果に関して必ずしも一貫した結果が得られていなかったが，本研究では，実験群，統制群を設け，また，できるだけ実際のガイダンスに近い方法を用いて研究を行った。本研究の結果から，周知度の面では，ガイダンスの効果が期待できるという知見の信頼性が高まったと考えられる。

一方，学生相談機関イメージの分析からは，「有益な支援の提供」イメージが高まることにより，学業や進路，就職などの「進路就学相談」への来談

意思が高まること,「利用対象者」イメージが高まることにより対人関係,精神衛生,性格などの「心理相談」への来談意思が高まることが示唆された。研究Ⅳ-1,研究Ⅳ-2において,ガイダンスの手法の差異は来談意思に影響を及ぼさない可能性が示唆されたが,学生の持っているイメージの変化と来談意思の変化には関連が見られたことは,学生側の特徴やニーズに焦点を当てた情報提供にはその効果が期待できることを意味している。

　研究Ⅲでは,アメリカにおける「専門的心理援助を求めることへの態度」と「援助要請行動」の枠組みから学生相談機関への来談行動を予測する研究について概観した。この中で,Vogel, Wester, Wei, & Boysen（2005）やDowns & Eisenberg（2012）において,特定の心理的問題に特化した来談行動の予測が行われているが,本研究で扱っているように日本の学生相談場面によく適合した対人関係,精神衛生,性格などの相談内容別の予測は行われていない。本研究における学生相談機関に対するイメージを用いた研究は,日本の実際の学生相談実践への適用においてより有効性が高いといえるのではないだろうか。

　高野・吉武・池田・佐藤・関谷・仁平（2006）は,調査の結果から,学生には自己の抱える相談内容と学生相談機関で対応できる事柄の適合性を知りたいというニーズがあること,インフォームド・コンセントという観点からも学生のニーズに合わせた情報提供が必要であることを指摘し,「『よろず相談』というキャッチフレーズの是非」について論じている。ガイダンスの際に,「よろず相談」という点を強調して情報提供をすることは,間口を広くし利用への抵抗感を低めることにより「心理的コスト」を下げ,学生の利用を促進することにつながるとも考えられる。しかし,その一方で,どのような相談内容であれば学生相談機関に相談できるのかが学生にはわかりにくくなる恐れもあり,深刻な心理的問題,精神衛生上の問題などを抱えた学生の利用を遠ざける可能性もある。

　利用対象を特定の問題を抱えた学生に限定してしまうことは現実的ではな

いが，学生相談機関として当該大学における学生の特徴や大学コミュニティが抱える課題をアセスメントした上で，一般的な説明とともに支援の必要性の高い相談を例示し，そうした相談を抱える学生の利用を促すといったように，情報提供の重点を変えてガイダンスを行うことが有効ではないだろうか。

学生相談機関の抱える条件は大学により異なっている。人的，施設的に恵まれた大学もあればそうでない大学もある。精神衛生上の問題や自傷他害などの行動化，自殺を未然に防ぐことなどが大学として取り組むべき課題として共通認識となっている場合もあれば，基礎学力不足の学生への支援や発達障害の学生への支援，退学の予防などが課題となっている大学もあるであろう。学生相談機関が限られた資源によって学生のニーズに最大限に応えるためには，在籍する学生や大学コミュニティの特徴・ニーズの把握に努めた上で，どのような情報を重点的に提供すべきか吟味し，最も適切な情報提供の仕方を選択することが必要であるといえるだろう。

(2) **本研究の限界と今後の課題**

本研究では，研究対象はひとつの大学に限られており，学年ごとの対象者数にも偏りがあった。鶴田（2001）は学生相談における「学生生活サイクル」といった視点の重要性を指摘しているが，この点を踏まえれば，本研究により得られた知見は，その普遍性において不十分な面があることは否めない。したがって，結果を一般化するためには，他大学における研究や対象者の学年のバランスを考慮した研究を実施して重ねて検証していくことが必要である。さらに，ガイダンスの効果の持続性や実際の来談への結びつきについては，十分なインフォームド・コンセントのもとに，学生相談機関を利用した学生を対象にした実践により近い条件での研究が必要である。

## 2-5　第2章のまとめ

　研究Ⅱでは，ある小規模私立大学における学生相談室の再開室過程を取り上げ，実践活動と来談者数との関係について検討した。その結果，活動初期から学内のネットワークを構築していくこと，また，様々な機会を通じて広報活動を行っていくことが利用促進に効果的であったことが示された。

　研究Ⅲでは，大学生を対象にした質問紙調査により，学生相談機関に対するイメージと来談意思および周知度との関連を探った。その結果，学生相談機関に対するイメージおよび周知度と来談意思との間に関連が見られ，特に，学生相談機関が学生生活にとって有益な場所であるというイメージを学生が持つことが利用の促進に効果的であることが見出された。また，学生相談機関に対するイメージは変わりにくいため，様々な機会を通じて学生相談機関について情報を提供することが必要であることが示唆された。

　研究Ⅳでは，学生相談機関のガイダンスが利用促進に与える効果について実験的手法を用いて検討した。その結果，手法にかかわらずガイダンスを実施することにより周知度が高まることが明らかになった。また，利用の促進のためには，学生が学生相談機関に対して持っているイメージなどの学生側の要因と，大学コミュニティが抱えている課題をアセスメントした上で，ガイダンスにおいて重点的に伝える内容を変えることが必要であることが示唆された。

# 第3章 学生相談機関の類型化と組織としての発展に寄与する要因に関する研究（研究Ⅴ）

## 3-1 はじめに

　第1章では，アメリカと日本における学生相談の発展の歴史的経緯を比較検討し，そこから，学生相談機関の発展に影響を及ぼす要因について考察した。第2章では，学生相談機関の利用の促進に寄与する方法という観点から学生相談活動の発展をとらえ，検討を加えた。

　学生相談機関は大学の一機関であり，当然のことながら，大学の内部的な要因の影響を強く受ける。そこで，本章では，学生相談機関を大学内における一組織としてとらえる観点から研究を行う。具体的には，学生相談機関を対象とした調査研究によって，特に，学生相談機関の類型化というアプローチを用いて，学生相談機関の発展に寄与する要因について明らかにする。

## 3-2 問題と目的

　ひとくちに学生相談機関といっても，その組織・人員や活動状況は多様である。アメリカでは，高等教育における学生サービス発展のための委員会（Council for the Advancement of Standards in Higher Education：CAS）や国際カウンセリングサービス協会（International Association of Counseling Services：IACS）により，学生相談機関に必要とされる基準が示されている。

　こうした前提のもと，Archer & Cooper（1998）は，カウンセリング・センターのモデルとして，「教育的サービスを提供するセンター（Center Providing Educational Services)」,「学生と教職員のためのカウンセリング・センター (Counseling Center for Students and Employees)」,「健康サービス・カウンセリング・センター (Health-Service Counseling Center)」,「私的に契約されたカウンセリングサービス (Privately Contracted Counseling Service)」,「組織とコミュニティの発展のためのコンサルテーションを提供するセンター (Center Providing Consultation for Organizational and Community Development)」,「包括的カウンセリングサービスとコミュニティの発展を提供するセンター (Center Providing Comprehensive Counseling Services and Community Development)」の6モデルを提示している。

一方，Dean (2000) は「大学規模」が学生相談に最も大きな影響を与える要因であるという観点から,「大規模大学」,「小規模大学」,「コミュニティ・カレッジおよびテクニカル・カレッジ」の3分類により学生相談サービスを解説している。

これらのモデル提示は学生相談機関を大きな枠組みからとらえる上で参考になるが，アメリカにおける学生相談機関の現状を踏まえた分類であり，また，著者らの学生相談の経験等を踏まえて提示されたものであって，客観的な調査の結果を踏まえたものではない。

実際の調査研究をもとにした分類としては，Whiteley, Mahaffey, & Geer (1987) がある。この研究では，アメリカの1770の4年制大学を対象として調査を行い，そのうち963大学から回答を得ている。調査の結果に基づき，アメリカの学生相談機関は巨大センター型 (Macrocenter) (21%)，キャリア形成・就職支援型 (Career planning and placement) (16%)，カウンセリング志向型 (Counseling orientation) (29%)，一般水準サービス型 (General level service) (20%)，最小限サービス型 (Minimal service) (15%) に分類されている。

第1章でも触れたように，学生相談の黎明期における学生相談研究会 (1959) の調査においてさえ，日本の学生相談機関はすでに16種類に分類

されており，また，国立大学における保健管理センターの設置に見られる通り，日本の学生相談機関は国立大学と私立大学でもかなり条件が異なっている。最近になって，全大学を視野に入れた「学生相談機関ガイドライン」（日本学生相談学会,2013）が作成されたとはいえ，それは学生相談機関の条件や活動に対して拘束力を持つ基準とはなっていない。これらのことからも類推されることであるが，日本の大学において実際にどのような学生相談機関が設置，運営されているかは，各大学によりかなり異なるのが実状である。

一方，日本の学生相談は，比較的古くから学生相談機関を設置した大学における活動がモデル化されることが多かった。例えば，小谷・平木・村山（1994）では，東京大学，立教大学，国際基督教大学，日本女子大学が，河合・藤原編（1998）では九州大学（吉良，1998），東京都立大学（現首都大学東京）（鳴澤，1998），甲南大学（高石，1998）が，吉武（2005）では東北大学がモデル化され，こうしたモデルが学生相談の発展に寄与してきた。しかし，2000年以降，多くの学生相談機関が新設された状況を踏まえれば，モデルとはなっていないその他の多くの学生相談機関も視野に入れた研究が必要となっていると考えられる。また，大学内の一組織としての学生相談機関の発展に寄与する要因を明らかにするためには，全国の学生相談機関を研究対象として分析することも必要である。しかし，日本にはこうした研究は見られない。

学生相談機関の発展をとらえることに適用可能な研究として，下山・峰松・保坂・松原・林・齋藤（1991）の活動領域の分類に関する研究がある。この研究は，活動領域を分類することにより，学生相談活動の範囲や区分について明確化し，大学間で共通の枠組みによりその活動を議論するための基盤となりうるものとなっている。しかし，それを使って学生相談機関の発展がどのようにとらえうるかについて，十分には検討がなされていない。

また，福盛・山中・大島・吉武・齋藤・池田・内野・高野・金子・峰松・苫米地（2014）は，学生相談機関の活動の充実の程度を把握するための枠組

みとして,「学生相談機関充実イメージ表」を提案している。この表は,縦軸として「組織の位置づけ」,「利用者への利便性」,「人的資源」,「相談の質の維持・向上」の4領域,横軸として各領域における充実度(5段階)が設定されており,そのマトリックスの中で学生相談機関がどこに位置づけられるかを把握することが可能となっている。ただし,この「学生相談機関充実イメージ表」では,ある時点での学生相談機関の状況を位置づけることに適用することは可能であるが,そこに至るまでの道筋や,その後,その学生相談機関がどのように活動を展開させていくかについては十分には示されていない。また,非常勤カウンセラーが多い我が国の現状を踏まえて客観的な調査をもとに作成されたものでもない。

これまで見てきたように,日本においては,多様な学生相談機関を共通のモデルや枠組みによってとらえた場合にどのようにとらえられるのか,具体的には,学生相談機関にどのような類型が考えられるのかといった問題はほぼ手つかずのままである。学生相談機関をいくつかの類型によりとらえることができれば,その類型に共通した活動や発展の特徴について明らかにできる可能性や,類型別に発展のために必要となる課題を明らかにできる可能性がある。

本研究は,上記のような問題意識を踏まえ,全国規模の調査を実施し,多様な学生相談機関を類型化してとらえ,類型別に活動の発展に寄与する要因や課題を明らかにすることを目的として行われた。それにより学生相談機関の活動の発展に資する知見を得ることを目指す。

## 3-3 方法

### 3-3-1 質問紙の作成

伊藤(2006),伊藤(2009)は,学生相談機関の訪問調査の結果から,学生

相談機関の活動には「大学の要因」（大学の歴史や運営方針，学生相談への取り組み，大学規模と設置形態，学生の特徴等），「学生相談機関の要因」（学生相談機関の組織的な特徴，学内における位置づけ，教職員の運営への関与等），「カウンセラーの要因」（カウンセラーの人数や勤務形態，カウンセラーの臨床オリエンテーション等）が関わっていることを指摘している。

そこで，こうした知見をもとに，①「フェイスシート」（回答者の属性をたずねる項目）に加えて，②「学生相談機関の概要」（来談学生実数等をたずねる6項目），③「学内的な位置づけ」（組織的な位置づけ等をたずねる5項目），④「大学および学生の諸条件」（設立理念の影響等をたずねる6項目），⑤「大学の学生相談への取り組み」（運営への力の入れ方等をたずねる5項目），⑥「カウンセラーの位置づけ」（専門職としての位置づけ等をたずねる3項目），⑦「活動の方向性」（ウェイトの大きい相談活動をたずねる4項目），⑧「活動の発展と充実の程度」（予算・設備，活動の充実度をたずねる2項目）の7領域からなる質問紙を構成した。

作成した質問項目について学生相談に詳しい研究者2名（いずれも学生相談の経験があり，臨床心理士の資格を有している）から内容の適切性についてチェックを受けた。その結果，項目数および項目内容は適切であるが，ワーディングに工夫が必要な箇所があるとの助言を受けた。これを受け，ワーディングを修正し，最終的にフェイスシートおよび31項目からなる質問紙を作成した。

なお，日々の学生相談業務に追われ忙しい回答者の負担を考慮し，回答には自由記述を避け，多肢選択式ないし5件法を用いて，可能な限り回答の負担が小さくなるよう心がけた。また，質問紙の冒頭に，第1章で示した「学生相談機関」および「カウンセラー」の定義を示した。

## 3-3-2 調査の実施

① **調査方法**：郵送による無記名式の一斉調査

② **調査対象**：全国の729の4年制大学の学生相談機関

本研究では4年制大学のみを対象とした。これは短期大学の中には4年制大学に移行中であるケースや，併設する4年制大学と共通の学生相談機関を運営しているケースが少なくなく，調査に際して重複するケースが出ることを避けるためである。

③ **調査期間**：2011年2月―6月

『全国学校総覧（2011年版）』（全国学校データ研究所，2010）より送付先リストを作成し，学生相談を担当していると考えられる部署宛に質問紙を送付した。なお，回答に際しては，「カウンセラー」としての役割を担う教職員が「カウンセラー」という職名でない場合を考慮し，役割を直接的に示すよう「回答者」を「相談実務担当者」として回答を求めた。

## 3-4 結果

### 3-4-1 学生相談機関規定尺度の作成

質問紙の回収数は356，回収率は48.9％であった。分析の都合上，回答が必須である質問項目すべてにもれなく回答した268大学を分析の対象とした。分析の対象となった大学の設置形態別の内訳および回答者の職種を表3-1，表3-2に示す。

学生相談領域における職名は大学により様々であるが，本研究では回答者

表3-1　分析の対象となった大学の設置形態別の内訳

|  | 大学数 |
|---|---|
| 国　立 | 33 |
| 公　立 | 28 |
| 私　立 | 207 |
| 計 | 268 |

表3-2 分析の対象となった回答者の職種の概要

| | 職種の分類 | 人数 | 割合 | 人数 | 割合 |
|---|---|---|---|---|---|
| カウンセラー（インテーカー含む） | 非常勤・嘱託 | 74 | 27.6% | 124 | 44.4% |
| | 専任・常勤 | 50 | 18.7% | | |
| 教員系 | 教員兼任カウンセラー（室長等含む） | 44 | 16.4% | 63 | 23.5% |
| | 専任カウンセラー | 4 | 1.5% | | |
| | 医師（センター長等含む） | 5 | 1.9% | | |
| | その他（室長等含む） | 10 | 3.7% | | |
| 医療・保健系 | 医師（センター長等含む） | 6 | 2.2% | 36 | 13.4% |
| | 看護師・保健師 | 30 | 11.2% | | |
| 事務系 | 学生相談担当職員等（兼任カウンセラー含む） | 32 | 11.9% | 37 | 13.8% |
| | 管理職 | 5 | 1.9% | | |
| その他・無回答 | | 8 | 3.0% | 8 | 2.9% |
| | 計 | 268 | 100.0% | 268 | 100.0% |

注）表中の「医師（センター長等含む）」は，回答に教員兼任であることが明示されていた場合には「教員系」に，そうした言及がなく，単に「医師」であることのみ明示されていた場合には「医療・保健系」に分類されている。

の概要をつかむために，便宜的に，カウンセラー，教員，医療・保健職，事務職に分けた。なお，$d$，$\beta$の値および信頼区間の算出にはHAD（清水，2016）を，それ以外の統計処理にはIBM SPSS PASW Statistics 18を用いた。

領域③―⑧の質問項目のうち，5件法で回答を求めた22項目（領域③：5項目，領域④：6項目，領域⑤：4項目，領域⑥：3項目，領域⑦：2項目，領域⑧：2項目）について回答の分布を見たところ，著しい偏りがある項目は見られなかった。そこで，これら22項目すべてを用いて因子分析（重み付けのない最小2乗法，プロマックス回転）を行い，固有値1と因子の解釈のしやすさを目安に質問項目の因子構造を探った。どの因子にも負荷が小さい3項目を除き，再度，分析を行って最終的に事前の予想に近い6因子を得た。

得られた因子は因子負荷の高い項目から，学生相談機関の運営に対する大学の取り組みを示す「大学の取り組み」因子，大学の歴史や設立理念などが学生相談機関に与える影響を示す「大学の沿革」因子，カウンセラー個人が

志向する学生相談活動の方向性（個人面接中心，グループワーク中心等）およびカウンセラー自身の臨床オリエンテーション（教育相談，病院臨床等）と，学生相談機関で中心的に行われている活動との一致の程度を示す「カウンセラーの考えと相談活動の一致性」因子，学生相談機関の学内における自律した組織としての機能を示す「組織的自律性」因子，学生相談機関の活動の発展を示す「発展」因子，社会や学生の変化に対応した学生相談機関側の変化を示す「時代的変化」因子と命名された（表3-3）。

　得られた因子をもとに尺度を構成した。各尺度の基本統計は表3-4の通りである。なお，「カウンセラーの考えと相談活動の一致性」および「発展」は因子負荷が高い項目が2項目ずつ，「大学の沿革」，「組織的自立性」および「時代的変化」は因子負荷が高い項目が3項目ずつと少なかったが，得られた因子が質問紙作成時に想定した領域を比較的よく反映した因子であったため，そのまま尺度として用いることとした。しかし，「時代的変化」は項目数が少ないことに加えて信頼性係数も低かったため，以後の分析からは除外した。残りの5尺度は学生相談活動を特徴づけ，また，同時にその活動の大枠を規定する内容としてとらえられたため，5尺度をあわせて「学生相談機関規定尺度」と命名した。

### 3-4-2　学生相談機関のクラスタリング

　学生相談機関をいくつかの類型に分類するために「学生相談機関規定尺度」の5つの下位尺度得点をもとにクラスタ分析を行った。しかし，学生相談の特徴をとらえる適切なクラスタが得られなかったため，各下位尺度の意味を再吟味することとした。その結果，「大学の沿革」は学生相談機関の活動に間接的に影響を及ぼす要因であり，直接的な影響は小さいと考えられた。これを受け，「大学の沿革」を除いた4つの尺度により再度クラスタ分析を試みたところ，解釈可能な5クラスタが得られた（以下，C1.C2…と略記）。各クラスタの「学生相談機関規定尺度」得点を表3-5に示す。

第3章 学生相談機関の類型化と組織としての発展に寄与する要因に関する研究（研究Ⅴ）

表3-3 因子分析の結果

| | 第Ⅰ因子 大学の取り組み | 第Ⅱ因子 大学の沿革 | 第Ⅲ因子 カウンセラーの考えと相談活動の一致性 | 第Ⅳ因子 組織的自律性 | 第Ⅴ因子 発展 | 第Ⅵ因子 時代的変化 |
|---|---|---|---|---|---|---|
| 大学は学生相談機関の運営に力を入れている | .88 | −.06 | −.05 | .03 | −.10 | .12 |
| 大学は学生相談機関の活動に期待している | .72 | −.01 | .10 | −.07 | −.14 | .30 |
| 学生相談機関の運営のための人的措置が十分とられている | .64 | .07 | −.05 | .03 | .18 | −.21 |
| Coが専門性のある職種として位置づけられている | .48 | −.09 | .05 | .07 | .04 | .10 |
| 学生相談機関の運営のための施設整備が十分なされている | .47 | .00 | −.02 | .00 | .26 | −.17 |
| 学生相談機関の運営のための予算措置が十分とられている | .44 | .18 | −.02 | .14 | .18 | −.19 |
| 大学の校風が学生相談活動に影響を及ぼしている | −.05 | .77 | .06 | −.08 | −.09 | .07 |
| 大学の歴史が学生相談活動に影響を及ぼしている | −.15 | .73 | .01 | .09 | −.03 | .12 |
| 大学の設立理念が学生相談活動に影響を及ぼしている | .23 | .66 | −.03 | −.11 | −.00 | .01 |
| 学生相談機関の活動の方向性とCoの臨床活動の方向性に関連がある | −.04 | .05 | .88 | −.00 | .05 | −.02 |
| 学生相談機関の活動の方向性とCoの価値観や考え方に関連がある | .02 | −.02 | .79 | .04 | .01 | .01 |
| 学内組織として学生相談機関の独立性が確保されている | .06 | .02 | .13 | .81 | −.07 | −.13 |
| 専任教員が学生相談機関の運営に関与している | .01 | −.10 | −.03 | .60 | −.01 | .18 |
| 学生相談機関が学内組織として明確に位置づけられている | .11 | −.01 | −.07 | .54 | −.02 | .14 |
| 学生相談機関開設以来，予算・設備・人員が充実してきた | .08 | −.09 | −.03 | −.02 | .84 | .12 |
| 学生相談機関開設以来，学生相談活動が充実してきた | .04 | −.03 | .15 | −.09 | .66 | .18 |
| 大学の教育改革が学生相談機関の運営に影響を及ぼしている | .02 | .15 | −.10 | .06 | .17 | .51 |
| 社会の急激な変化が学生相談活動のあり方に影響を及ぼしている | −.13 | .14 | −.06 | .18 | .15 | .47 |
| 学生相談に対するニーズが高いと感じる | .07 | −.00 | .11 | −.04 | .03 | .46 |
| 因子間相関 第Ⅰ因子 | —— | .21 | .21 | .54 | .57 | .12 |
| 第Ⅱ因子 | | —— | .29 | .27 | .31 | .29 |
| 第Ⅲ因子 | | | —— | .11 | .25 | .27 |
| 第Ⅳ因子 | | | | —— | .43 | .17 |
| 第Ⅴ因子 | | | | | —— | .01 |

表3-4 学生相談機関規定尺度の平均・標準偏差・信頼性係数

|  | 項目数 | $M$ | $SD$ | $\alpha$ 係数 |
|---|---|---|---|---|
| 大学の取り組み | 6 | 3.30 | .73 | .82 |
| 大学の沿革 | 3 | 3.10 | .84 | .76 |
| カウンセラーの考えと相談活動の一致性 | 2 | 3.90 | .78 | .84 |
| 組織的自律性 | 3 | 3.48 | .96 | .71 |
| 発展 | 2 | 3.73 | .79 | .74 |
| 時代的変化 | 3 | 3.88 | .61 | .56 |

表3-5 各クラスタの学生相談機関規定尺度得点

|  | 大学の取り組み | カウンセラーの考えと相談活動の一致性 | 組織的自律性 | 発展 |
|---|---|---|---|---|
| C1 | 2.42(.45) | 3.53(.83) | 2.30(.60) | 3.04(.81) |
| C2 | 3.53(.40) | 4.20(.42) | 3.06(.52) | 3.97(.58) |
| C3 | 3.59(.41) | 2.97(.45) | 3.83(.54) | 3.78(.71) |
| C4 | 2.86(.42) | 4.32(.56) | 4.25(.44) | 3.72(.79) |
| C5 | 4.19(.32) | 4.47(.47) | 4.56(.36) | 4.20(.56) |
| 平均 | 3.30(.73) | 3.90(96) | 3.48(.79) | 3.73(.84) |
| $F$ 値 | 148.51** | 60.58** | 172.86** | 21.52** |
| 多重比較 | C1<C4<C2・C3<C5 | C3<C1<C2・C4・C5 | C1<C2<C3<C4<C5 | C1<C4・C3<C5 |

\*\* $p<.01$　（ ）内の数値は標準偏差

　クラスタの独立性を検証するために,「学生相談機関規定尺度」得点について分散分析を行ったところ,すべての下位尺度においてクラスタの有意な効果が見られた。そこで,引き続き多重比較 (Tukey 法) を行ったところ,表3-5の下段に見られるように,ほとんどのクラスタ間において尺度得点の有意差が認められた。このため得られたクラスタは相互に独立性が高いと判断した。

### 3-4-3　各クラスタの特徴の明確化

　各クラスタの特徴をより明確にするために,対象となった大学を設置形態

（国立・公立・私立）および大学規模（国立は学生定員5000人以下を小規模，5001人以上を大規模，私立は学生定員1000人以下を小規模，1001人以上5000人以下を中小規模，5001人以上10000人以下を中大規模，10001人以上を大規模とした）により分類した。分類は，学生相談学会が3年ごとに行っている全国調査（直近のものは，岩田・林・佐藤・奥野，2016）にならうことが，他の研究との比較の観点からも適切であると考えられたが，国立大学，公立大学については，分析対象となった大学数が比較的少なかったため，その後の分析を考慮し，国立大学については，小規模と大規模の2分類，公立大学については，大学規模による分類は行わず，1分類とした。私立大学については，学生相談学会が3年ごとに行っている全国調査の分類をそのまま用いた。クラスタごとに設置形態・規模別に大学数を算出したところ，表3-6のとおりとなった。

C1はすべての「学生相談機関規定尺度」得点が低く，学生相談機関を支える条件が全般的に未整備であることが特徴であると考えられたため「活動条件未整備型」とした。このクラスタには国立大規模大学は1大学以外含まれていなかった。一方，分析の対象となった49の私立小規模大学のうち約30％に相当する16大学が含まれ，相対的に私立小規模大学が多いクラスタであるといえる。

C2は「大学の取り組み」，「カウンセラーの考えと相談活動の一致性」が

表3-6　大学の設置形態・規模別に見た各クラスタ

|  | 国立小規模 | 国立大規模 | 公立 | 私立小規模 | 私立中小規模 | 私立中大規模 | 私立大規模 | 計 |
| --- | --- | --- | --- | --- | --- | --- | --- | --- |
| C1 | 3 | 1 | 7 | 16 | 21 | 4 | 6 | 58 |
| C2 | 2 | 3 | 11 | 12 | 31 | 11 | 3 | 73 |
| C3 | 6 | 4 | 4 | 7 | 16 | 4 | 6 | 47 |
| C4 | 2 | 4 | 2 | 6 | 21 | 4 | 6 | 45 |
| C5 | 0 | 8 | 4 | 8 | 16 | 5 | 4 | 45 |
| 計 | 13 | 20 | 28 | 49 | 105 | 28 | 25 | 268 |

高いが「組織的自律性」が低かった。学生相談機関を支える条件のうち，組織的な整備が十分とはいえないことが特徴であると考えられたため「組織未整備型」とした。このクラスタには73の大学が含まれ，最も大きなクラスタとなっている。また，分析の対象となった28の公立大学のうち約40％に相当する11大学が，105の私立中小規模大学のうち約30％に相当する31大学が，28の私立中大規模大学のうち約40％に相当する11大学が含まれ，相対的に公立，私立中小規模，私立中大規模大学が多いクラスタであるといえる。

C3は「大学の取り組み」，「組織的自律性」が高いが，「カウンセラーの考えと相談活動の一致性」が低かった。学生相談機関の条件は比較的整備されているが，カウンセラーが志向する活動の方向性と学生相談機関の現在の活動にズレがあることが特徴であると考えられたため，「活動指針不一致型」とした。このクラスタには分析の対象となった13の国立小規模大学のうち半数近い6大学が含まれ，相対的に国立小規模大学が多いクラスタであるといえる。

C4は「カウンセラーの考えと相談活動の一致性」，「組織的自律性」が高いが，「大学の取り組み」が低かった。学生相談機関の活動を支える条件のうち，他の条件に比べて大学の学生相談への取り組みが必ずしも積極的ではないことが特徴であると考えられたため「大学消極型」とした。このクラスタに属する大学の設置形態と大学規模は多様であった。

C5はすべての「学生相談機関規定尺度」得点が高く，学生相談を支える条件が全般的に整っていることが特徴であると考えられたため，「活動条件充実型」とした。このクラスタには分析の対象となった20の国立大規模大学のうち40％に相当する8大学が含まれ，相対的に国立大規模大学が多いクラスタであるといえる。

### 3-4-4 学生相談機関の発展に寄与する要因の分析

次に，学生相談機関の発展に寄与する要因を明らかにするために，クラス

表3-7 重回帰分析の結果

|  | 統計的に有意な予測変数（β値） | $R^2$ | $F$値 | $p$値 |
|---|---|---|---|---|
| C1「活動条件未整備型」 | 「大学の取り組み」(.29)<br>「カウンセラーの考えと相談活動の一致性」(.29) | .14 | 5.70** | .006 |
| C2「組織未整備型」 | 「大学の取り組み」(.34) | .10 | 9.07** | .004 |
| C3「活動指針不一致型」 | 「大学の取り組み」(.51) | .24 | 15.62** | $p$<.001 |
| C4「大学消極型」 | 「大学の取り組み」(.35) | .10 | 5.86* | .020 |
| C5「活動条件充実型」 | なし | — | — | — |

\* $p$<.05, \*\* $p$<.01

タ別に，「大学の取り組み」，「カウンセラーの考えと相談活動の一致性」，「組織的自律性」を独立変数，「発展」を従属変数とした重回帰分析（ステップワイズ法）を行った（表3-7）。

C5「活動条件充実型」以外のクラスタにおいて，統計的に有意なモデルが得られた。統計的に有意な予測変数は，C1「活動条件未整備型」では「大学の取り組み」（$\beta$ =.29，95%CI [.04, .54]，$p$ =.022）および「カウンセラーの考えと相談活動の一致性」（$\beta$ =.29，95%CI [.04, .53]，$p$ =.024）であり，C2「組織未整備型」，C3「活動指針不一致型」，C4「大学消極型」では「大学の取り組み」（順に，$\beta$ =.34，95%CI [.11, .56]，$p$ =.004，$\beta$ =.51，95%CI [.25, .77]，$p$<.001，$\beta$ =.35，95%CI [.06, .64]，$p$ =.020）であった。

## 3-4-5 クラスタ別に見たウェイトが大きい活動の分析

各クラスタの特徴をさらに明確にするために，領域⑦「活動の方向性」（ウェイトが大きい相談活動をたずねる4項目）のうち，「1番ウェイトが大きい活動」と「2番目にウェイトが大きい活動」の質問項目に着目し，回答の選択パターンを整理したところ，表3-8に見られるように7パターンにまとめられた。「その他の組み合わせ」は，ひとつひとつの選択パターンの該当数が少ないことから分析の対象から除外し，残りの6パターン，239の大学を対象として，さらに，分析を進めた。

表3-8 ウェイトが大きい相談活動のパターン別に見た学生相談機関数

| パターン | 1番ウェイトが大きい活動 | 2番目にウェイトが大きい活動 | 機関数 | 割合(%) |
|---|---|---|---|---|
| (A) | よろず相談・何でも相談 | 心理療法やカウンセリング | 80 | 29.9 |
| (B) | 心理療法やカウンセリング | よろず相談・何でも相談 | 69 | 25.7 |
| (C) | 心理療法やカウンセリング | ワークショップ・グループワーク | 23 | 8.6 |
| (D) | 心理療法やカウンセリング | 教職員へのコンサルテーション | 42 | 15.7 |
| (E) | 心理療法やカウンセリング | 保護者へのコンサルテーション | 12 | 4.5 |
| (F) | 心理療法やカウンセリング | 教職員とのコラボレーション | 13 | 4.9 |
| (G) | | その他の組み合わせ | 29 | 10.8 |
| | | 計 | 268 | 100.0 |

なお,パターン(A)(1番ウェイトが大きい活動が「よろず相談・何でも相談」,2番目にウェイトが大きい活動が「心理療法やカウンセリング」)とパターン(B)(1番ウェイトが大きい活動が「心理療法やカウンセリング」,2番目にウェイトが大きい活動が「よろず相談・何でも相談」)は選択した活動の組み合わせが同じであり,実質的には同じ選択である可能性があるとも考えられたが,両者の「学生相談機関規定尺度」得点を比較したところ,「カウンセラーの考えと相談活動の一致性」($t(147) = -2.48$, $p = .014$, $d = -.41$, 95%CI [$-.73$, $-.08$])および「発展」($t(147) = -2.07$, $p = .041$, $d = -.34$, 95%CI [$-.66$, $-.02$])において統計的に有意な差が見られたため,両者は独立した選択パターンであると判断した。

クラスタとウェイトが大きい活動の関係を探るためにクロス集計表を作成した。なお,パターン(D)(1番ウェイトが大きい活動が「心理療法やカウンセリング」,2番目にウェイトが大きい活動が「教職員へのコンサルテーション」),パターン(E)(1番ウェイトが大きい活動が「心理療法やカウンセリング」,2番目にウェイトが大きい活動が「保護者へのコンサルテーション」),パターン(F)(1番ウェイトが大きい活動が「心理療法やカウンセリング」,2番目にウェイトが大きい活動が「教職員とのコラボレーション」)は,それぞれのパターンに該当する学生相談機関数が少ないこと,「1番ウェイトが大きい活動」が共通してお

第3章 学生相談機関の類型化と組織としての発展に寄与する要因に関する研究（研究Ⅴ） 119

り，また，比較的，最近重視されるようになってきた活動を「2番目にウェイトが大きい活動」としていることが共通しているため分析の際にはまとめて扱った（以後，パターン（D）＋（E）＋（F）と表記）。

作成したクロス集計表についてカイ2乗検定を行ったところ，統計的に有意であった（$\chi^2 (12) = 32.47$, $p = .01$, $Cramer's\ V = .21$）ため，引き続き残差分析を行った（表3-9）。

その結果，C1「活動条件未整備型」ではパターン（A）が多く（$p = .01$），パターン（C）が少なかった（$p = .03$）。また，C2「組織未整備型」ではパターン（A）が少ない傾向が見られ（$p = .06$），パターン（B）が多い傾向が見られた（$p = .06$）。C3「活動指針不一致型」ではパターン（A）が多い傾向が見られ（$p = .07$），パターン（D）＋（E）＋（F）が少ない傾向が見られた（$p = .05$）。C4「大学消極型」ではパターン（A）が少なかった（$p = .04$）。C5「活動条件充実型」ではパターン（B）が少なく（$p = .03$），パターン（C）が多い傾向が見られ（$p = .08$），また，パターン（D）＋（E）＋（F）が多かった（$p = .01$）。

表3-9 各クラスタとウェイトが大きい活動のパターンの関連

| | パターン（A） | パターン（B） | パターン（C） | パターン（D）＋（E）＋（F） | |
|---|---|---|---|---|---|
| 1番ウェイトが大きい活動 | よろず相談・何でも相談 | 心理療法やカウンセリング | 心理療法やカウンセリング | 心理療法やカウンセリング | 機関数 |
| 2番目にウェイトが大きい活動 | 心理療法やカウンセリング | よろず相談・何でも相談 | ワークショップ・グループワーク | コンサルテーション・コラボレーション | |
| C1「活動条件未整備型」 | 28（ 3.52**） | 12（−1.04 ） | 1（−2.13*） | 11（−1.25 ） | 52 |
| C2「組織未整備型」 | 16（−1.87†） | 25（ 1.90†） | 6（− .17 ） | 19（ .16 ） | 66 |
| C3「活動指針不一致型」 | 18（ 1.83†） | 11（− .10 ） | 4（ .15 ） | 6（−1.92†） | 39 |
| C4「大学消極型」 | 8（−2.08*） | 15（ 1.20 ） | 5（ .61 ） | 13（ .58 ） | 41 |
| C5「活動条件充実型」 | 10（−1.35 ） | 6（−2.21*） | 7（ 1.78†） | 18（ 2.49*） | 41 |
| 計 | 80 | 69 | 23 | 67 | 239 |

† $p<.10$,　* $p<.05$,　** $p<.01$

## 3-5 考察（第3章のまとめ）

### 3-5-1 学生相談機関の類型の特徴について

　本研究で得られた学生相談機関の類型の特徴を記述し，各類型の課題について検討する。

　C1「活動条件未整備型」は，相対的に私立小規模大学が多く，学生相談を支える条件が全体的に未整備なことが特徴であり，「発展」得点が最も低かった。また，1番ウェイトが大きい活動が「よろず相談・何でも相談」，2番目にウェイトが大きい活動が「心理療法やカウンセリング」である大学が多く，1番ウェイトが大きい活動が「心理療法やカウンセリング」，2番目にウェイトが大きい活動が「ワークショップ・グループワーク」である大学が少なかった。

　C1に含まれる学生相談機関は，活動条件が未整備であるために，来談者のニーズに幅広く対応する必要があり，その結果，「よろず相談・何でも相談」のウェイトが大きくなることを示していると考えられる。また，「ワークショップ・グループワーク」といった対応が少ないのは，活動条件が未整備な中で，通常の個人相談以外にこうした活動を行うだけの人的，労力的な余裕がないためであると推測される。

　重回帰分析の結果から，このクラスタでは，「大学の取り組み」および「カウンセラーの考えと相談活動の一致性」が「発展」に寄与していると考えられた。学生相談機関の活動がさらに発展するためには，大学が学生相談により積極的に取り組む姿勢を持つことが必要であるといえよう。また，同時に，カウンセラーの学生相談に対する考え方や臨床の方向性と実際の活動の方向性との離齬を小さくするような工夫も必要となるといえよう。

　C2「組織未整備型」は，学生相談を支える条件はおおむね整っている

が,「組織的自律性」のみが充分ではないことが特徴であり,相対的に公立大学,私立中小規模大学,私立中大規模大学が多かった。ウェイトが大きい活動としては,1番ウェイトが大きい活動が「心理療法やカウンセリング」,2番目にウェイトが大きい活動が「よろず相談・何でも相談」である場合が多い傾向にあり,1番ウェイトが大きい活動が「よろず相談・何でも相談」,2番目にウェイトが大きい活動が「心理療法やカウンセリング」である場合が少なかった。

C2に所属する学生相談機関は,来談した学生に対して,まずは相談の目的を明確にした個別的な心理的援助を継続することを目指し,次に,そうした援助では対応が難しい場合をカバーするために,「よろず相談・何でも相談」を行っていると考えられる。このクラスタでは「大学の取り組み」が「発展」に寄与しており,学生相談活動がさらに発展するためには,大学が学生相談機関に期待をし,予算措置や人的措置を充実させるなど,学生相談により積極的に取り組む姿勢を持つことが重要であると考えられる。

C3「活動指針不一致型」は,カウンセラーの学生相談に対する考え方や臨床の方向性と実際の学生相談活動との間にギャップがあることが特徴であり,相対的に国立小規模大学が多かった。国立小規模大学は保健管理センター内にカウンセラーが配置されている場合が多いため,医療的な方向性と学生相談との違いがより意識される可能性も考えられよう。

ウェイトが大きい活動としては,1番ウェイトが大きい活動が「よろず相談・何でも相談」,2番目にウェイトが大きい活動が「心理療法やカウンセリング」である場合が多い傾向が見られ,1番ウェイトが大きい活動が「心理療法やカウンセリング」,2番目にウェイトが大きい活動が「コンサルテーション・コラボレーション」である場合が少ない傾向が見られた。「発展」に対する「大学の取り組み」の寄与が比較的大きかった($\beta = .51$)ことからも,大学が学生相談に取り組む姿勢を改善することが学生相談機関の活動の発展に与える効果は大きいと考えられる。それにより,「コンサルテーショ

ン・コラボレーション」といった活動が増える可能性もあるのではないだろうか。

　C4「大学消極型」は，大学の学生相談への取り組みが消極的であることが特徴であり，設置形態と大学規模が多様な大学が含まれていた。また，1番ウェイトが大きい活動が「よろず相談・何でも相談」，2番目にウェイトが大きい活動が「心理療法やカウンセリング」である場合が少ない傾向が見られた。「発展」得点は5つのクラスタの中で下から2番目であるものの，「発展」に対する「大学の取り組み」の寄与（$\beta = .35$）はある程度見込まれる。これらのことから学生相談機関が抱える課題は，いかにして大学の関心を学生相談活動に向けさせるかに集約されると予想される。あらゆる機会を見つけて，学生相談活動の重要性をアピールすることが必要であると考えられる。

　最後に，C5「活動条件充実型」は，学生相談を支える条件が整い，「発展」得点が最も高いことが特徴であり，相対的に国立大規模大学が多かった。ウェイトが大きい活動として，1番ウェイトが大きい活動が「心理療法やカウンセリング」，2番目にウェイトが大きい活動が「教職員へのコンサルテーション」ないし「保護者へのコンサルテーション」ないし「教職員とのコラボレーション」である場合が多く，1番ウェイトが大きい活動が「心理療法やカウンセリング」，2番目にウェイトが大きい活動が「よろず相談・何でも相談」である場合が少なかった。条件が整っていることを生かし，通常の個人面接以外の人的，労力的な負担を要する活動にも積極的に取り組んでいると考えられる。

　一方，このクラスタのみ「発展」に寄与する要因が見られなかった。本研究で取り上げなかった要因が関連している可能性も考えられるが，活動の発展という方向性において，すでに一定程度の水準に達している状態にあるために，発展に寄与する要因が見られなかった可能性も考えられよう。

## 3-5-2 学生相談機関の発展に寄与する要因について

　本研究では，学生相談機関の発展に寄与する要因として，「大学の取り組み」，「カウンセラーの考えと相談活動の一致性」があげられた。前者は4つの類型に共通しており，学生相談機関の発展に大きくかかわる要因であると考えられる。実際，どの学生相談機関も多かれ少なかれ，「大学の取り組み」をいかにして積極的にするかに苦心しているであろう。その意味では，この結果は目新しいものとはいえないが，実際に調査研究の結果により，他の要因ではなく，この要因が指摘されたことには意義があると考えられる。すなわち，大学に対して「大学の取り組み」を強化することが学生相談活動を充実させる上で必須であることをアピールする際に，本研究の結果がひとつの客観的根拠として活用できるのではないだろうか。

　また，後者の「カウンセラーの考えと相談活動の一致性」であるが，これは「活動条件未整備型」でのみ「発展」に寄与する要因となっていた。実際の学生相談では，カウンセラー側の学生相談に対する考え方や臨床の方向性と，実際の学生相談活動の状況を常に一致させることができるとは限らない。特に，「活動条件未整備型」において，カウンセラーが思い描くような学生相談が展開できないことは容易に想像がつく。不十分な活動にカウンセラー側が考え方や臨床の方向性を無理に合わせることは，カウンセラー側のモチベーションを低下させることにつながりかねない。しかし，その一方で，カウンセラーと実際の活動状況の双方が歩み寄れるような地点を探すことにより，学生相談活動の全体的な流れが改善される可能性も考えられよう。

## 3-5-3 学生相談機関を類型化してとらえる意義

　本研究の結果から，学生相談機関の類型により，発展に寄与する要因とその要因の寄与する大きさおよびウェイトが大きい活動が異なる可能性が示さ

れた。齋藤（2011）は学生相談のめざすべきモデルを提示した上で、「実際の学生相談」では「各大学の特性」、「そこに集う学生」、「相談機関の特性」、「スタッフの特性」等による「相互作用の中で各大学に固有の『学生相談』像と適切な諸活動の形態が生じてくる」と述べている。本研究で得られた類型は、「大学の要因」、「学生相談機関の要因」、「カウンセラーの要因」をもとに見出されたものであり、齋藤（2011）のとらえる各要因がどのような相互作用の中で実際の活動形態を生じさせているかという点を実証的に確認する知見のひとつと見ることもできよう。

また、類型化を行うことにより、ある程度、各類型に特徴的な課題を予測することができた。学生相談としての全体的な方向性のあり方の研究に加えて、類型ごとの発展の方向性という観点から学生相談機関の課題を把握していくことも必要であろう。本研究で得られた類型はそのひとつの枠組みとなると考えられる。

### 3-5-4　アメリカの学生相談機関の分類との比較

アメリカと日本の学生相談機関の類型を直接比較することは難しいが、あえて、Whiteley, Mahaffey, & Geer（1987）の類型化と比較すれば、本研究のＣ５「活動条件充実型」はWhiteleyらの巨大センター型（Macrocenter）に、本研究のＣ１「活動条件未整備型」はWhiteleyらの最小限サービス型（Minimal service）に対応するといえるかもしれない。

日米の類型化の相違点としては、本研究では学生相談機関の活動の充実の程度と組織的位置づけが主眼となっているのに対し、Whiteleyらの研究では活動の範囲や中心的な活動などが主眼となっている点があげられる。このこと自体が、日本の学生相談の特徴を示していると考えられる。すなわち、日本はアメリカに比べて、活動の種類や範囲は比較的狭い範囲に収まっていること、また、活動の充実度や組織的位置づけの点で基本的な課題を抱えていることである。

## 3-5-5　本研究の限界と今後の課題

　本研究では，全国的な調査の結果から学生相談機関の類型化を行い，それぞれの特徴の分析を行った。回答者を「相談実務担当者」としたが，表3-1に示したとおり，回答者の職種は様々であり，学生相談機関の活動にどのようにかかわっているのかについては確認できていない。また，回答者の回答がどの程度，当該学生相談機関の現状を正確に反映しているかといった点についても問題が残るほか，回収率は48.9％であり，半数の大学の状況は反映されていないという限界もある。

　さらに，新たに「学生相談機関規定尺度」を作成したが，一部に項目数が十分ではない尺度があるほか，相談活動の発展に寄与する要因についての分析では，重決定係数（$R^2$）は.10―.24であり，十分に大きな値とはいえないといった問題も抱えている。

　本研究の結果が類型ごとの課題を的確に把握できているかについて，実際の学生相談活動の事例と照合することにより確認すること，回答者の職種や回答が大学の状況をどの程度反映しているかを正確にとらえること，項目が不足していた尺度の項目数を増やし，尺度の信頼性を高めること，より多くの大学から回答を得た上で本研究の結果を確認することが今後の課題となる。

# 第4章 ウェブサイトを活用した学生相談機関の利用促進のための情報発信に関する研究
（研究Ⅵ・Ⅶ・Ⅷ）

## 4-1 はじめに

　第2章では，学生相談機関の利用促進のための様々な実践的な工夫についての示唆を得た。続く第3章では，学生相談機関の組織としての発展に寄与する要因について検討した。本章では，近年，急速に発達した情報技術およびそれを支える様々なインフラ整備の進展が大学に大きな影響を及ぼしている現状に着目する。こうした変化に対して学生相談機関はどのような点に留意すべきかについて示唆を得ることを目指す。

　近年の情報関連技術の急速な発達に伴い，インターネットによる情報のやりとりは我々の生活の中で大きな位置を占めるようになった。大学の公式ウェブサイトはすでに大学にとって重要な情報発信の媒体となっており，学生の教育や研究のために利用されている。在学生はもとより，学生の家族，受験生，卒業生，研究者，企業関係者，その他，不特定多数の人々が大学のウェブサイトを閲覧している。

　ウェブサイトの社会的位置づけがこのように高まった背景には，情報技術の発展と情報基盤の整備に加えて，情報テクノロジーの持つ様々な特徴，具体的には，情報入手の容易性，情報伝達範囲の広範性，情報伝達の即時性，情報提供面での利便性などを多くの人々が知るようになったことがあるだろう。最近では，パソコンだけでなく，スマートフォンやタブレット端末などの携帯モバイル機器の急速な普及により，インターネットを介した情報のや

りとりは我々の生活の隅々まで入り込み，もはや生活になくてはならないものとさえなってきている感がある。そして，こうした社会の状況に対応する形で，インターネットの活用そのものが様々な領域において重大な関心事となっている。

例えば，ビジネスの領域では，業績拡大や顧客獲得のためにウェブサイトの整備が重要な業務となっているし（山本・黒木・中園，2011；Ting, Wang, Bau & Chiang, 2013 山口監訳，2013など），政府観光局や公立博物館などの公的な機関であっても，イメージの向上や利用者の増加のためにウェブサイトを活用している（本間，2009；関沢，2010など）。教育の領域では，国公私立を問わず学校としての情報発信のあり方が問われるようになってきているし，学生の教育や研究のために利用されているだけでなく，ウェブサイトを通じた情報発信が社会的な責務と考えられるようにさえなってきている（石塚・森下・堀田，2004；日経BPコンサルティング，2011）。心理臨床の領域でも，ウェブサイト上における心理教育的なアプローチやコミュニティアプローチの実践についての研究が見られる（末木，2013；佐藤・渡邊・佐藤，2014；Lauder, Chester, Castle, Dodd, Gliddon, Berk, Chamberlain, Klein, Gilbert, Austin, & Berk, 2014；Buzi, Smith & Barrera, 2015）。極端な例ではあるが，インターネットを通じて政治的・宗教的プロパガンタを行う例もあり（大形，2013），ウェブサイトの影響力の大きさは時に驚異的でさえある。

Caplan（1964, 新福監訳 1970）は，精神障害に対する地域的活動の観点から，「第一次予防」を「病気を生みだす機会が生ずる前に，有害な環境を防止することによって，地域住民が新たに精神障害にかかる事例の比率を一定期間引き下げようと」すること，「第二次予防」を「地域社会における障害の蔓延を低下させることによって，その障害による能率の低下を減少せしめる計画のこと」，「第三次予防」を「精神障害によってこうむった地域社会の機能欠陥の程度を減少せしめることを目的」とすることと定義した。

Caplanの定義における「地域住民」を「大学生」，「地域社会」を「大学

コミュニティ」,「精神障害」・「障害」・「病気」を「大学生活において学生が抱える様々な心理的課題」と読み替えて考えれば，それはそのまま学生相談の実践に適用可能であろう。本章において扱うインターネットの特徴を利用した情報発信は，例えば，学生相談機関が開設するウェブサイトにおいて学生生活で遭遇する様々な問題への対処に役立つ心理教育的な内容について情報発信すること（第一次予防），学生生活で何らかの心理的課題を抱えた学生に対して学生相談機関の利用を促進する働きかけを目的として情報発信すること（第二次予防），すでに何らかの問題を抱え，それとともに学生生活を送る学生への支援を目的として情報発信すること（第三次予防）として機能しうるアプローチととらえることができる。

　例えば，下山・峰松・保坂・松原・林・齋藤（1991）による学生相談活動の分類のうちの「コミュニティ活動」では，広報活動や予防活動など，来談しない学生も含め，教職員に対して情報を提供することが学生相談機関の重要な役割として位置づけられている。インターネットが広報活動や予防活動に活用できることを考えれば，学生相談機関によるインターネットを通じた情報発信は「コミュニティ活動」として位置づけることができるだろう。太田（2003）は，学生の情報技術を利用したコミュニケーションの増加を踏まえて，「学生相談の側でも，こうした学生のコミュニケーションスタイルを利用することが求められている」と述べ，情報化社会の進展による学生の変化に学生相談機関が対応することの必要性について，いち早く指摘している。

　また，『学生相談ガイドライン』の中でも，「学生相談機関の活動内容について，ウェブサイトによる情報提供を行うことが望ましい。学生相談機関のウェブサイトは，すべての学生が利用できるようアクセシビリティに配慮すべきである」と述べられ，ウェブサイトの整備の必要性が指摘されている（日本学生相談学会，2013）。

　実際，学生相談領域における電子メールによる相談申し込みの受付や相談

などの研究報告も，インターネット人口が増加し始めた2000年以降（International Telecommunication Union, 2014）から徐々に見られるようになっている。例えば，学生相談に活用した場合の有効性と，電子メールの活用に伴い生じてくる様々な問題について，実践例をもとにした考察（中川，2002；中川，2003；影山・塩田・小西，岩崎，2004；宮崎，2005など）や，日本から遠く離れたアメリカの大学の学生相談の状況について，インターネットを経由して情報を入手し，学生相談に関する研究に活用している例もある（高野・宇留田，2002；福田，2003）。

　Gallagher（2011）によるアメリカの大学の学生相談機関のディレクターを対象とした調査（320人のディレクターが回答）によれば，54.7％の学生相談機関がウェブサイト上で心理教育的な情報を提供している。また，Gallagher（2015）の同様な調査（275人のディレクターが回答）では，回答した96％の学生相談機関がウェブサイトを有しており，1学生相談機関あたりの年間アクセス数は20万6000回となっている。こうした状況を見ると，アメリカでは，学生相談機関のウェブサイトが情報提供のための手段として十分に機能していることがうかがえる。

　正確な統計はないが，日本においても決して少なくない学生が学生相談機関のウェブサイトを閲覧していることが予想され，また，実際に，学生の保護者がウェブサイト上で学生相談機関の情報を確認して来談するというケースも報告されている（齋藤，2015）。こうした状況を考えれば，学生相談機関のウェブサイトは，学生相談機関のパンフレットやガイダンスと同様，学生の利用に影響を与えるひとつの要因となると考えてよいだろう。したがって，学生相談機関がどのような内容をどのように外部に伝えるか，利用を考えている学生や，学生を紹介しようと考えている教職員にどのような内容を伝えるか，あるいは，学生相談機関のウェブサイトが外部にどのような印象を与えているかといった問題も含め，学生相談機関のウェブサイトの実態に基づく研究が必要である。

しかし，学生相談機関のウェブサイトについて，その実態を明らかにしようとした研究はほとんどない。そこで，本研究では，上記のような問題点を踏まえ，わが国の大学の学生相談機関のウェブサイトを対象にし，その実態と近年の変化について調査研究を試みる。その際，第1章以降の考察を踏まえ，日本の学生相談導入の契機となり，また，学生相談が充実しているだけでなく，インターネット先進国でもあるアメリカの学生相談機関を比較の対象として取り上げて検討することとする。

## 4-2 日本の大学の学生相談機関におけるウェブサイトを活用した情報発信（研究Ⅵ）

### 4-2-1 目的

日本の大学の学生相談機関におけるウェブサイト活用した情報発信の状況を把握するとともに，今後の課題を検討する。

### 4-2-2 方法

(1) **調査の実施**
① **調査時期**：2004年2月—4月
② **調査対象**：『日本学生相談学会会員名簿』（日本学生相談学会，2003）に掲載されている機関会員大学および正会員が所属する大学434校（4年制大学：357校，短期大学：77校）。
③ **手続き**：インターネットを経由して各大学の公式ウェブサイトにアクセスし，閲覧の上，情報を収集した。具体的な手順は以下の通りである。
ⅰ．検索エンジンのひとつである「Yahoo! Japan (http://www.yahoo.co.jp)」（以下，Yahoo!と略記）を用い，そのキーワード欄に「大学名」を入力し当該大学の公式ウェブサイトを検索した。この時点で公式ウェブサイト

が見当たらない場合は，大学の公式ウェブサイトがないものと判断して分析対象から除外した。
ii．公式ウェブサイトが見つかった場合は閲覧し，トップページの「キャンパスライフ」，「学生生活」，「在学生の方へ」などから「学生相談室」，「カウンセリング・ルーム」等，学生の心理面の支援を主たる目的とした部署を探した。
iii．この方法で見つからない場合，サイト内検索がある場合には，「学生相談室」，「保健管理センター」等の単語でサイト内検索を行った。サイト内検索がない場合には，再度「Yahoo!」に戻り，検索ワードに「大学名」および「学生相談室」ないし「保健管理センター」等を入力し検索した。
iv．上記の作業を通じて該当するウェブページが見つからなかった場合は分析対象から除外した。また，大学の学生便覧や自己点検・評価報告書等における学生相談機関に関連する記述のみが検索によりヒットした場合も，学生相談機関が作成したウェブページとはいえないことから，分析対象から除外した。

(2) 分析対象大学の整理

こうして抽出された265の大学の学生相談機関について，調査研究として利用可能なデータとするために，さらに，以下の基準で整理を行った。
i．国立大学については，保健管理センターないし学生相談室に相当する部署のうち，学内で学生相談業務の中心となっていると考えられる部署を対象とした。
ii．キャンパスごと，あるいは，学部ごとに相談機関ないしその分室等を設けている場合は，原則として主キャンパスの相談機関ないし全学に開かれた相談機関のみを対象とした。
iii．大学とその短期大学部等，複数の大学で同一の相談機関を設置している

場合は，ひとつの大学ないし学生相談機関としてカウントした。
iv．「学生課が相談に対応する」と記載されるなど，学生相談に関する独立性の高い部署がウェブサイト上からは明確には確認されない大学は分析対象から除外した。
v．就職支援センター，学習指導室等は，学生生活全般にわたる心理的な援助を主たる業務とした学生相談機関にはあたらないため分析対象から除外した。
vi．学内専用サイトにのみ学生相談機関のページがあると考えられる大学は分析対象から除外した。

これらの作業ののちに残った242の学生相談機関を最終的な分析対象とした。なお，これは平成16年版『文部科学統計要覧』による2003年5月1日現在の全大学・短期大学数1227の19.7％に相当する（文部科学省，2004）。分析対象となった大学および学生相談機関の内訳を表4-1，表4-2に示す。

表4-1　分析の対象となった大学の内訳

|   | 4年制大学 | 短期大学 | 計 |
| --- | --- | --- | --- |
| 国　立 | 43 | 0 | 43 |
| 公　立 | 6 | 1 | 7 |
| 私　立 | 178 | 14 | 192 |
| 計 | 227 | 15 | 242 |

表4-2　分析の対象となった学生相談機関の内訳

|   | 医療保健タイプ | 学生相談タイプ | その他 | 計 |
| --- | --- | --- | --- | --- |
| 国　立 | 27 | 15 | 1 | 43 |
| 公　立 | 0 | 7 | 0 | 7 |
| 私　立 | 8 | 172 | 12 | 192 |
| 計 | 35 | 194 | 13 | 242 |

注）表中の「医療保健タイプ」には保健管理センター，保健室，医務室等が含まれ，「学生相談タイプ」には学生相談室（所），カウンセリング・ルーム等が含まれる。

(3) 情報カテゴリーの抽出

本研究における分析の基本的なデータを得るために，さらに，次のような作業を行った。

i．五十音順に20の学生相談機関のウェブサイトを閲覧した。

ii．記載されている見出しや内容的なまとまり，画像，図などの情報の単位を順次リストアップした。

iii．リストアップされた情報の単位のうち，同質な情報をまとめていくという作業を繰り返し，情報のまとまりを抽出した。

iv．上記20の学生相談機関の閲覧により，15個の情報のまとまりが抽出された。

v．その後，残りの学生相談機関のウェブサイトを閲覧し，これまでの情報のまとまりに当てはまらない情報が見つかった際には，当てはまる大学が複数あった段階で，情報のまとまりとして採用した。

こうして抽出された情報のまとまりを本研究では「情報カテゴリー」と呼ぶことにする。ここで「情報カテゴリー」としたのは，学生相談機関のウェブサイトは大学によりその構成が様々であり，項目として明示されていないものの内容的には同一の内容を指し示している場合があることから，ある程度の範囲を持つものとしてとらえたほうが実状をよく反映できると考えたからである。上記のような作業を経て，学生相談機関の情報の種類として，表4-3に見られるような25の情報カテゴリーが抽出された。

(4) 各大学・短期大学の学部数，学生定員の調査

次に，大学の特徴をとらえるために『全国学校総覧（2004年版）』（全国学校データ研究所，2003）により，分析対象となった大学・短期大学の設置形態（国立・公立・私立）および大学規模の指標として学部数を調査した。さらに，進学情報サイトである「Yahoo! 学習情報」の「大学・短大ガイド」（http://shingaku.edu.yahoo.co.jp/shingaku/univ/）を使用し，各大学の学生定員

表4-3 大学ウェブサイト上における学生相談機関の情報カテゴリー

| カテゴリー名 | カテゴリーの説明および分類の際の留意点 |
| --- | --- |
| 独自ページ | 学生相談機関用の独立したウェブサイトないしウェブページの有無。保健管理センターの中に学生相談に関するセクションがある場合は，保健管理センターのウェブサイトがあることで「あり」に分類。 |
| 案　内 | 相談室に関する全般的な案内・紹介の有無。 |
| 開室日時 | 相談可能な日時の記載の有無。「別途掲示」など，ウェブサイト上からわからない場合は「なし」に分類。 |
| 利用方法 | 利用や申し込み方法の説明の有無。 |
| 相談内容 | 相談内容の具体的な説明の有無。「こころと身体の悩み」など抽象的な説明のみの場合は「なし」に分類。 |
| 守秘義務 | 守秘義務に関する記載の有無。 |
| 建物名 | 学生相談機関のある建物名の明示の有無。保健管理センターの場合，「保健管理センター」という表示で場所については明示されているものと見なした。 |
| 周辺地図 | 学生相談機関の場所が地図等で明示されているか否か。学生相談機関のウェブサイト内に地図があるか，リンクが張られているなどして直接，地図を参照できる場合のみ「あり」に分類。 |
| 電話番号 | 電話番号の記載の有無。相談室でなくとも問い合わせ先が記載されていれば「あり」に分類。 |
| 電子メールアドレス | 学生相談機関の電子メールアドレスの記載の有無。「相談可」の場合に加えて，「相談申し込み」のみの場合も「あり」に分類。 |
| 費　用 | 相談にかかる費用に関する記載の有無。 |
| 担当者名 | 相談担当者の氏名の記載の有無。 |
| 専門性 | 相談担当者の専門性の記載の有無。「臨床心理士」，「精神科医」など，専門性が確立された資格の名称の記載がある場合のみ「あり」に分類。 |
| 画像（外観） | 学生相談機関の外観がわかる画像の有無。 |
| 画像（内部） | 学生相談機関の内部がわかる画像の有無。 |
| レイアウト図 | 学生相談機関の内部がわかるレイアウト図の有無。学生相談機関がある建物内部のレイアウト図のみがある場合も「あり」に分類。 |
| 催　し | 学生相談機関が主催する催しに関する記載の有無。常時行われている催しは「他の利用形態」に分類。 |
| 他の利用形態 | 相談以外の利用形態についての記載の有無。「談話室」，「居場所」，「図書貸し出し」など常に利用可能な利用形態について言及されている場合「あり」に分類。 |
| 心理テスト | 心理テストが受けられるかどうかの記載の有無。 |
| お知らせ | 「お知らせ」，「新着情報」などの記載の有無。 |
| コラム | 学生相談機関関係者による文章の有無。「学生相談室だより」等，学生相談機関が発行するものが閲覧できる場合も「あり」に分類。 |
| 沿　革 | 学生相談機関設置に関わる経緯の記載の有無。 |
| 利用統計 | 利用者数等の統計の記載の有無。 |
| 基礎知識 | 心の問題に関する基礎的な情報の有無。「セクハラ」，「悪徳商法」関連の情報は含まれない。 |
| リンク先 | 関連機関・部署などへのリンク先一覧の有無。リンク先としてまとまった形で紹介している場合のみ「あり」に分類。 |

を調査し，これも大学規模の指標とした。これらのデータをウェブサイトの情報とあわせて分析に用いるデータセットを構成した。

### 4-2-3 結果

**(1) 各学生相談機関の情報カテゴリー数と学部数・学生定員の関係**

対象となった大学の情報カテゴリーの合計数（以下，「情報量」と記す）を集計したところ，図4-1のようになった。また，「情報量」と学部数，学生定員との相関を求めたところ，表4-4に見られるように，「情報量」と学部数との間に $r=.36$，「情報量」と学生定員との間に $r=.27$ の相関が見られた。なお，以下，多重応答分析を除く分析には SPSS for Windows 11.5 J を，多重応答分析には SPSS for Windows 12.0 J および IBM SPSS Statistics 23.0の Categories Options を用いた。また，研究Ⅵ，研究Ⅶ，研究Ⅷでは全数調査的に対象を選択しているため，母集団からの無作為標本抽出を前提とした推測統計による分析ではなく，基本的には記述統計による分析を行った。

**(2) 情報カテゴリーのグループ化**

各大学の25の情報カテゴリーの掲載の有無について，「あり」の場合には「1」を，「なし」の場合には「2」を与えて，多重応答分析を行った。多重応答分析とは，「『多変量カテゴリカルデータ』の『数量化』を行う方法」で

表4-4 大学規模と情報量の相関

| | 情報量（全体） | 重要情報 | 付加情報 | 特殊情報 |
|---|---|---|---|---|
| | ($M=7.60$, $SD=4.49$) | ($M=6.68$, $SD=3.79$) | ($M=1.45$, $SD=1.54$) | ($M=.29$, $SD=.76$) |
| 学部数 ($M=3.69$, $SD=2.72$) | .36 | .35 | .23 | .15 |
| 学生定員 ($M=5455.48$, $SD=6675.84$) | .27 | .27 | .18 | .07 |

第4章 ウェブサイトを活用した学生相談機関の利用促進のための情報発信に関する研究〔研究Ⅵ・Ⅶ・Ⅷ〕　137

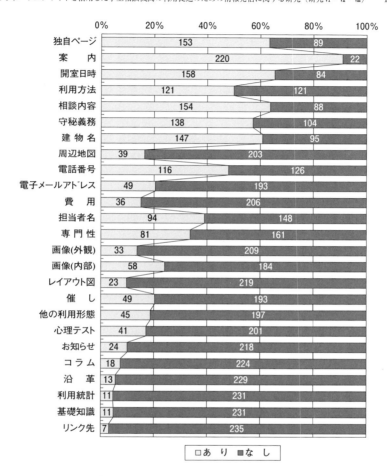

**図4-1　大学ウェブサイト上における学生相談機関の各情報カテゴリーの有無**

あり,変数間の行×列による分割表より得られたデータを標準化し,これに「主成分分析を適用することに等しい」方法である(足立,2006)。この方法はウェブサイトの分析にも用いられている(Ting, Wang, Bau & Chiang 2013 山口監訳 2013)。

138

　多重応答分析の結果，比較的解釈しやすい2次元を得ることができた（図4-2）。次元1は正の方向に「情報なし」の情報カテゴリーが集まり，負の方向に「情報あり」の情報カテゴリーが集まっていることから，学生相談機関がウェブサイト上で情報を発信しようとしているか否かを表していると考え，「情報提供性」の次元と解釈した（統計ソフトの出力の関係で図中では正負

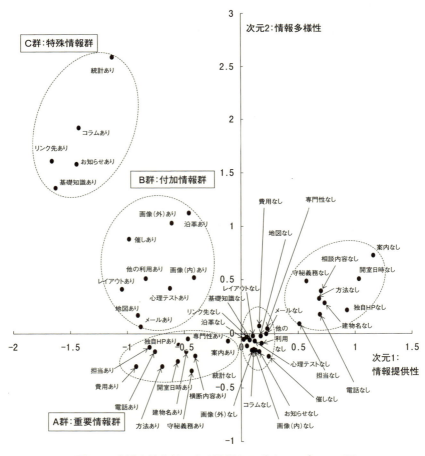

図4-2　多重応答分析による情報カテゴリーのプロット図

が逆に表示されている)。一方，次元2は負の方向に学生が相談機関を利用する上で必要性が高い情報カテゴリーが集まり，正の方向に行くに従い必要性というよりはむしろ，学生相談機関が独自に活動を展開していることを示す情報カテゴリーが集まっている。このことから学生相談機関がウェブサイト上で多様な情報を発信しようとしているか否かを表していると考え，「情報多様性」の次元と解釈した。なお，次元1の固有値は5.58, Cronbachの$\alpha$係数は.86，次元2の固有値は2.35, $\alpha$係数は.60であった。次元2の$\alpha$係数が若干低いが，本研究が探索的なものであること，次元の意味に研究上の意義があると考えられたことから，そのまま分析に用いることとした。

　また，座標平面上の左半分の「情報あり」の情報カテゴリー群に着目すると，情報はおおよそ3つのまとまりで布置しているように見える。図中のA群には「開室日時あり」，「利用方法あり」など，学生が利用する上で必須の情報が集まっている。そこで，A群を「重要情報群」とした。B群には「心理テストあり」，「催しあり」など，学生が利用する上で必須ではないが，学生が利用するか否かを決める際の参考になる情報が集まっている。そこで，B群を「付加情報群」とした。C群には「コラムあり」，「利用統計あり」など，学生の必要性というよりはむしろ，その学生相談機関に特徴的な活動が反映されたカテゴリーが集まっている。そこで，C群を「特殊情報群」とした。

　学部数，学生定員とこれら3群の情報群における「情報量」との相関を求めたところ，表4-4に見られるように，学部数，学生定員と「重要情報群」との間にはそれぞれ$r=.35$, $r=.27$の相関が，「付加情報群」との間には$r=.23$, $r=.18$の相関が，「特殊情報群」との間には$r=.15$, $r=.07$の相関が見られた。

(3) **学生相談機関のウェブサイトの類型化**

　次に，多重応答分析によって得られたスコアをもとに，すべての学生相談

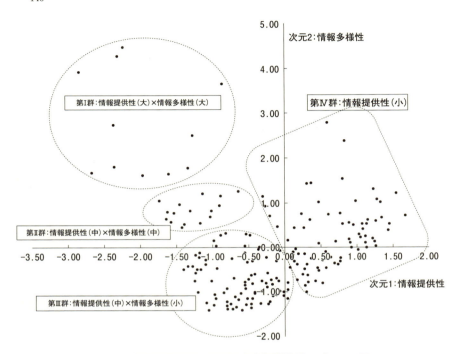

図4-3　多重応答分析による各学生相談機関のプロット図

機関を2次元平面上にプロットして，学生相談機関のウェブサイトの類型化を行うことを試みた（図4-3）。この図における学生相談機関の布置を大まかにとらえると，学生相談機関が4群に分かれているように見える。そこで，各学生相談機関群を，図4-3に示されるように，第Ⅰ群＜情報提供性（大）×情報多様性（大）＞，第Ⅱ群＜情報提供性（中）×情報多様性（中）＞，第Ⅲ群＜情報提供性（中）×情報多様性（小）＞，第Ⅳ群＜情報提供性（小）＞とした。各群の大学の設置形態，大学規模，情報カテゴリー数をまとめたものが表4-5である。以下，各群の特徴を簡単に記述すると以下の通りとなる。

第Ⅰ群には11大学が含まれる。「学部数」，「学生定員」，「重要情報」，「付加情報」，「特殊情報」，「情報量（全体）」ともに4群の中で最大である。ウ

**表4-5 各群における大学設置形態・大学規模・情報量**

| | 大学数 | 設置形態 | | | 大学区分 | | 大学規模 | | 情報量 | | | |
|---|---|---|---|---|---|---|---|---|---|---|---|---|
| | | 国立 | 公立 | 私立 | 四年制 | 短大 | 学部数平均(SD) | 学生定員平均(SD) | 情報量(全体) | 重要情報 | 付加情報 | 特殊情報 |
| 第Ⅰ群 | 11 | 6 | 0 | 5 | 11 | 0 | 5.91 (2.70) | 8945.09 (5225.34) | 17.91 | 10.18 | 4.82 | 2.91 |
| 第Ⅱ群 | 17 | 5 | 2 | 10 | 17 | 0 | 3.94 (2.86) | 5022.35 (3607.28) | 14.82 | 10.06 | 3.41 | 1.35 |
| 第Ⅲ群 | 98 | 22 | 1 | 75 | 95 | 3 | 4.57 (3.03) | 7450.78 (8848.33) | 12.02 | 9.65 | 1.55 | .82 |
| 第Ⅳ群 | 116 | 10 | 4 | 102 | 104 | 12 | 2.69 (1.98) | 3502.36 (3839.33) | 4.16 | 3.34 | .75 | .07 |

ェブサイト上から学生相談機関についての必要な情報が十分得られ，活動の特徴についても知ることができる群である。大学規模が最も大きく，また，国立大学が比較的多いのが特徴である。

　第Ⅱ群には17大学が含まれる。「重要情報」は第Ⅰ群と同程度であり，「付加情報」，「特殊情報」は4群の中で2番目に多い。ウェブサイト上から必要な情報が十分得られ，また，活動の特徴についてもある程度知ることができる群である。大学の規模は中程度であり，4年制の私立大学が多いのが特徴である。

　第Ⅲ群には98大学が含まれ，「学部数」，「学生定員」ともに4群の中で2番目に多い。「重要情報」は比較的多いが，「付加情報」，「特殊情報」はかなり少ない。相談に必要な情報はおおむね得られるが，得られる情報は必要最低限のものに限られる傾向があり，その学生相談機関独自の情報はあまり得られない。

　第Ⅳ群には116大学が含まれる。「学部数」，「学生数」は最小であり，4群の中で私立大学，短期大学の占める割合が最も大きい。また，すべての情報が少ないのが特徴である。

## 4-2-4 考察

(1) ウェブサイト上に掲載されている情報について

　今回の調査では,「独自ページ」を持っている学生相談機関は約3分の2であった。学生相談機関が学内で独立した部署であれば，当然のことながら，独自のウェブサイトを持ち，広報活動を行ったほうが相談活動に有益であろう。また,「案内」,「開室日時」,「利用方法」,「相談内容」,「建物名」,「守秘義務」,「電話番号」などについてもかなりの数の大学が掲載していないことが明らかになった。学生が相談に訪れる際に，こうした情報が重要であることを考えれば，この点は改善の必要性が高いだろう。

　一方,「電子メールアドレス」を掲載している大学は2割ほどにとどまっていた。中川（2002）や中川（2003）の考察からは，例えば，電子メールの有効に利用しうる面としては，学生が相談する際の心理的な抵抗感を下げることができること，メールを書くことで内面を見つめ直し成長を促進することができることなどが考えられる。逆に，有効な利用とならない場合としては，返信がすぐに来ない場合に学生の不安が高まる場合があること，本人を目の前にしていないので，微妙なニュアンスがわかりにくかったり，伝わりにくかったりする場合があることなどがあげられる。

　また，匿名での送信が可能である場合には,「いたずら」メールや「なりすまし」メールを受け取る可能性もある。学生相談を行う上で電子メールによる相談が必須となるケースが多いわけではないだろうが，大学生の電子メールを用いたコミュニケーション手段へのアクセシビリティの高さを考えると，その活用のメリット，デメリットについても研究を積み重ね，議論していく必要があるであろう。

　画像情報を掲載するには，パソコンに加え，デジタルカメラ，スキャナなどの機器や画像処理ソフトなどが必要となる場合が多い。こうした機器の操作に慣れていない場合や画像情報の取り扱いがわからない場合には，なかな

かウェブサイトに画像情報を載せることに踏み切れない場合も多いであろう。しかし，画像情報からうかがい知れる学生相談機関の「たたずまい」であるとか「雰囲気」といったものが，利用をためらっている学生が来談に至るきっかけとなることも十分に考えられる。画像情報は視覚的な情報であるがゆえに，文字では伝えられない情報を伝えることができるというメリットもあり，この点についても検討が必要であろう。

(2) 大学規模と情報量の関連について

　今回の研究では，大学規模が大きくなるほど掲載される「情報量」も多くなる傾向がうかがえた。これには，一般的に，大学規模が大きいほど配置されるカウンセラー等が多いことが背景にある可能性がある。学生相談機関が独自のウェブサイトを作成し維持するためには，それだけ人的資源が必要であり，大学規模はこの点に影響を与えていると考えられるからである。

　情報カテゴリーの種類別に大学規模との相関を見ると，「特殊情報群」との相関に見られたように，情報の必要性が小さくなるにつれて，大学規模との相関が小さくなっていった。逆に相関が大きいのは，「重要情報群」であった。理想的に言えば，「重要情報群」は大学規模との間に相関がない，すなわち，大学規模の大小にかかわらず，相談に必要となる最低限の情報は掲載されていることが望ましいと考えられる。ウェブサイトの管理に投入できる人的資源，割り当てられたウェブページの容量との兼ね合いなどを吟味して，学生にとって必要な情報を必要性の高い順に掲載していくことが重要であるといえるであろう。逆に，「特殊情報群」は大学規模が大きくなるほど，すなわち，人的資源が大きくなるほど，その掲載量を増やしやすくなると考えられる。この相関が小さいことの背景には，「特殊情報」に分類された「コラム」，「統計」，「リンク先」，「基礎知識」，「お知らせ」といった情報の多寡は，大学規模や人的資源というよりはむしろウェブサイト作成に関心が高いカウンセラーの個人的要因によるところが大きいという可能性がある

ことが考えられる。

### (3) 学生相談機関のウェブサイトの類型化について

　本研究では学生相談機関のウェブサイトについて様々な分析を加えてきた。その結果からは，ウェブサイトの分析には，単にウェブサイトの特徴それ自体を分析するとういことを超えて，当該大学・学生相談機関における学生相談活動の特徴を理解することにつながる可能性があることが指摘できよう。この点，研究Ⅴにおける学生相談機関の類型化と共通する面がある。そのことを踏まえて，ウェブサイト得られた「情報提供性」，「情報多様性」の2次元による学生相談機関の分類について，ウェブサイトを閲覧した印象も交えながら考察を加える。

　第Ⅰ群の学生相談機関は大学規模も大きく，人的，物的資源が総じて豊富であることがうかがえた。そして，これらのことが学生相談活動を支えていると推測される。ウェブサイトを閲覧すると，内容的にも多彩となっているほか，かなりの量の「特殊情報」も閲覧でき，学生相談機関のウェブサイト自体がひとつのまとまりを持つ作品のような印象を受ける。

　第Ⅱ群の学生相談機関は，第Ⅰ群ほどではないが，ウェブサイトに必要にして十分な内容が備わっている。ウェブサイトがコンパクトではある分，ウェブサイト内全体を見渡すことができるような印象を受ける。

　第Ⅲ群の学生相談機関は，大学規模からすると意外なほどに学生相談機関のウェブサイトがこぢんまりとしている印象を受ける場合が多い。

　第Ⅳ群は，第Ⅰ群とは対照的に，人的・物的資源の少なさが学生相談機関の十分な広報活動を阻んでいる可能性がうかがえる。ウェブサイトを閲覧すると，他の部署と同一のページ内に数行の文章で簡潔に記載されている場合が多い。学生が直接，学生相談機関や学生課などに赴くか，掲示板を見るなどして情報を入手することが利用を検討する際の前提となっていると考えられる場合も少なくない。

今回の類型化では，学生相談機関が，相対的に「情報量」が大きく，少数の学生相談機関が含まれる第Ⅰ，第Ⅱ群と，相対的に「情報量」が小さく，多数の学生相談機関が含まれる第Ⅲ，Ⅳ群に大きく分かれているように見受けられた。あくまでウェブサイトの分析からの推測であるが，このように学生相談機関がウェブサイト上の「情報量」により二分されることからは，学生相談機関の活動や大学が学生相談に注ぐエネルギーが二分されている状況にあるというような印象をも受ける。また，研究Ⅴにおいては，「活動条件未整備型」，「組織未整備型」，「活動指針不一致型」，「大学消極型」，「活動条件充実型」の5つの類型が抽出されたが，学生相談機関の類型とウェブサイトの類型にも関連があることが予想される。この点については，引き続き，他のアプローチを通じて検討する必要があるだろう。

### (4) 本研究の限界と今後の課題

本研究は，すべての大学を対象としているものではない。学生相談機関によっては，学内専用サイトに情報を限定するなど意図的に情報を制限している場合もあり，そうした学生相談機関側の意図については，本研究には反映されていない。作成者側の意図，閲覧した学生の印象，実際にウェブサイトを見て来談した学生の特徴などを取りあげた研究も必要である。また，情報の「有無」を指標に分析を行ったため，その情報の内容的な側面や閲覧のしやすさ，必要な情報の入手のしやすさといった質的な側面については扱わなかった。今後，こうした面からの検討も必要であろう。

## 4-3 アメリカの大学の学生相談機関におけるウェブサイトを活用した情報発信（研究Ⅶ）

### 4-3-1 目的

アメリカの大学の学生相談機関におけるウェブサイト活用した情報発信について，現状を把握するとともに，日本の状況と比較することで，日本の課題をさらに明確化する。

### 4-3-2 方法

(1) 調査の実施
① **調査時期**：2005年2月—5月
② **調査対象**：アメリカの大学331大学。調査対象は「National Survey of Counseling Center Directors 2004（大学カウンセリングセンターディレクター2004年全国調査）」(Gallagher, 2005) に回答した347大学の学生相談機関のうち，アメリカ国内に本拠地があり，大学の公式ウェブサイト上に学生相談機関の名称が確認された331大学である。これは2005年秋における全米4253大学（National Center for Education Statistics, 2006）の約8％に当たる。

なお，本研究では，アメリカとの比較に用いる日本のデータには研究Ⅵで収集されたデータを用いた。本研究で，アメリカの調査対象を「National Survey of Counseling Center Directors 2004」に回答した大学としたのは，研究Ⅵとの比較の適切さを担保するためである。すなわち，研究Ⅵで分析対象となったのは，日本学生相談学会の会員の所属する大学および機関会員大学の242の学生相談機関であり，これらの大学は日本国内では比較的，学生相談に力を入れている大学と考えられる。「National Survey of Counseling

Center Directors 2004」の調査対象となった大学も，アメリカにおいては一定の水準で学生相談を行っていると考えられるため，比較のための調査対象として適当であると考えられる。

③ **手続き**：研究Ⅵと同様な手順で行った。

ⅰ．検索エンジンのひとつである「Yahoo!（http://www.yahoo.com/）」を用い，その検索ワード欄に「大学名」を入力し大学のウェブサイトを検索した。

ⅱ．次に，トップページの「Student Life」，「Current Students」などから「Counseling Center」，「Counseling Services」，「Counseling & Psychological Services」等，学生相談機関に相当する部署を探した。

ⅲ．学生相談機関のページを閲覧して情報を入手した。なお，アメリカの大学では，心理テスト等のサービスを「Testing Center」，「Testing Services」など，学生相談を主たるサービスとする部署とはやや独立した関係にある部署が専門的に行っていることが少なくないため，検索の際にはこれらの部署は含めなかった。

研究Ⅵと同様に，以下の手順で以後の分析で用いる情報カテゴリーの抽出を行った。

ⅰ．まず，アルファベット順に50大学の閲覧を行い，瀧本・坂本・クスマノ・楡木（1998）による「米国大学カウンセリング・センター実態調査」，森（1989），森（1990），森田（1991），松原（1991）のアメリカの大学における学生相談活動の報告，研究Ⅵで得られた25の情報カテゴリーなどを参考にして，各大学の学生相談機関のページに掲載されている情報カテゴリーの候補を順次リストアップした。

ⅱ．リストアップされた情報カテゴリーの候補について，同質な情報をまとめていくという作業を繰り返した。

ⅲ．およそ10％以上の大学に認められるものを「情報カテゴリー」として採用した。

iv. 100大学のウェブサイトを閲覧し終えたところで同様な基準により情報カテゴリーの取捨選択を行った。

　上記のような作業を経て，36の情報カテゴリーが抽出された。抽出された情報カテゴリーを学生相談機関の「概要」，「連絡方法」，「相談業務」，「相談員」，「その他の情報提供」という視点から整理し，各情報カテゴリーの説明および英文表記の例とともにまとめたものが表4-6である。

### 4-3-3　結果

(1)　日本とアメリカの情報カテゴリーの有無の比較

　研究Ⅶにおける分析にはSPSS for Windows 11.5 Jを用いた。

　アメリカの学生相談機関における各情報カテゴリーの有無を集計し，割合の大きいものから並べたものが図4-4である。また，研究Ⅵにおいて得られた日本の学生相談機関における情報カテゴリーのデータとアメリカのそれとを比較するために，両者の情報カテゴリーをまとめて対照表にしたものが表4-7である。なお，電子メールアドレスに関しては，比較の都合上，アメリカにおける「電子メールアドレス（機関）」，「電子メールアドレス（個人）」のふたつを「電子メールアドレス」ひとつにまとめてある。また，日本の「催し」は，アメリカの「ワークショップ」と重なるところが大きいと判断し，同じ情報カテゴリーに分類してある。

　表4-7を見ると，「概要」では「ミッション・ステートメント」，「連絡方法」では「FAX」・「緊急時連絡先」・「電子メールポリシー」，「相談業務」では「サービス一覧」・「カウンセリング一般」・「個人カウンセリング」・「グループ」・「アウトリーチ」・「コンサルテーション」・「精神科医の診察」・「他機関へのリファー」，「相談員」では「顔写真」，「その他の情報提供」では「図書・資料」・「ピア・サポート」・「学生リファー」・「教職員向けガイド」・「両親向けガイド」・「学生の研修」・「FAQ」において，アメリカにはあるが日本にはないという差異が見られるのがわかる。一方，「その他の情報提供」

第4章 ウェブサイトを活用した学生相談機関の利用促進のための情報発信に関する研究（研究Ⅵ・Ⅶ・Ⅷ）　149

表4-6　ウェブサイト上におけるアメリカの大学の学生相談機関の情報カテゴリー

| | 情報カテゴリー名 | 情報カテゴリーの説明と英文表記の例 |
|---|---|---|
| 概要 | 独自ページ | 学生相談機関用の独立したウェブサイトないしウェブページの有無 |
| | 案内 | 学生相談機関の全般的な案内・紹介の有無（例："Welcome to …"） |
| | ミッション・ステートメント | 学生相談機関の役割についてのまとまった記述の有無（例："Mission Statement"） |
| | 開室日時 | 相談可能な日時の記載の有無（例："Office Hour"） |
| | 利用方法 | 利用や申し込み方法の具体的な説明の有無（例："How to make an appointment"） |
| | 費用 | 相談にかかる費用に関する記載の有無（例："Cost"、"Fee"） |
| | 守秘義務 | 守秘義務に関する記載の有無（例："Confidentiality"） |
| | 建物名 | 学生相談機関のある場所の記載の有無（例："Location"） |
| 連絡方法 | 電話番号 | 電話番号の記載の有無（例："Phone"） |
| | FAX | FAX番号の記載の有無（例："Fax"） |
| | 緊急時連絡先 | 夜間、緊急時の連絡先の記載の有無（例："In Case of Emergency"） |
| | 電子メールアドレス（機関） | 学生相談機関の電子メールアドレスの記載の有無（例："counseling@xxx.edu"） |
| | 電子メールアドレス（個人） | 相談員個人の電子メールアドレスの記載の有無（例："rogers@xxx.edu"） |
| | 電子メールポリシー | 電子メール利用上の注意事項などの記載の有無（例："E-mail Policy"） |
| 相談業務 | 相談内容 | 相談内容、相談例の具体的な記載の有無（例："Why do students come for counseling?"） |
| | サービス一覧 | 利用できるサービス一覧の有無（例："Services Offered"） |
| | カウンセリング一般 | カウンセリング全般に関する基礎知識の記載の有無（例："What is counseling?"） |
| | 個人カウンセリング | 個人カウンセリングの具体的な説明の有無（例："Individual Counseling"） |
| | グループ | グループを対象としたサービスの具体的な説明の有無（例："Group"、"Group Therapy"） |
| | アウトリーチ | アウトリーチ・サービスの具体的な説明の有無（例："Outreach"） |
| | コンサルテーション | コンサルテーション・サービスの具体的な説明の有無（例："Consultation Services"） |
| | 精神科医の診察 | 精神科医の診察に関する具体的な説明の有無（例："Psychiatric Services"） |
| | 他機関へのリファー | 他機関へのリファーに関する具体的な説明の有無（例："Referral Services"） |
| | ワークショップ | 学生相談機関が主催するワークショップに関する具体的な記載の有無（例："Workshops"） |
| 相談員 | 担当者名 | 相談担当者の氏名の記載の有無（例："Our Staff"） |
| | 専門性 | 相談担当者の専門性の記載の有無（例："Ph.D"、"Psy.D"） |
| | 顔写真 | 相談員の顔写真の有無。相談員の集合写真の場合も「あり」に分類。 |
| その他の情報提供 | 画像（外観） | 学生相談機関の外観がわかる画像の有無 |
| | リンク先 | 関連する資源へのリンク先一覧の有無（例："Links"、"Mental Health Resources"） |
| | 図書・資料 | 精神的健康に関する図書・ビデオ等の所蔵に関する記載の有無（例："Books & Videotapes"） |
| | ピア・サポート | ピア・サポートに関する記載の有無（例："Peer Counseling"、"Peer Educators Program"） |
| | 学生リファー | 学生のリファーに関する記載の有無（例："How to make a referral"） |
| | 教職員向けガイド | 「教職員向け」と明示された学生への対応、リファーの方法等に関する記載の有無（例："Referral Guide for Faculty & Staff"） |
| | 両親向けガイド | 「学生の両親・家族向け」と明示された学生への対応と学生相談機関の利用に関する留意事項の記載の有無（例："For Parents"） |
| | 学生の研修 | 大学院生の研修などに関する説明の有無（例："Internships"、"Trainning Programs"） |
| | FAQ | 「FAQ」と明示されたQ&A形式の説明の有無（例："FAQ"、"Frequently Asked Questions"） |

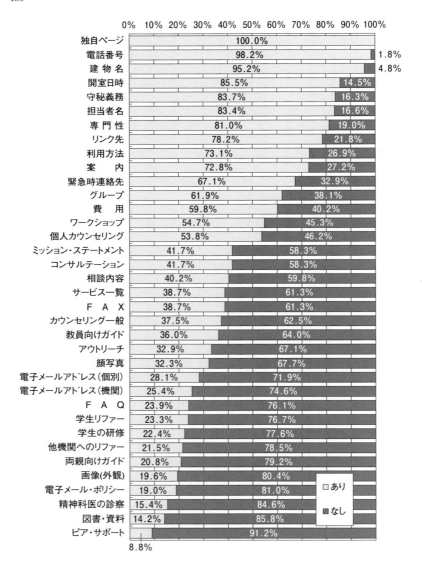

図4-4 アメリカの大学の学生相談機関のウェブサイトにおける各情報カテゴリーの有無

表4-7　情報カテゴリーの日米比較

| | 情報カテゴリー | アメリカ | 日本 |
|---|---|---|---|
| 概要 | 独自ページ | ○ | ○ |
| | 案　　内 | ○ | ○ |
| | 開室日時 | ○ | ○ |
| | 利用方法 | ○ | ○ |
| | 費　　用 | ○ | ○ |
| | 守秘義務 | ○ | ○ |
| | 建 物 名 | ○ | ○ |
| | ミッション・ステートメント | ○ | × |
| 連絡方法 | 電話番号 | ○ | ○ |
| | 電子メールアドレス | ○ | ○ |
| | ＦＡＸ | ○ | × |
| | 緊急時連絡先 | ○ | × |
| | 電子メールポリシー | ○ | × |
| 相談業務 | 相談内容 | ○ | ○ |
| | ワークショップ・催し | ○ | ○ |
| | サービス一覧 | ○ | × |
| | カウンセリング一般 | ○ | × |
| | 個人カウンセリング | ○ | × |
| | グループ | ○ | × |
| | アウトリーチ | ○ | × |
| | コンサルテーション | ○ | × |
| | 精神科医の診察 | ○ | × |
| | 他機関へのリファー | ○ | × |
| 相談員 | 担当者名 | ○ | ○ |
| | 専 門 性 | ○ | ○ |
| | 顔 写 真 | ○ | × |
| その他の情報提供 | 画像（外観） | ○ | ○ |
| | リンク先 | ○ | ○ |
| | 図書・資料 | ○ | × |
| | ピア・サポート | ○ | × |
| | 学生リファー | ○ | × |
| | 教職員向ガイド | ○ | × |
| | 両親向けガイド | ○ | × |
| | 学生の研修 | ○ | × |
| | ＦＡＱ | ○ | × |
| | 周辺地図 | × | ○ |
| | 画像（内部） | × | ○ |
| | レイアウト図 | × | ○ |
| | 基礎知識 | × | ○ |
| | 心理テスト | × | ○ |
| | お知らせ | × | ○ |
| | コ ラ ム | × | ○ |
| | 沿　革 | × | ○ |
| | 利用統計 | × | ○ |
| | 他の利用形態 | × | ○ |

注）○は情報カテゴリーとして抽出されたもの，×は情報カテゴリーとして抽出されなかったものを示す。

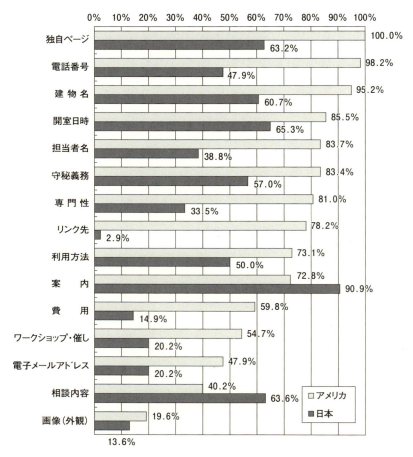

図4-5 日本とアメリカのウェブサイトに共通して見られた情報カテゴリーの有無の比較

における「周辺地図」・「画像（内部）」・「レイアウト図」・「基礎知識」・「心理テスト」・「お知らせ」・「コラム」・「沿革」・「利用統計」・「他の利用形態」において，アメリカにはないが日本にはあるという差違が見られるのがわかる。

　この対照表のうち，日本とアメリカに共通して見られた情報カテゴリーに

ついて,その有無を比較したものが図4-5である。これを見ると,「案内」・「相談内容」を除くすべてにおいて,日本よりアメリカの方が掲載している学生相談機関の割合が大きいことがわかる。

## (2) 日本とアメリカの情報カテゴリーの分布の比較

さらに,アメリカと日本の違いを別の視点からとらえるために,掲載されている情報カテゴリー数別に学生相談機関数を集計し,その分布を棒グラフで示した(図4-6)。図4-6を見ると,アメリカの分布が正規分布に比較的近いのに対し,日本の分布は情報カテゴリー数がアメリカより少ない方に偏り,情報カテゴリー数が少ない群と多い群に分かれているように見える。また,平均情報カテゴリー数では,日本が7.59(日本の情報カテゴリー総数25に対する割合は30.4%)であるのに対し,アメリカは17.38(アメリカの情報カテゴリー総数36に対する割合は48.2%)となっており,アメリカが日本の2倍以上となっている。

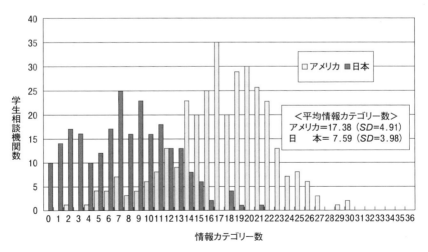

図4-6 情報カテゴリー数別に見た日本とアメリカの学生相談機関の分布

表4-8 情報カテゴリー数の格差における日本とアメリカの比較

|  | 全体 | | 変動係数 | 上位群 (a) | | 下位群 (b) | | 格差の指標 |
|---|---|---|---|---|---|---|---|---|
|  | $M$ | $SD$ | $(SD/M)$ | $M$ | $SD$ | $M$ | $SD$ | $(a)/(b)$ |
| アメリカ | 17.38 | 4.91 | .28 | 24.50 | 2.14 | 9.87 | 3.10 | 2.48 |
| 日　本 | 7.59 | 3.98 | .52 | 11.11 | 2.28 | 1.63 | 1.05 | 6.82 |

　大学間の情報カテゴリー数の格差について検討するために，日本とアメリカの双方について変動係数を算出したところ，アメリカは.28，日本は.52となった（表4-8）。日本の学生相談機関の変動係数はアメリカのそれの1.86倍であり，この結果から，日本の学生相談機関の方が情報カテゴリー数のばらつきが大きいことが指摘できる。さらに，情報カテゴリー数上位4分の1の大学と下位4分の1の大学の平均情報カテゴリー数を算出し，上位群の平均情報カテゴリー数を下位群のそれで除した値を「格差の指標」として算出したところ，表4-8の右端のようになった。アメリカの「格差の指標」は2.48であったのに対し，日本のそれは6.82であり，「格差の指標」の大きさにおいても2.75倍の開きが見られた。

### 4-3-4　考察

　以下，本調査の結果と各大学の学生相談機関のウェブサイトを閲覧した印象をふまえ，アメリカの学生相談機関の情報発信の特徴と日本のそれとを比較検討しながら考察する。

(1)　アメリカの学生相談機関の情報発信の特徴

　図4-6に見られたように，アメリカの学生相談機関の情報カテゴリー数は正規分布に近い形となっている。情報カテゴリー数の平均値の周辺に多くの学生相談機関が集まっており，大学により情報発信の量に極端な偏りがないことが推測される。また，情報カテゴリーについても，「電話番号」（98.2

%),「建物名」(95.2%),「開室日時」(85.5%),「守秘義務」(83.4%),「担当者名」(83.7 %),「専門性」(81.0%) など,学生の来談に必要と考えられる情報は多くの学生相談機関のウェブサイトに掲載されている。実際,著者がウェブサイトを閲覧した際にも,英語表記であるにもかかわらず,これらの情報を探すことは容易であった。以上のことから,アメリカの大学の学生相談機関の情報発信の特徴をまとめると,多くの大学で必要性の高い情報が十分に掲載され,かつ,情報にアクセスしやすいということができよう。

(2) **日本とアメリカの情報発信の差違**

次に,日米の情報カテゴリーの差異について考察する。森田(1991)やナガモト(1994)の報告にもあるように,アメリカの大学の学生相談機関では書面による契約やサービスの説明が重視されている。学生相談機関でどのようなサービスが受けられて,サービスの受け手にどのような権利があるのか,どのような利益と制限事項があるのかなどが明示されるのが通常の状態であるといえる。「ミッション・ステートメント」は,まさに,このような考え方に沿ったものであり,学生相談機関が機関としてサービスの方針を対外的に宣言しているものである。「教職員向けガイド」,「両親向けガイド」も,こうした方向性に沿ったものと考えられる。

小泉(2002)によれば,アメリカの大学の学生相談機関においては,「Council for the Advancement of Standards in Higher Education」(CAS:高等教育における学生サービスの発展のための委員会)や「International Association of Counseling Services」(IACS:国際カウンセリングサービス協会)の定める学生サービスの基準の与える影響が大きいという。また,第1章でも触れたように,アメリカでは学生相談機関において研修中の学生は相談活動における重要な人的資源であり,多くの来談者にサービスを提供するためになくてはならない存在である。この点で,日本とは状況が全く異なっている。

「ピア・サポート」は,日本の大学の学生相談機関でも10年以上前から注

目されているが（例えば，内野，2003），アメリカでは情報カテゴリーとして抽出されているのに対して，日本では抽出されていない（表4-7）。早坂・佐藤・奥野・阿部（2013）によれば，2012年度の段階で，学生相談機関がピア・サポートの中心的役割を担っているのは，4年制大学において8.3%，短期大学において4.5%のみであり，現在のところ，広く普及している方法とはいえない。アメリカでは学生相談機関の利用者が多いため，回数を制限した上で，学生相談機関から他の相談機関，医療機関等へ紹介することを日常の相談活動の前提としている大学も珍しくない。そのひとつとして，「ピア・サポート」が位置づけられていると考えられる。これに対し，日本では学生相談機関が主体となって学生を支えていくという傾向が強い。

「リンク先」については，アメリカの学生相談機関では，たいていの場合，膨大なリンク先が一覧となって掲載されている。それだけインターネットを利用したリソースがあるということでもあるが，日本のウェブサイトには，こうした傾向は見られない。ここには，日本とアメリカのインターネットに対する感覚の相違が表れていると感じられる。すなわち，アメリカでは，必要な情報を提供することが公的機関の責任であり，それを怠ることは責任を全うしていないとみなされ，また，提示された情報の利用は基本的に自己責任によるものであると考えられているのではないだろうか。

一方，日本で同様なことを試みようとした場合，学生相談機関のスタッフは，「リンク先」として掲載した機関が果たして信用に足る機関であるのかということについて慎重に判断し，掲載する以上は責任をもって掲載する必要があると考えるのではないだろうか。まして，学生が「リンク先」を利用するのは基本的にすべて学生の自己責任であるという考えは，日本の学生相談機関には馴染まないと考えられる。

また，ウェブサイトに掲載されているサービスの種類が多いこともアメリカの特徴といえる。実際に学生相談機関において多くのサービスが提供されているために必然的に掲載される種類も多くなるのだろうが，学生相談機関

が提供するサービスについて，情報の受け手である利用者側にも一定の理解の枠組みがないと，こうした情報発信の仕方を選択することにはつながらないであろう。

　逆に，日本に特徴的なのは，「周辺地図」，「画像（内部）」，「レイアウト図」といった画像情報が多いことである。おそらく日本の大学の学生相談機関は相談に対する心理的抵抗感，高野・宇留田（2002）のいうところの「心理的コスト」を低減させる効果をねらい，多くの画像情報を掲載しているのだろう。学生相談機関のイメージが来談に影響を及ぼす要因となることは，第2章の研究でも指摘されているが，アメリカでは相談を受けることについての心理的抵抗感が日本に比べて小さいため，こうした情報は相対的に重要性が低いのであろう。「コラム」や「他の利用形態」などが日本でのみ情報カテゴリーとして抽出されていることや，よくある相談例を示す「相談内容」がアメリカよりも多いのも，こうした日本の事情を反映したものであると考えられよう。

　なお，「案内」も日本の方が多いが，アメリカの場合，「ミッション・ステートメント」が「案内」と同様な内容となっている場合もあり，実質的な差はほとんどないと考えられる。

### (3) 情報カテゴリー数に見られる差異

　図4-6からもわかるように，日米のウェブサイト上に掲載されている情報カテゴリー数には大きな差がある。そもそも，独自のウェブサイトを持っているかという点でも然りであり，アメリカではすべての学生相談機関にウェブサイトがあったのに対し，日本のそれは3分の2程度にとどまっていた。「開室日時」，「利用方法」，「守秘義務」，「建物名」，「電話番号」など，利用するのに必要となる情報において差が大きいことからは，日本の状況に改善の余地があることが指摘できるだろう。

　また，アメリカの学生相談機関の特徴は，相談担当者に関する情報量にも

表れている。アメリカでは，たいていの場合，相談担当者の氏名，専門，略歴などが記されている。また，顔写真があるところも3分の1程度ある。これに対し，日本では，相談員の個人的情報を掲載しない傾向が強い。このことは，外部に対して，相談員個人の匿名性が比較的高い状態を維持した中で相談活動を行いたいという学生相談機関側の姿勢の表れであろうと考えられる。

　一方，個人，機関をあわせるとおよそ半数の学生相談機関で電子メールアドレスが公開されているアメリカの状況と，日本のそれとの間には大きな違いがある。今回の研究では，アメリカでは約2割の大学で電子メールに関する注意事項（「電子メールポリシー」等）が掲載されていた。学生相談機関へのアクセシビリティは高めるが，同時に，その効用と注意点についても周知する必要があるという姿勢の表れなのであろう。先ほど，「リンク先」について，公的機関としての大学の責任と，情報の受け手としての利用者側の責任という観点から考察したが，それと同様な考え方がここに反映されていると考えられる。日本の大学の学生相談機関が電子メールの活用についてどのような姿勢を取るのが望ましいかは，今後，議論を重ねる必要があるが，その際，アメリカの取り組みは参考になるだろう。

(4) **大学間の格差に見られる差異**

　日米の情報カテゴリー数には2倍以上の差が見られた。情報カテゴリー数の格差の比較では，日本の学生相談機関の変動係数は.52，アメリカのそれは.28と，日本の方が情報カテゴリー数のばらつきが大きく，また，上位群，下位群をもとに算出した「格差の指標」では，日本が6.82であったのに対し，アメリカのそれは2.48にとどまっていた。アメリカの大学の学生相談機関は平均して情報量が多いのに加え，大学間の格差が小さい。言い換えれば，アメリカでは，どの大学の学生相談機関のウェブサイトを閲覧しても一定の情報が手に入るのに対し，日本では，大学により入手できる情報量に大

きな差があるといえる。研究Ⅵでも指摘したが，おそらく，日米でウェブサイトの管理に費やすことができる人的資源に大きな開きがあること，また，日本のカウンセラーは非常勤職が多く，ウェブサイトの管理の面では制限が大きいことも，その大きな要因であろうと考えられる。日本の学生相談機関における大学間の格差の縮小は今後の課題となるだろう。

(5) **本研究の限界と今後の課題**

本研究では，ウェブサイトの分析から学生相談について考察を加えた。しかし，インターネット上の情報は日々，変化し続けているため，本研究で得られた知見は時とともに古くなっていく。これらの問題を解決するためには，間隔を空けて，再度，調査を行うことが必要である。また，いうまでもないことであるが，学内における地道な相談活動なしに，いくら情報発信を行ったとしても，本当の意味での学生相談の発展にはつながらないだろう。その意味で，本研究で得られた知見と実際の学生相談活動との関係について，より臨床場面に近い文脈の中で検証することが望ましいと考えられる。

## 4-4　日本およびアメリカの大学の学生相談機関におけるウェブサイトを活用した情報発信の比較研究（研究Ⅷ）

### 4-4-1　目的

日本およびアメリカの大学の学生相談機関における近年のウェブサイトを活用した情報発信の変化をおよそ10年間のタイムスパンをとって比較することで，日本の学生相談の特徴と課題についてより信頼性の高い知見を得る。

## 4-4-2　方法

### ①　実施時期および調査対象

研究Ⅷは，研究Ⅵおよび研究Ⅶで用いたデータと新たに収集されたデータを合わせて行われた。したがって，日本，アメリカとも第1期はそれぞれ研究Ⅵ，研究Ⅶの調査対象と同じである。

（日本）

第1期（2004年2月―4月）：『日本学生相談学会会員名簿』（日本学生相談学会，2003）に掲載されている機関会員大学および正会員が所属する434大学・短期大学

第2期（2013年4月―5月）：大学基準協会に加盟している335大学（大学基準協会，2013）。加盟大学は2013年4月23日現在のものであり，調査対象からは株式会社立大学・大学院大学は除いた。

（アメリカ）

第1期（2005年2月―5月）："National Survey of Counseling Center Directors 2004"（Gallagher, 2005）に回答した347大学

第2期（2013年4月―5月）："National Survey of Counseling Center Directors 2012"（Gallagher, 2013）に回答した293大学

### ②　調査方法

研究Ⅵ，研究Ⅶと同様に，インターネットを経由し，各大学の公式ウェブサイトにおける学生相談に関する部署のページを閲覧して情報を収集した。なお，2013年調査では，インターネットの普及や情報技術の発達を踏まえ，新たなものも含め51情報カテゴリーを抽出したが，比較の都合上，日本の分析では25情報カテゴリーを，アメリカの分析では36情報カテゴリーを，日本

とアメリカの比較分析では両者に共通する16情報カテゴリーを用いた。また，日米の比較をより細かく行うために，研究Ⅶのアメリカの研究では用いなかった情報カテゴリー（「基礎知識」）もデータに組み入れたほか，情報カテゴリー名の表現に若干の修正を加えた。

## 4-4-3　結果

### (1)　分析の対象となった大学の概要

　日本については，ウェブサイトに学生相談機関の情報が確認された大学を分析の対象とした。このため，大学数は，研究Ⅵ，研究Ⅶとは異なっている。具体的には，2004年調査は242大学（2003年5月1日現在の大学・短期大学数1227の19.7%），2013年調査は315大学（2012年5月1日現在の4年制大学数783の40.2%）である。日本の大学総数については，文部科学省（2004），文部科学省（2013）による。

　アメリカについては，アメリカ本国に本部があり，ウェブサイトに学生相談機関の名称が確認された大学を分析の対象とした。具体的には，2005年調査は331大学（2005年秋における全米4253大学の約7.8%に相当），2013年度は282大学（2012年秋における全米4726大学の約6.0%に相当）である。全米の大学総数については，National Center for Education Statistics（2006），National Center for Education Statistics（2013）による。

　分析対象となった大学を大学規模別（学部学生数5000人以下を小規模，5001—10000人を中規模，10001人以上を大規模に分類），設置形態別に整理したものが表4-9，表4-10である。

　研究Ⅷでは，日本学生相談学会による「学生相談機関に関する調査」の区分を参考にしつつ，大学総数に対する大学規模別の構成比が両国とも小規模70—80%，中規模10%前後，大規模10%前後とほぼ等しくなる区分として，上記の区分を用いた。なお，日本学生相談学会の調査では学生数1000人以下という区分があり，研究Ⅴではこの区分を用いているが，今回調査対象とな

表4-9　調査別に見た大学規模別大学数

| | | 小規模大学<br>(―5000人) | 中規模大学<br>(5001―10000人) | 大規模大学<br>(10001人―) | 計 |
|---|---|---|---|---|---|
| 日本 | 2004年調査 | 141 | 62 | 39 | 242 |
| | 2013年調査 | 206 | 46 | 63 | 315 |
| | 大学総数(2003年5月) | 543 | 97 | 62 | 702 |
| | 大学総数(2012年5月) | 618 | 102 | 63 | 783 |
| アメリカ | 2005年調査 | 129 | 59 | 143 | 331 |
| | 2013年調査 | 120 | 67 | 95 | 282 |
| | 大学総数(2005年秋) | 3277 | 484 | 492 | 4253 |
| | 大学総数(2012年秋) | 3630 | 508 | 588 | 4726 |

表4-10　調査別に見た設置形態別大学数

| | | 国立 | 公立 | 私立 | 計 |
|---|---|---|---|---|---|
| 日本 | 2004年調査 | 43 | 7 | 192 | 242 |
| | 2013年調査 | 19 | 34 | 262 | 315 |
| | 大学総数(2003年5月) | 100 | 76 | 526 | 702 |
| | 大学総数(2012年5月) | 86 | 92 | 605 | 783 |
| アメリカ | 2005年調査 | ― | 174 | 157 | 331 |
| | 2013年調査 | ― | 133 | 149 | 282 |
| | 大学総数(2005年秋) | ― | 1675 | 2578 | 4253 |
| | 大学総数(2012年秋) | ― | 1623 | 3103 | 4726 |

ったアメリカの大学には学生数1000人以下の大学が非常に少なかったため，この区分は用いなかった。

　表4-9，4-10に基づき，研究Ⅷにおいて分析対象となった大学の規模を日本とアメリカで比較すると，日本は小規模・中規模の大学が占める割合が相対的に大きく，アメリカは大規模大学の占める割合が相対的に大きいことがわかる。また，日本の中規模・大規模大学のかなりの割合が本研究の分析対象となっているのに対し，アメリカの小規模大学はごく一部しか本研究の分

析対象となっていないなどの相違がある。

## (2) 日本の2004年と2013年の比較

日本の2004年調査と2013年調査について，情報カテゴリー別に掲載率を比較した（表4-11）。その結果，「開室日時」，「利用方法」，「守秘義務」，「電話番号」，「建物の内部の画像」はいずれも10ポイント以上増えていたのに対し，「典型的な相談内容」は63.6％から42.9％へと10ポイント以上減っていた。

3分の2以上の学生相談機関が掲載する情報カテゴリーをリストアップしたところ，2004年調査では「案内・説明」のみであったが，2013年調査では，それに加えて「開室日時」，「利用方法」，「守秘義務」，「建物名・所在地」が該当した。

また，各情報カテゴリーの掲載率の平均を求めたところ，30.4％から34.4％へと4.0ポイント増加していた。大学ごとに情報カテゴリー数の和を求め，その総和を大学数で割った平均値（以下，「情報量」とする。）を求めたところ，その増加率は11.8％であり，また，情報量の標準偏差は4.49から4.30へと若干の減少が見られた（表4-11下段）。

上記のような増減が2004年調査と2013年調査の調査対象の違いによる結果である可能性を検討するために，両調査に共通して分析対象になった141大学を抽出して比較した。その結果，掲載率は8.2ポイント増加，情報量の増加率は24.1％となっており，また，情報量の標準偏差は4.39から4.14へと若干の減少が見られ，全体と同様な傾向を示していた（表4-12）。全体で減少傾向が見られた「典型的な相談内容」について比較したところ，2004年調査では74.5％，2013年調査では64.5％が掲載しており，掲載率は10ポイント減少と，これも全体の傾向と同様であった。

次に，大学規模別，設置形態別に情報量の比較を行った（図4-7，図4-8）。その結果，大学規模にかかわらず，2013年調査時の情報量が多かった。大学規模別では，大規模大学の情報量が最も多く，次いで中規模大学，小規模大

表4-11　日本の学生相談機関における各情報カテゴリーの掲載率

|  | 2004年調査(N=242) | | 2013年調査(N=315) | | 掲載率の増減 |
| --- | --- | --- | --- | --- | --- |
|  | 掲載あり | 掲載率 | 掲載あり | 掲載率 | (2013年-2004年) |
| 独自ページ | 153 | 63.2% | 186 | 59.0% | -4.2 |
| 案内・説明 | 220 | 90.9% | 303 | 96.2% | 5.3 |
| 開室日時 | 158 | 65.3% | 246 | 78.1% | 12.8 |
| 利用方法 | 121 | 50.0% | 242 | 76.8% | 26.8 |
| 費用 | 36 | 14.9% | 52 | 16.5% | 1.6 |
| 守秘義務 | 138 | 57.0% | 226 | 71.7% | 14.7 |
| 建物名・所在地 | 147 | 60.7% | 221 | 70.2% | 9.5 |
| 周辺地図 | 39 | 16.1% | 56 | 17.8% | 1.7 |
| 電話番号 | 116 | 47.9% | 201 | 63.8% | 15.9 |
| メールアドレス | 49 | 20.2% | 87 | 27.6% | 7.4 |
| 典型的な相談内容 | 154 | 63.6% | 155 | 49.2% | -14.4 |
| ワークショップ・催し | 49 | 20.2% | 47 | 14.9% | -5.3 |
| カウンセラー名 | 94 | 38.8% | 115 | 36.5% | -2.3 |
| 専門性・経歴 | 81 | 33.5% | 135 | 42.9% | 9.4 |
| 建物の外観の画像 | 33 | 13.6% | 26 | 8.3% | -5.3 |
| 建物の内部の画像 | 58 | 24.0% | 111 | 35.2% | 11.2 |
| レイアウト図 | 23 | 9.5% | 54 | 17.1% | 7.6 |
| 関連する相談資源のリンク | 7 | 2.9% | 11 | 3.5% | 0.6 |
| 他の利用形態 | 45 | 18.6% | 61 | 19.4% | 0.8 |
| 心理テスト | 41 | 16.9% | 56 | 17.8% | 0.9 |
| お知らせ | 24 | 9.9% | 49 | 15.6% | 5.7 |
| コラム | 18 | 7.4% | 49 | 15.6% | 8.2 |
| 沿革 | 13 | 5.4% | 4 | 1.3% | -4.1 |
| 利用統計 | 11 | 4.5% | 10 | 3.2% | -1.3 |
| 基礎知識 | 11 | 4.5% | 8 | 2.5% | -2.0 |
| 平均掲載率 | ——— | 30.4% | ——— | 34.4% | 4.0 |

| 情報量 | $M$ | $SD$ | $M$ | $SD$ | 増加率 |
| --- | --- | --- | --- | --- | --- |
|  | 7.60 | 4.49 | 8.53 | 4.30 | 11.8% |

表4-12 日本の学生相談機関における各情報カテゴリーの掲載率
（2004年調査および2013年調査に共通する141大学の比較）

|  | 2004年調査 | | 2013年調査 | | 掲載率の増減 |
|---|---|---|---|---|---|
|  | 掲載あり | 掲載率 | 掲載あり | 掲載率 | (2013年－2004年) |
| 独自ページ | 94 | 66.7% | 106 | 75.2% | 8.5 |
| 案内・説明 | 131 | 92.9% | 134 | 95.0% | 2.1 |
| 開室日時 | 101 | 71.6% | 123 | 87.2% | 15.6 |
| 利用方法 | 80 | 56.7% | 119 | 84.4% | 27.7 |
| 費用 | 24 | 17.0% | 33 | 23.4% | 6.4 |
| 守秘義務 | 85 | 60.3% | 112 | 79.4% | 19.1 |
| 建物名・所在地 | 98 | 69.5% | 110 | 78.0% | 8.5 |
| 周辺地図 | 24 | 17.0% | 37 | 26.2% | 9.2 |
| 電話番号 | 73 | 51.8% | 109 | 77.3% | 25.5 |
| メールアドレス | 25 | 17.7% | 40 | 28.4% | 10.7 |
| 典型的な相談内容 | 105 | 74.5% | 91 | 64.5% | －10.0 |
| ワークショップ・催し | 37 | 26.2% | 30 | 21.3% | －4.9 |
| カウンセラー名 | 57 | 40.4% | 64 | 45.4% | 5.0 |
| 専門性・経歴 | 46 | 32.6% | 68 | 48.2% | 15.6 |
| 建物の外観の画像 | 17 | 12.1% | 18 | 12.8% | 0.7 |
| 建物の内部の画像 | 38 | 27.0% | 62 | 44.0% | 17.0 |
| レイアウト図 | 13 | 9.2% | 31 | 22.0% | 12.8 |
| 関連する相談資源のリンク | 5 | 3.5% | 10 | 7.1% | 3.6 |
| 他の利用形態 | 34 | 24.1% | 42 | 29.8% | 5.7 |
| 心理テスト | 29 | 20.6% | 33 | 23.4% | 2.8 |
| お知らせ | 16 | 11.3% | 32 | 22.7% | 11.4 |
| コラム | 11 | 7.8% | 32 | 22.7% | 14.9 |
| 沿革 | 7 | 5.0% | 2 | 1.4% | －3.6 |
| 利用統計 | 5 | 3.5% | 7 | 5.0% | 1.5 |
| 基礎知識 | 8 | 5.7% | 6 | 4.3% | －1.4 |
| 平均掲載率 | ―― | 33.0% | ―― | 41.2% | 8.2 |
| 情報量 | $M$ | $SD$ | $M$ | $SD$ | 増加率 |
|  | 8.25 | 4.39 | 10.29 | 4.14 | 24.1% |

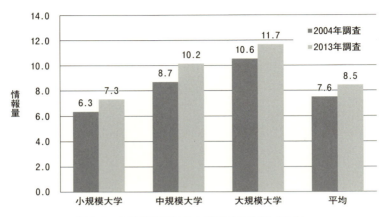

図4-7　大学規模別に見た情報量の比較（日本）

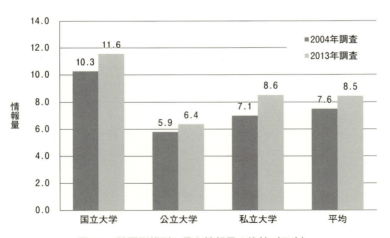

図4-8　設置形態別に見た情報量の比較（日本）

学の順となっており，また，情報量の伸びでは，中規模大学の伸びが相対的に大きく，次いで大規模大学，小規模大学の順となっていた。設置形態別では，国立大学の情報量が最も多く，次いで私立大学，公立大学の順となっており，また，情報量の伸びでは，私立大学の伸びが相対的に大きく，次いで，国立大学，公立大学の順となっていた。

### (3) アメリカの2005年と2013年の比較

　アメリカの2005年調査と2013年調査について，情報カテゴリー別に掲載率を比較した（表4-13）。「利用方法」，「費用」，「守秘義務」，「緊急時連絡先」，「典型的な相談内容」，「他機関へのリファー」，「カウンセラーの顔写真」，「図書・資料の所蔵」，「両親向けガイド」，「学生の研修」，「FAQ」，「基礎知識」はいずれも10ポイント以上増えていた。逆に，「ワークショップ・催し」は54.7%から44.3%へと10ポイント以上減っていた。3分の2以上の学生相談機関が掲載していた情報カテゴリーをリストアップしたところ，2005年調査では「独自ページ」，「案内・説明」，「開室日時」，「利用方法」，「守秘義務」，「建物名・所在地」，「電話番号」，「緊急時連絡先」，「カウンセラー名」，「カウンセラーの専門性」，「関連する相談資源のリンク」の11情報カテゴリーであったのに対し，2013年調査では「費用」が加わり，12情報カテゴリーが該当した。情報の掲載率では，48.2%から55.1%へと6.9ポイント増加していた。情報量の増加率は14.4%であり，また，情報量の標準偏差は4.91から5.71へと若干増加していた（表4-13下段）。日本の分析と同様に，両調査に共通して分析対象となった101大学を抽出して比較した。その結果，情報の掲載率は50.3%から61.0%へと10.7ポイント増加，情報量の増加率は21.5%となっており，また，情報量の標準偏差は4.77から4.95へと若干増加しており，全体と同様の傾向が見られた（表4-14）。全体で減少傾向が見られた「ワークショップ・催し」について比較したところ，2005年調査で54.5%，2013年調査では56.4%が掲載しており，掲載率に減少傾向は見られず，全体の傾

表4-13 アメリカの学生相談機関における各情報カテゴリーの掲載率

| 情報カテゴリー | 2005年調査(N=331) 掲載あり | 掲載率 | 2013年調査(N=282) 掲載あり | 掲載率 | 掲載率の増減 (2013年－2005年) |
|---|---|---|---|---|---|
| 独自ページ | 331 | 100.0% | 279 | 98.9% | -1.1 |
| 案内・説明 | 241 | 72.8% | 231 | 81.9% | 9.1 |
| 開室日時 | 283 | 85.5% | 241 | 85.5% | 0.0 |
| 利用方法 | 242 | 73.1% | 249 | 88.3% | 15.2 |
| 費用 | 198 | 59.8% | 213 | 75.5% | 15.7 |
| 守秘義務 | 276 | 83.4% | 265 | 94.0% | 10.6 |
| 建物名・所在地 | 315 | 95.2% | 252 | 89.4% | -5.8 |
| ミッション・ステートメント | 138 | 41.7% | 130 | 46.1% | 4.4 |
| 電話番号 | 325 | 98.2% | 269 | 95.4% | -2.8 |
| メールアドレス | 159 | 48.0% | 148 | 52.5% | 4.5 |
| FAX番号 | 128 | 38.7% | 111 | 39.4% | 0.7 |
| 緊急時連絡先 | 222 | 67.1% | 228 | 80.9% | 13.8 |
| 電子メールポリシー | 63 | 19.0% | 47 | 16.7% | -2.3 |
| 典型的な相談内容 | 133 | 40.2% | 165 | 58.5% | 18.3 |
| サービス一覧 | 128 | 38.7% | 113 | 40.1% | 1.4 |
| カウンセリング一般 | 124 | 37.5% | 97 | 34.4% | -3.1 |
| 個人カウンセリング | 178 | 53.8% | 149 | 52.8% | -1.0 |
| グループ | 205 | 61.9% | 162 | 57.4% | -4.5 |
| アウトリーチ | 109 | 32.9% | 119 | 42.2% | 9.3 |
| コンサルテーション | 138 | 41.7% | 108 | 38.3% | -3.4 |
| 精神科医の診察 | 51 | 15.4% | 69 | 24.5% | 9.1 |
| 他機関へのリファー | 71 | 21.5% | 129 | 45.7% | 24.2 |
| ワークショップ・催し | 181 | 54.7% | 125 | 44.3% | -10.4 |
| カウンセラー名 | 277 | 83.7% | 252 | 89.4% | 5.7 |
| カウンセラーの専門性 | 268 | 81.0% | 243 | 86.2% | 5.2 |
| カウンセラーの顔写真 | 107 | 32.3% | 154 | 54.6% | 22.3 |
| 建物の外観の画像 | 65 | 19.6% | 54 | 19.1% | -0.5 |
| 関連する相談資源のリンク | 259 | 78.2% | 225 | 79.8% | 1.6 |
| 図書・資料の所蔵 | 47 | 14.2% | 88 | 31.2% | 17.0 |
| ピア・サポート | 29 | 8.8% | 26 | 9.2% | 0.4 |
| 学生リファーの方法 | 77 | 23.3% | 87 | 30.9% | 7.6 |
| 教職員向けガイド | 119 | 36.0% | 126 | 44.7% | 8.7 |
| 両親向けガイド | 69 | 20.8% | 104 | 36.9% | 16.1 |
| 学生の研修 | 74 | 22.4% | 99 | 35.1% | 12.7 |
| FAQ | 79 | 23.9% | 132 | 46.8% | 22.9 |
| 基礎知識 | 36 | 10.9% | 108 | 38.3% | 27.4 |
| 平均掲載率 | ―― | 48.2% | ―― | 55.1% | 6.9 |
| 情報量 | M | SD | M | SD | 増加率 |
| | 17.36 | 4.91 | 19.85 | 5.71 | 14.4% |

表4-14 アメリカの学生相談機関における各情報カテゴリーの掲載率
（2005年調査および2013年調査に共通する101大学の比較）

| 情報カテゴリー | 2005年調査 掲載あり | 掲載率 | 2013年調査 掲載あり | 掲載率 | 掲載率の増減 (2013年−2005年) |
|---|---|---|---|---|---|
| 独自ページ | 101 | 100.0% | 101 | 100.0% | 0.0 |
| 案内・説明 | 69 | 68.3% | 86 | 85.1% | 16.8 |
| 開室日時 | 86 | 85.1% | 90 | 89.1% | 4.0 |
| 利用方法 | 77 | 76.2% | 97 | 96.0% | 19.8 |
| 費用 | 67 | 66.3% | 79 | 78.2% | 11.9 |
| 守秘義務 | 88 | 87.1% | 96 | 95.0% | 7.9 |
| 建物名・所在地 | 99 | 98.0% | 95 | 94.1% | −3.9 |
| ミッション・ステートメント | 44 | 43.6% | 45 | 44.6% | 1.0 |
| 電話番号 | 101 | 100.0% | 98 | 97.0% | −3.0 |
| メールアドレス | 48 | 47.5% | 48 | 47.5% | 0.0 |
| FAX番号 | 46 | 45.5% | 46 | 45.5% | 0.0 |
| 緊急時連絡先 | 70 | 69.3% | 89 | 88.1% | 18.8 |
| 電子メールポリシー | 21 | 20.8% | 21 | 20.8% | 0.0 |
| 典型的な相談内容 | 42 | 41.6% | 60 | 59.4% | 17.8 |
| サービス一覧 | 48 | 47.5% | 44 | 43.6% | −3.9 |
| カウンセリング一般 | 38 | 37.6% | 39 | 38.6% | 1.0 |
| 個人カウンセリング | 56 | 55.4% | 64 | 63.4% | 8.0 |
| グループ | 62 | 61.4% | 69 | 68.3% | 6.9 |
| アウトリーチ | 32 | 31.7% | 49 | 48.5% | 16.8 |
| コンサルテーション | 46 | 45.5% | 51 | 50.5% | 5.0 |
| 精神科医の診察 | 23 | 22.8% | 38 | 37.6% | 14.8 |
| 他機関へのリファー | 25 | 24.8% | 57 | 56.4% | 31.6 |
| ワークショップ・催し | 55 | 54.5% | 57 | 56.4% | 1.9 |
| カウンセラー名 | 86 | 85.1% | 91 | 90.1% | 5.0 |
| カウンセラーの専門性 | 84 | 83.2% | 91 | 90.1% | 6.9 |
| カウンセラーの顔写真 | 41 | 40.6% | 62 | 61.4% | 20.8 |
| 建物の外観の画像 | 18 | 17.8% | 23 | 22.8% | 5.0 |
| 関連する相談資源のリンク | 79 | 78.2% | 86 | 85.1% | 6.9 |
| 図書・資料の所蔵 | 15 | 14.9% | 33 | 32.7% | 17.8 |
| ピア・サポート | 10 | 9.9% | 11 | 10.9% | 1.0 |
| 学生リファーの方法 | 26 | 25.7% | 40 | 39.6% | 13.9 |
| 教職員向けガイド | 36 | 35.6% | 55 | 54.5% | 18.9 |
| 両親向けガイド | 27 | 26.7% | 45 | 44.6% | 17.9 |
| 学生の研修 | 25 | 24.8% | 51 | 50.5% | 25.7 |
| FAQ | 27 | 26.7% | 59 | 58.4% | 31.7 |
| 基礎知識 | 10 | 9.9% | 52 | 51.5% | 41.6 |
| 平均掲載率 | ― | 50.3% | | 61.0% | 10.7 |
| 情報量 | $M$ | $SD$ | $M$ | $SD$ | 増加率 |
| | 18.10 | 4.77 | 21.96 | 4.95 | 21.5% |

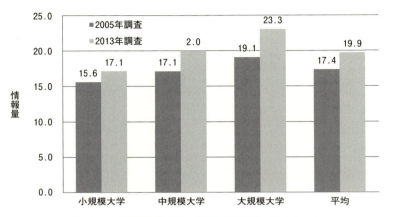

図4-9　大学規模別に見た情報量の比較(アメリカ)

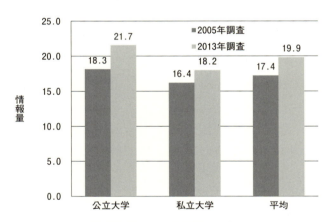

図4-10　設置形態別に見た情報量の比較(アメリカ)

向とは異なっていた。

次に，大学規模別，設置形態別に情報量の比較を行った（図4-9，図4-10）。大学規模・設置形態にかかわらず，2013年調査の情報量が多かった。大学規模別では，大規模大学が最も多く，次いで，中規模大学，小規模大学の順となっており，また，情報の伸びでは，大規模大学が大きく，次いで，中規模大学，小規模大学の順となっていた。設置形態別では，公立大学の情報量が私立大学より多く，また，情報量の伸びも公立大学が私立大学より大きかった。

### (4) 日本とアメリカの比較

前節までに分析した日本とアメリカの変化をもとに両者を比較すると，日本は10ポイント以上増えていた情報カテゴリーが5個，アメリカでは12個であり，両者には7個の差が見られた。一方，10ポイント以上減少していた情報カテゴリーは両者とも1個であり，差は見られなかった。また，掲載率では，日本は4.0ポイントの増加，アメリカは6.9ポイントの増加であり，掲載率の増加において2.9ポイントの差があった。

情報量においては，日本は11.8％の増加率，アメリカは14.4％の増加率であり，2.6ポイントの差があった。ただし，情報量の標準偏差においては，日本は減少する傾向が見られたのに対し，アメリカは増加する傾向が見られた。

日本とアメリカに共通する16情報カテゴリーを比較したところ，日本の掲載率は4.4ポイントの増加，アメリカは5.8ポイントの増加であったが（表4-15），これらの情報量の増加率では，日本は10.8％，アメリカは9.0％であり，逆に，日本が若干大きかった。2013年調査における掲載率を比較したところ，「案内・説明」のみ日本が多い以外はすべてアメリカの方が多く，特に，「独自ページ」，「費用」，「電話番号」，「カウンセラー名」，「カウンセラーの専門性」，「関連する相談資源のリンク」，「基礎知識」は30ポイント以上

表4-15 共通情報カテゴリーの掲載率による日本とアメリカの比較

| | 日本 | | | アメリカ | | | 2013年調査における差(日本-アメリカ) |
|---|---|---|---|---|---|---|---|
| | 2004年調査 | 2013年調査 | 増減 | 2005年調査 | 2013年調査 | 増減 | |
| 独自ページ | 63.2% | 59.0% | -4.2 | 100.0% | 98.9% | -1.1 | -39.9 |
| 案内・説明 | 90.9% | 96.2% | 5.3 | 72.8% | 81.9% | 9.1 | 14.3 |
| 開室日時 | 65.3% | 78.1% | 12.8 | 85.5% | 85.5% | 0.0 | -7.4 |
| 利用方法 | 50.0% | 76.8% | 26.8 | 73.1% | 88.3% | 15.2 | -11.5 |
| 費用 | 14.9% | 16.5% | 1.6 | 59.8% | 75.5% | 15.7 | -59.0 |
| 守秘義務 | 57.0% | 71.7% | 14.7 | 83.4% | 94.0% | 10.6 | -22.2 |
| 建物名・所在地 | 60.7% | 70.2% | 9.4 | 95.2% | 89.4% | -5.8 | -19.2 |
| 電話番号 | 47.9% | 63.8% | 15.9 | 98.2% | 95.4% | -2.8 | -31.6 |
| メールアドレス | 20.2% | 27.6% | 7.4 | 48.0% | 52.5% | 4.4 | -24.9 |
| 典型的な相談内容 | 63.6% | 49.2% | -14.4 | 40.2% | 58.5% | 18.3 | -9.3 |
| ワークショップ・催し | 20.2% | 14.9% | -5.3 | 54.7% | 44.3% | -10.4 | -29.4 |
| カウンセラー名 | 38.8% | 36.5% | -2.3 | 83.7% | 89.4% | 5.7 | -52.9 |
| カウンセラーの専門性 | 33.5% | 42.9% | 9.4 | 81.0% | 86.2% | 5.2 | -43.3 |
| 建物の外観の画像 | 13.6% | 8.3% | -5.4 | 19.6% | 19.1% | -0.5 | -10.9 |
| 関連する相談資源のリンク | 2.9% | 3.5% | 0.6 | 78.2% | 79.8% | 1.6 | -76.3 |
| 基礎知識 | 4.5% | 2.5% | -2.0 | 10.9% | 38.3% | 27.4 | -35.8 |
| 掲載率の平均 | 40.5% | 44.9% | 4.4 | 67.8% | 73.6% | 5.8 | -28.7 |
| 情報量 | $M$ $(SD)$ 6.43 (3.58) | $M$ $(SD)$ 7.24 (3.26) | 増加率 10.8% | $M$ $(SD)$ 11.06 (2.48) | $M$ $(SD)$ 11.93 (2.26) | 増加率 9.0% | |

の大きな差が見られた。

## 4-4-4 考察

### (1) 日本の近年の傾向について

　日本は情報カテゴリーの掲載率においても，情報量においても，また，3分の2以上の大学が掲載している情報カテゴリー数においても増加が見られた。2004年，2013年の両調査ともに対象となった学生相談機関において増加が見られたことからも，両調査において対象となった学生相談機関に相違はあるものの，約10年で学生相談機関のウェブサイトは確実に充実してきたとみてよいだろう。また，情報量の標準偏差に若干の減少が見られたことから，大学間の格差が縮まった可能性も考えられる。多くの大学において，「案内・説明」，「開室日時」，「利用方法」，「守秘義務」，「建物名・所在地」が掲載されるようになったことは，ウェブサイト上で利用に必要な情報を確認できることを意味し，総じて利用しやすさが高まったといえる。

　一方，「典型的な相談内容」については減少傾向が見られた。これについては，学生相談機関の役割について利用者の理解度が高まり掲載する必要性が低下した，他の情報が増える中で全体的なバランスの関係で削減された，などの可能性が考えられよう。

　大学規模別・設置形態別の比較からは，すべての規模の大学で増加が見られ，なかでも中規模大学の充実および私立大学の充実が目立つことを指摘した。図4-11（第1章の図1-1の再掲），図4-12（第1章の図1-3の再掲）は，本研究に該当する期間の学生相談機関に関する調査報告（大島・林・三川・峰松・塚田，2004；大島・青木・駒込・楡木・山口，2007；吉武他，2010；早坂・佐藤・奥野・阿部，2014）をもとに，「実質カウンセラー数（週の勤務時間数40時間でカウンセラー1名とみなした人数）」をグラフ化したものである。

　これらの図を見ると，中大規模大学，大規模大学は「実質カウンセラー数」が増加しているのに対し，中小規模大学，小規模大学は増加傾向が見られないのがわかる。また，公立大学においても増加が見られない。ウェブサ

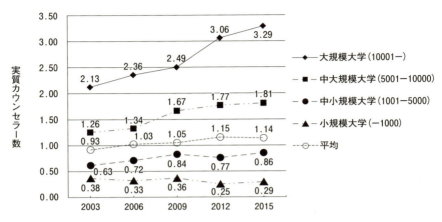

図4-11　大学規模別に見た実質カウンセラー数の推移（日本）

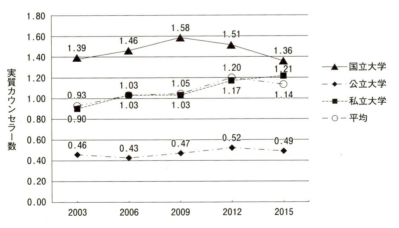

図4-12　設置形態別に見た実質カウンセラー数の推移（日本）

イトの管理には人的資源が必要とされることを考えれば，実質カウンセラー数の増加傾向とウェブサイトの充実の傾向にある程度の一致が見られるのはうなずける。

研究Ⅴにおける学生相談機関の類型化において，「活動充実型」の学生相談機関のみ「発展」に寄与する要因が見られなかった。それと同様に考えれば，大規模大学の情報量の伸びが中規模より小さいのは，大規模大学のウェブサイトは一定程度の整備状況に達しており，情報量を増やす必然性が小さいことを表しているのかもしれない。

(2) アメリカの近年の傾向について

本研究の結果から，日本と同様，アメリカの学生相談機関のウェブサイトの充実度も高まっているとみてよいだろう。ただし，アメリカでは情報量の標準偏差は若干増加する傾向が見られ，大学間の格差が広がっている可能性も考えられる。

「ワークショップ・催し」については減少傾向が見られたが，2005年，2013年の両調査ともに分析対象となっていた学生相談機関で比べると減少傾向は見られなかった。学生相談により力を入れている学生相談機関はこうした調査に欠かさず回答する可能性が高い。このため，これらの大学において「ワークショップ・催し」の減少傾向が見られなかったのかもしれない。

もっとも，実際に「ワークショップ・催し」が減少傾向にある可能性や，他の情報の掲載が増えたために「ワークショップ・催し」の情報の掲載が少なくなった可能性も考えられる。今回の調査において，正確に集計したわけではないが，著者がウェブサイトを閲覧した印象では，かつては「ワークショップ・催し」として行われていた活動が他の部署に移管されているケースが多かったように感じられた。例えば，性的マイノリティや性被害に関する情報は，2013年調査においては学生相談機関からリンクが張られた別の部署で独立して扱われている場合が多い印象を受けた。本研究では，こうした情

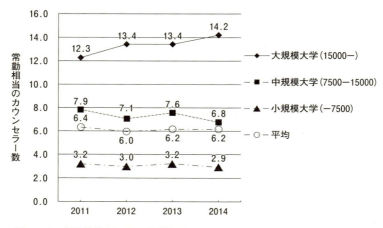

図4-13　大学規模別に見た常勤相当のカウンセラー数の推移（アメリカ）

報は学生相談機関が掲載する情報として扱っていないため，結果として「ワークショップ・催し」の減少につながった可能性がある。

　大学規模別・設置形態別の比較からは，大規模大学および公立大学の充実が目立つことを指摘した。アメリカの場合，公立大学は大規模大学，私立大学は小規模大学である場合が多いため，これには公立の大規模大学における充実の影響が大きいと考えられる。図4-13（第1章の図1-2の再掲）は，Gallagher（2012, 2013, 2014, 2015）をもとに，アメリカにおける常勤相当のカウンセラー数の推移をまとめたものである。本研究の調査時期および大学規模の区分と一致しているわけではないので，その見方には注意が必要であるが，この図からは，最近の傾向として，大規模大学のカウンセラー数は充実傾向にあるが，それ以外の大学では現状維持ないし減少の傾向にあることがうかがえる。アメリカにおける情報の掲載率の増加，情報量の増加は，特に，大規模大学における人的資源の充実を背景とした取り組みが反映していることがひとつの要因として考えられる。

### (3) 日本の学生相談への示唆

近年の社会の変化を見れば，ウェブサイトを通じた情報発信が増えることは当然の流れといえる。しかし，調査を行った時期の日本とアメリカにおけるインターネットの利用状況には差はない。

具体的には，日本のインターネット人口の普及率は2004年時に62.39%，2013年時には86.25%であり，アメリカのそれは2005年時に67.97%，2013年時に84.20%とほぼ同様である（International Telecommunication Union, 2014）。それでは，両者の差はなぜ縮まっていないのだろうか。

これまでにも触れたが，この点について，著者は，日本とアメリカでは学生相談機関の常勤相当のカウンセラー数など，人的資源の面での差が依然として大きいことが主な要因であると考えている。図4-11，図4-12にも示したが，2012年度の日本の4年制大学における学生相談機関の実質カウンセラー数は1.15人であり，また，カウンセラーの約7割は非常勤職である（早坂・佐藤・奥野・阿部，2013；早坂・佐藤・奥野・阿部，2014）。非常勤カウンセラーの場合，ウェブサイトの管理は業務に含まれていない場合が多いと思われ，直接的な相談業務ではないウェブサイトの整備には限界がある。

一方，アメリカの学生相談機関では，International Association of Counseling Services の認証を受けるためには，最低2名の常勤相当のカウンセラー（full time equivalent counselor）を配置する必要があるし（International Association of Counseling Services, 2013），1大学当たりの常勤相当のカウンセラーは6.2人となっている（図4-13）。このような差が両国のウェブサイトの整備の差をもたらすひとつの要因であろう。

本研究の結果からは，アメリカでは「カウンセラーの名前」，「カウンセラーの専門性」など，カウンセラー個人に関する情報がかなり公開される傾向にあるのに対し，日本は対照的に非公開とする傾向が依然として強いことも指摘できる。研究Ⅶでも触れたが，著者の印象では，日本では，インターネット等の情報技術と学生相談を結びつけることにためらいがあり，また，相

談活動においても,明らかに必要性が高い場合を除き,カウンセラーの個別の情報は提示しないというスタンスが一般的であると感じられる。こうした「カウンセラーの匿名性保持への志向性」とでもいうべき意識がウェブサイトに掲載する情報の選択に表れているように思う。

　また,アメリカでは約3分の1の学生相談機関が「FAX番号」を掲載しているのに対し,日本では掲載されていることはまれである(日本の調査における情報カテゴリーとしては抽出していないが,2013年調査における掲載率は5.1%であった)。連絡手段という観点で見れば,「メールアドレス」の掲載も同様で,2013年調査において日本とアメリカには24.9ポイントと比較的大きな差があり,日本は掲載がきわめて少ない。こうした点にも両者の学生相談に対する考え方の差異が反映されていると考えられる。

　研究Ⅵでも触れたとおり,日本の学生相談領域においてもメールを用いた実践に関する研究は見られるが,全体的に,その活用については消極的である印象を受ける。日本の学生相談は活動時間外に連絡が入る,あるいは,相談員の対応可能な範囲や予測の範囲を超える可能性があるメールやFAXといったコミュニケーション手段の利用には慎重である。これと同様な例として,アメリカでは学生相談機関のウェブサイトに「緊急時連絡先」が掲載されていることが多い(2013年調査で80%以上が掲載している)が,日本ではまず見られないことがあげられる(日本の調査における情報カテゴリーとしては抽出されていないが,2013年調査における掲載率は1.3%であった)。非常勤カウンセラーが多い日本の場合は責任範囲がかなり限定されるために,ある意味,当然のことであるが,こうした「相談の枠組みの重視」とでもいうべき意識がウェブサイトに掲載する情報の選択に表れていると見ることもできるだろう。

　しかし,著者は日本もアメリカにならってウェブサイトを早急に充実させ,一律に様々な情報を公開し,発信すべきだと考えているわけではない。日本の多くの大学における学生相談機関の組織的・人的基盤の弱さを考えれば,「相談員の匿名性保持への志向性」と「相談の枠組みの重視」は,むし

ろ，その専門性の形成を支え，相談活動の充実に寄与してきた可能性がある。こうした学生相談のあり方は，第1章でも触れた日本における学生相談が歴史的に形成してきた固有の発展状況に基づく特徴であるとみなすことができる。また，それは同時に日本の学生相談機関のカウンセラーの多くが受けてきた臨床心理学を中心とする専門教育のあり方を反映したものでもあるだろう。

単に，ウェブサイトを充実させることを目指すのではなく，情報の掲載状況を吟味すること，すなわち，なぜある情報を掲載し，なぜ別の情報は掲載しないのかと考えることにより，日々の学生相談実践のあり方を見つめ直す新たな視点が得られるのではないだろうか。また，日々の実践と並行して，他の大学の学生相談の状況を把握し，それを自らの所属する大学における学生相談の状況と比較することは労力的にもなかなか難しい。その点，ウェブサイトを通じた比較であれば，時間的，労力的に比較的容易に実施できる。学生相談機関のウェブサイトを相互に比較することにより，自らの所属する大学の学生相談の現状と課題についての示唆を得ることも可能ではないだろうか。

### (4) 本研究の限界と今後の課題

本研究は，ウェブサイトを外部からのみ分析したものであり，大学の中から見たウェブサイトの位置づけや在籍する学生・教職員などの利用者から見たウェブサイトの有用性といった観点は含まれていない。今後は，こうした観点からも研究を行う必要がある。また，分析対象大学が当該国全体の学生相談機関の状況を反映している程度や，大学規模・設置形態の区分として両国に同一基準を用いることから生ずる限界についても留意する必要がある。

## 4-5　第4章のまとめ

　研究Ⅵでは，日本の大学の学生相談機関を対象にウェブサイトにおける情報発信の状況を調査し，その特徴と課題について分析した。その結果，日本の学生相談機関は利用に必要な情報が掲載されていない場合もあり，ウェブサイトの整備が必要であると考えられることが指摘された。また，ウェブサイトが充実している学生相談機関とそうでない学生相談機関に分かれる傾向にあること，ウェブサイトの整備には大学の規模が関連していると考えられることが見出された。

　研究Ⅶでは，アメリカの大学の学生相談機関を対象にウェブサイトにおける情報発信の状況を調査し，その特徴の分析と日本との比較を行った。その結果，日本とアメリカではウェブサイトに掲載される情報の種類に差異があること，また，日本はアメリカに比べて情報量がきわめて少なく，かつ，情報量の格差が大きいことを指摘した。

　研究Ⅷでは，日本とアメリカの大学の学生相談機関について，研究Ⅵおよび研究Ⅶからおよそ10年間を経た時点におけるウェブサイトの整備状況の調査結果を加えて，比較，検討した。その結果，全体として，日本の学生相談機関のウェブサイトは充実したが，アメリカも同様に充実しており，両者の差は縮まっていないこと，一方，日本は大学間の格差が若干減少した可能性があるが，アメリカは逆に若干拡大した可能性があることが見出された。また，日本とアメリカで掲載される割合に大きな差がある情報の種類についての考察から，日本の学生相談機関のあり方が持つ特徴について示唆を得た。

# 第5章　総合考察

## 5-1　はじめに

　本書では，第1章において，日本の学生相談の発展に影響を与える要因について，歴史的経緯に基づく視点から，アメリカと比較しながら考察し，第2章において，学生相談機関の利用促進という視点から，実践，調査，実験的研究に基づきアプローチした。第3章においては，組織としての学生相談機関とその発展という視点から分析を行い，そして，第4章において，ウェブサイトの活用状況を踏まえて，学生相談機関による情報発信に検討を加えた。その結果，学生相談活動および学生相談機関の発展について様々な知見が得られた。

　本章では，本書における研究により得られた成果を振り返り，今後の学生相談活動の実践のさらなる発展に寄与するよう得られた知見をまとめることとしたい。

## 5-2　日本およびアメリカにおける学生相談の発展経緯の比較検討（研究Ⅰ）の成果から

　第1章では，日本の大学における学生相談の発展について理解するために，まず，その導入の契機となったアメリカにおける学生相談の発展の経緯に着目し，考察を加えた。

　アメリカの大学においても，初めから現在のような常勤相当のカウンセラーを多数抱える学生相談体制があったわけではない。初期においては，教員

や精神科医など既存の専門職との専門性の棲み分けについての努力がなされ，歴史とともに，学内外においてその役割が認識され，専門性が確立していった。その活動の中心も，職業カウンセリングにウェイトが大きい学生相談から心理的な問題に対するカウンセリングにウェイトが大きい学生相談へと変遷していった。

当然のことながら，その発展は，学生相談機関の関係者の努力がなければもたらされなかったわけであるが，一方で，それは大学の内部的要因のみに支えられてきたわけではないと考えられた。大きな外部的要因として，戦争や不況，さらには旧ソ連との対立，国家的な後押し，心理テストや計量心理学などの心理学全体の学問的発展，人間的な成長により幸福がもたらされるというアメリカ社会の時代的な空気といった様々な外部的な要因が学生相談全体の発展に大きな影響を与えていたことを指摘した。

そして，その後のアメリカの財政悪化と経済状況の停滞に伴い，学生相談機関にも予算削減や費用対効果と説明責任を求める波が押し寄せることとなった。それと同時期に，高等教育の大衆化を背景に様々なタイプの学生が大学に入学してくるようになった。こうした状況に伴い，学生相談機関では利用者数が増加するとともに，複雑化，多様化した相談に対応するために，大学コミュニティを対象としたサービスの提供にその活動のウェイトが移っていくこととなった。このようにアメリカの学生相談は政治的・社会的な影響を強く受けながら発展してきたと見ることができる。

一方，日本の学生相談は，在籍する学生全体を対象にした「学生助育」を理想として掲げてスタートしたが，国立大学すべてを対象とした学生相談室設置の頓挫や，医療保健モデルに基づく保健管理センターの設置，さらには，その後の激化する学生運動の影響を大きく受け，活動は停滞せざるを得ない状況となった。活動としては，来談する学生に対する個人心理療法をベースにした相談活動にウェイトが移り，これに加えて，エンカウンターグループなどのグループ活動も行われるようになった。

その後，日本における学生相談の専門性確立のために，様々な学生相談モデルが模索され，提案された。それらのモデルに共通しているのは，教育の一環としての学生相談の専門性を学内にいかにして根付かせるかといった課題であった。一方，私立大学では，大規模大学や古くから学生相談機関を有する一部の大学を除いて学生相談体制の整備は大きく遅れることとなった。

大学進学率が50％に近づいた2000年前後から，日本における高等教育の位置づけに対する人々の関心が高まり，社会的にそのあり方が議論されるようなった。そして，その流れを受けた大学改革の動きの中，「大学における学生生活の充実方策について―学生の立場に立った大学づくりを目指して」（文部省高等教育局・大学における学生生活の充実に関する調査研究会，2000）に代表されるように，大学は学生を中心とした大学に生まれ変わるべきであるという大きな方向性が示された。さらに，大学は競争的な環境下に置かれるという変化に対応を迫られ，特に，私立大学では学生確保が経営に直結する問題として重視されるようになった。同時に，大学の認証評価の項目として学生相談に関する観点が盛り込まれたこともあり，それまで独立した学生相談機関を持っていなかった私立大学も学生相談機関を設置するようになっていった。

その後，「大学における学生相談体制の充実方策について―『総合的な学生支援』と『専門的な学生相談』の『連携・協働』」（日本学生支援機構，2007）が出され，また，「学生相談機関ガイドライン」（日本学生相談学会，2013）が作成されるに至り，学生相談の専門性が明確なものとして示された。そして，現在，少子化やアメリカと同様，長引く不況の影響を受け，国公私立大学すべてにおいて予算削減の波が押し押せ，相談件数の増加や複雑化，多様化する相談に対応する一方，費用対効果や説明責任といった面でも対応を迫られつつある。また，他部署との連携や協働の重要性が指摘され，大学コミュニティを視野に入れた活動も求められている。しかし，日本においては多くの大学において，現在でも，カウンセラーの多くが非常勤職であ

るという状況が続いている。

こうした歴史的な経緯を振り返ると，日本とアメリカが抱える今日的な課題には共通する面が多々あることがわかる。すなわち，それは，増加する相談，複雑化，多様化する相談への対応，大学コミュニティを視野に入れた活動といった学生相談の本務に関わる課題と，経費削減や費用対効果，説明責任といった組織として果たすべき役割・責任という課題に直面しているという点である。しかし，その基盤となる組織としての学生相談機関，学生相談活動を支える人的資源・予算的措置においては日本とアメリカには大きな違いがある。国レベルでのプランをもとに予算が投下され，そのことが学生相談体制の整備の大きな要因となったアメリカと，そうした後ろ盾がほとんどない中で学生相談体制を整備してきた日本では，そもそも学生相談の「発展」の意味合い自体が異なっているととらえることもできるだろう。

したがって，日本独自の学生相談機関の「発展」の枠組みの中でその課題を明確にし，限られた人的資源・予算的措置を効果的に活用して，さらに学生相談を発展させることが日本の学生相談に課せられた課題であるといえる。こうした理解に基づき，本研究では，日本における学生相談機関の「発展」に焦点を当てて研究を行った。

## 5-3 学生相談機関の利用促進に寄与する要因に関する研究（研究Ⅱ・Ⅲ・Ⅳ）の成果から

第2章では，学生相談機関の「発展」について，利用の促進につなげるための実践的工夫という面から研究を行った。

研究Ⅱでは，ある私立の小規模大学の学生相談室の再開室過程を分析することで，学生相談機関の発展に寄与する要因を明らかにした。すなわち，活動初期から学内にネットワークを形成することがその後の学生相談室の発展に役立つこと，その際に，学生生活に関する事項を扱う部署だけでなく，教

務事項を扱う部署とのネットワークも有効であることを指摘した。また，学内における広報活動および同時期に行われた学生を対象としたアンケートの結果と学生相談室の利用状況を照合した結果，広報活動が利用の促進につながることも見出された。昨今の大学における予算削減の波の影響を最も大きく受けるのは，経営基盤が弱い私立の小規模大学である。こうした条件のもと，少ないリソースの中で学生相談活動を発展させるためには，活動の初期から人的ネットワークを構築し始め，地道に広報活動を行って，学内に根を張るための準備を進めることが重要であると考えられる。

　また，学生を対象としたアンケートからは，学生相談機関と他の学生関連の部署との違いが学生に正しく理解されることが来談を促進することが示唆された。これは，アメリカの学生相談機関において，1960—1980年代を中心に，職業的カウンセリングと心理的な問題に対応するカウンセリングの違いが研究テーマとして取り上げられ，学生相談機関における相談についての適切性の認知を扱った研究が多く行われたこととも符合する。学生相談機関の機能と役割に対する学生の理解があいまいである状態は，個々の大学において学生相談活動が浸透し，発展するプロセスの通過点であるという可能性も考えられよう。こうしたことを踏まえれば，来談した学生や学生全体に対するアンケート調査等を通じて，広報活動の効果を把握する作業を行うことは，相談実践の発展状況を確認する手段として機能すると考えられる。

　研究Ⅲでは，学生が学生相談機関に対して持っているイメージと学生相談機関の存在や場所等の周知度が利用の促進に及ぼす影響について，質問紙調査を用いて明らかにした。その結果から，学生に対してどのような点を重視して学生相談機関の広報を行うかが学生の来談意思に関連してくるという示唆が得られた。たとえば，学生全体を対象とした学生ガイダンス等の広報の際には，学生相談室が深刻な問題を抱えて危機的な場面になったときに訪れる場であるという説明よりも，広く学生生活をサポートするというやや幅を持たせた説明を行う方が学生の利用を促進することになることを指摘した。

また，学生相談に対するイメージは入学時のイメージが維持されやすいので，様々な機会を通じて，学生相談機関のイメージを変容させる働きかけが必要であることも指摘した。

一方，来談意思それ自体を高めることに対しては，学生相談室の存在や場所を知っていることの効果は全体的に小さいこと，また，そこには性差，学年差が見られることが示唆された。大学によって性差，学年差の状況は異なると考えられるが，学生便覧や学内掲示板に学生相談機関の場所や開室日時を事務的に掲載するだけでは，来談を促進する効果は小さいと考えられる。同じ広報を行うのであれば，事務的な内容だけでなく学生の状況に対応した広報を行うことが必要である。例えば，1年生向けの広報，男子学生向けの広報，女子学生向けの広報，就職活動や卒業論文作成を控えた学生向けの広報など，対象をある程度特定した広報の方が周知度の向上や利用の促進には効果的であると予想される。この点については，鶴田（2001）の指摘する「学生生活サイクル」の考え方が参考になるだろう。

研究Ⅳでは，学生相談機関の広報のひとつである学生ガイダンスのスタイルの差異が利用の促進に与える効果について，実験的な手法を用いて検討した。その結果，ガイダンスにより周知度が高まること，また，周知度を高めるためには少人数を対象としたガイダンスの方が効果的であることが示された。しかし，周知度と来談意思との関係については評価が分かれ，周知度が高まることにより全体的な来談意思は高まるものの，特定の内容の相談についての来談意思が高まることにはつながってはいなかった。学生が来談する場合には，何か特定の問題が発生している場合が多いため，学生相談実践の観点からとらえれば，周知度を高めることの効果は限定的であると考えておいた方がよいであろう。むしろ，利用の促進に直接つながる工夫としては，学生相談機関に対して持っているイメージを変容させるようなガイダンスのあり方が求められるといえる。ただし，変容させるイメージにより，来談が促進される相談内容の種類が異なってくることが予想されるため，当該大学

において学生が抱える課題をアセスメントした上で，どのようにイメージを変容させることが効果的であるか，事前に吟味する必要がある。

　これらの実践のためには，大学コミュニティが持っている学生相談機関に対するニーズのアセスメントが必要となる。Archer & Cooper（1998）は，学生相談機関のカウンセラーが予防的で発達促進的な教育を行い，大学環境をよい方向へ変容させるためには，学生のニーズとキャンパス環境のアセスメントが必要であることを指摘している。また，Bishop, Gallagher & Cohen（2000）は，潜在的に問題を抱えた学生の来談の促進のためには，調査等を通じた学生ニーズの把握が重要であることを指摘している。日本の『学生相談機関ガイドライン』（日本学生相談学会，2013）においても，「全学コミュニティを対象とする活動」として「学生のニーズの理解と大学環境改善のための調査・研究活動」があげられており，学生相談の視点から大学キャンパスのアセスメントと学生のニーズを把握することは，学生相談活動の発展を支えるきわめて重要な作業であるといえるだろう。

　第2章における研究より得られたこれらの知見は，実践研究，調査研究，実験的研究の3種類の異なる方法により見出されており，その信頼性，妥当性も高いと考えられる。

## 5-4　学生相談機関の類型化と組織としての発展に寄与する要因に関する研究（研究Ⅴ）の成果から

　研究Ⅴでは，全国における学生相談機関を対象に質問紙調査を行い，学生相談機関を類型化し，類型別の特徴と課題について明らかにするとともに，組織としての学生相談機関の発展に寄与する要因を検討した。その結果，大学の学生相談への取り組みの姿勢が学生相談機関の発展にもっとも寄与する要因であることが示された。

　学生相談に関する研究や報告では，利用者の増加をはじめとする活動の充

実により，例えば，カウンセラーの増員が認められるというような学生相談機関の規模拡大のケースが報告される場合が多い（例えば，鳴澤，1998）。研究Ⅴにおける全国の大学を対象とした調査の結果を鑑みれば，大学の取り組み姿勢という要因がそうした発展を背後から支えていると見ることができるだろう。この点から，学生相談機関の発展には，組織としての大学と学生相談機関との関係性のあり方が重要な要因となってくると考えられる。

また，学生相談機関の類型により，発展のための主たる課題が異なることも指摘された。したがって，学生相談機関がその活動を発展させるためには，まず，自らの所属する学生相談機関の条件や大学コミュニティの状況，相談員の臨床オリエンテーションや現在の学生相談機関の活動の特徴などをできるだけ正確にアセスメントし，課題を明確にした上で活動の発展のためのプランを描くことが必要となるだろう。こうしたプランの必要性は，Stone & Archer（1990）の指摘する長期的な展望に基づく「戦略的行動」にも通ずるものであると考えられる。

大学の学生相談機関自体を対象にした全国的な調査に基づく研究は日本では少なく，また，なかでも組織としての活動のあり方に焦点付けした研究は見られない。研究Ⅴは，この点でも独自性が高いと考えられる。

## 5-5 ウェブサイトを活用した学生相談機関の利用促進のための情報発信に関する研究（研究Ⅵ・Ⅶ・Ⅷ）の成果から

第4章では，情報化社会という現代的，将来的な観点から学生相談機関のウェブサイトを取り上げ，日本とアメリカの学生相談機関におけるウェブサイトの活用状況の比較と，最近10年程度のタイムスパンにおける変化に焦点を当てて分析を行い，情報発信という観点から学生相談活動および学生相談機関の発展について検討を加えた。

およそ10年前の段階では，学生相談機関のウェブサイトにおいて発信され

る情報は，アメリカの方が圧倒的に多かった。その後，情報基盤が急速に整備され，日本とアメリカにおけるインターネットの普及率にはほとんど差がない状態となった。日本もアメリカも学生相談機関によるウェブサイトを通じた情報発信は増加していたが，両者の学生相談機関における情報発信には依然として大きな差があった。

　本研究において，学生の利用促進の観点から広報活動の重要性を繰り返し取り上げてきたが，ウェブサイトの面から見ると，日本の広報活動はまだ不十分であり，その意味では，利用促進の効果には改善の余地があると考えられる。

　学生相談における連携・協働の重要性が指摘されて久しく，学内の教職員，あるいは，学生の家族，友人が学生に関する問題で相談に訪れたり，心配な学生を学生相談機関に結びつけたりすることは少なくない。彼らが学生を紹介する前に学生相談機関の情報をウェブサイトから入手することは十分考えられる。また，ひきこもり支援の導入期に，ひきこもっている大学生に対して，支援を行う機関のウェブサイトを紹介する実践例も報告されている（宮西，2011）。こうした点からも，今後，ウェブサイトの整備に取り組むことが学生相談機関の発展にとって課題のひとつとなると考えられる。

　一方，日本とアメリカの間にあるウェブサイトの大きな差には，学生相談機関の組織としての位置づけや，カウンセラー数をはじめとする人的資源の差が反映していると考えられた。したがって，日本における学生相談機関の人的資源の体制が改善されない限り，ウェブサイトの整備が急速に進むということは考えにくいが，少しずつでも改善していく努力を重ねることが必要であろう。

　また，学生相談機関のウェブサイトに掲載される情報の分析からは，ウェブサイトには当該学生相談機関ないし大学の学生相談に対する考え方が表れていると見ることができることを指摘した。情報発信のあり方を他大学の学生相談機関あるいは他の国の学生相談機関と比較することにより，当該大学

における学生相談活動をより客観的にとらえることができる可能性がある。学生相談機関の今後の発展のためには，こうした視点も必要であると考えられる。

## 5-6　学生相談活動の実践への示唆
　　～あなたが学生相談機関のカウンセラーになったときに，学生相談活動および学生相談機関の発展のためにすべきこと～

　本書における研究を総合して学生相談活動および学生相談機関の発展のための道筋を示すことにより，本書で得られた成果の結びとしたい。
　まず，あなたが学生相談機関のカウンセラーとして着任した際に行うべきことは，自らの所属する大学コミュニティに対するアセスメントである。大学コミュニティのアセスメントといっても，大学の規模は様々であり，また，大学の規模が大きくなればなるほどコミュニティの全容を把握するには時間がかかる。したがって，この過程は日々の学生相談活動とともに段階的に進んでいくものと考えられる。アセスメントといっても，大学全体を対象とした大がかりな調査の実施には大きな負担も伴う。日頃，接する学生，教職員の様子から大学コミュニティの状況を少しずつ感覚的に見立てていくことが現実的には有用であろう。
　大学コミュニティ内にネットワークを広げていく活動が必要となるとはいえ，日本においては，カウンセラーの多くが非常勤であり，その身分が不安定であることから，あなたが着任当初からやみくもにネットワークを広げることは現実的ではない。まずは，日々の学生相談機関内における相談活動において足場を固め，対応する相談の連携・協働の必要性に応ずる形でネットワークを広げていく方が安全であろう。したがって，この活動も日々の学生相談活動とともに段階的に進んでいくものと考えられる。
　これと同時に，活動初期から何らかの形で継続的に学生相談機関の広報活

動を行うことは有益である。代表的なものは学生ガイダンスや学内掲示板への掲示，パンフレットの作成などであろう。その場合，できれば，あなたが感じる所属大学の学生の状況や大学が抱える課題，学生が持つ学生相談に対するイメージに合わせて広報活動を工夫することが望ましい。その際には，先述のように学生に対する調査により把握され，また，日々の活動の中から感じられる大学コミュニティに対するアセスメントが役に立つことになるだろう。

　また，学生相談機関の発展は，大学の学生相談への取り組み姿勢によるところが大きいと考えられるので，例えば，あなたが学生相談機関の活動報告書を作成し，大学に対して学生相談から見た大学コミュニティの課題について提言を行うことも発展を促す要因として寄与するだろう。

　一方，学生相談機関の発展には，あなたの力ではどうにもならない社会的状況が関係してくるのも事実である。しかし，例えば，2010年4月に施行された「子ども・若者育成支援推進法」に基づき，国や自治体が行う引きこもり対策をはじめとする青年期の若者の成長の支援の施策や，2016年4月に施行された「障害者差別解消法」における「合理的配慮（reasobnable accomodation）」の考え方など，大学にどのようなことが要請され，また，社会がどのようなことを大学に期待しているのかについて，常に注意を払っておくことは必要である。あなたは，社会的状況は変えられないが，変化する社会的状況を敏感にキャッチし，そのための対応や心づもりを準備することはできる。そうした作業はいずれ学生相談機関の発展につながっていくだろう。

　そして，あなたは自分自身の余力に応じて，学生相談機関のウェブサイトの整備など，情報化社会に対応した学生相談機関からの情報発信の充実にも着手したい。すでに，大学生は情報化を当然のことと考える世代となっており，今後，ソーシャルメディアに代表されるようなコミュニケーション・ツールへの対応についても検討が必要となると考えられる。ウェブサイトの整備には最初の段階で大きな負担がかかり，また，その後も，メンテナンスが

必要となるなど継続的な負担も要する。しかし，ウェブサイトは誰もがいつでも閲覧できる窓口であり，大学コミュニティへのアプローチという面で，その充実は広い意味での学生相談活動に寄与する。あなたは，もしかしたら，パソコンや情報技術に疎いかもしれないが，ウェブサイトは，学生相談機関を利用する学生はもとより，閲覧する学生・家族・教職員に対して広くサービスを提供することにもつながるため，ウェブサイトやソーシャルメディアに代表される情報技術やコミュニケーション・ツールの変化を決して軽視すべきではないであろう。

## 5-7　本書の限界と今後の課題

最後に，本書における研究の限界と今後の課題について，総合的な観点から述べる。

本書における研究の最も大きな限界は，学生相談機関の実際の利用者である学生と直接的に結びついたデータに基づく知見が多くはない点である。研究Ⅱでは学生相談機関の利用者数と広報活動の関係を見てはいるものの，実際に利用した学生に対して広報活動の効果を直接たずねているわけではない。研究Ⅲ，研究Ⅳで得られた知見は，来談を予測する変数としての来談意思という間接的な指標との関連に基づいている。研究Ⅴは，学生相談機関の視点から見た発展であり，学生から見た発展ではない。研究Ⅵ，研究Ⅶ，研究Ⅷは来談した学生がウェブサイトをどの程度閲覧していたかなど，学生側からの視点は盛り込まれていない。

例えば，アメリカでは，実際に来談した学生に質問紙調査を行う研究（Lucas, & Berkel, 2005など）や，複数の大学の学生相談機関による共同研究という枠組みの中で来談者のデータを合算して行われる研究（Eisenberg, Hunt, Speer, & Zivin, 2011；Downs, & Eisenberg, 2012など），さらに，学生部や学生課に相当する部署の持つ学生データを研究に活用し，学生相談機関利用群と非

利用群の比較を行う研究（Nordberg, Hays, McAleavey, Castonguay & Locke, 2013）も行われている。日本では，学生相談機関を利用する学生を研究対象とすることについて，制度的な面でも，学生相談領域における研究倫理の面でも，また，カウンセラー自身の意識の面でも，十分にレディネスが形成されているとはいえない。

　このように実際の利用者と直接的に結びついた研究が行いにくいことは，学生相談領域における研究の今後の課題であるともいえる。ただし，エビデンスを実証することに注力するあまり，研究のためのメリットを優先し，学生相談をもっぱらエビデンスを得るための研究の場としたり，大学と学生の間の信頼関係を損なうような研究を行ったりするのは論外である。また，研究としてのエビデンスが得られたということのみをもって臨床実践の方向性を変えることも危険であろう。「研究により得られたエビデンスと学生相談の実践性をどのように結びつけるのが最もよいのか？」，「研究により得られた知見と実践により得られた知見のバランスはどうあるべきか？」という点については，慎重な態度が必要であろう。これらの点については今後，議論を継続する必要がある。

　日本の学生相談機関には非常勤カウンセラーが多いが，本研究ではこの点について十分には研究デザインに組み込まれていない。調査に基づくデータはないが，学生相談機関に勤務する非常勤カウンセラーは，数年で退職，転職するケースが少なくない。実際，著者が行った他の研究では，研究データの活用のために調査参加者である非常勤カウンセラーにあらためて連絡を取っても，すでに退職しているため連絡がつかないというケースが珍しくなかった。組織としての学生相談機関の発展のプロセスにある程度の時間が必要となることを考えれば，このような状況がもたらす損失は大きい。したがって，「非常勤」という雇用形態を中心に据えた研究に加え，その成果を専門職としての地位の向上につなげていくことも必要である。この点については，例えば，桐山（2006），坂本（2014）の研究が貴重な示唆を与える。

非常勤カウンセラーから常勤カウンセラーに雇用形態が変更されるということは，大学にとっては組織上かなり大きな変更となり，その実現は容易ではない。しかし，常勤職にあるカウンセラーが大学コミュニティ全体を視野に入れた活動を行うことが，当該大学における学生相談活動の実践の質の向上にもたらす貢献は大きいと考えられる。学生相談活動の「発展」に関する研究を蓄積することは，大学が「学生相談」の現状に対する理解を深めることにつながるだろう。その意味で，今後も，様々な研究を継続していくことそれ自体が学生相談の発展のために課せられた大きな課題であるといえよう。

　また，研究Ⅴでは学生相談機関の類型化を行ったが，その知見を各学生相談機関の活動報告書や学術雑誌に発表された活動実践に関する研究とすり合わせ，本研究で得られた5類型の妥当性を確認するとともに，さらに，類型の特徴を肉付けしていくことも必要である。

　同様な意味で，実際に学生相談に携わるカウンセラーが日々の実践の中で学生相談機関の発展をどのように目指し，また，その点でどのような課題を抱えているかについても事例的な分析が必要であろう。著者は，JSPS科研費JP16730355およびJSPS科研費JP19530636を受けて，29大学，31名の学生相談機関のカウンセラーにインタビューを行い，得られた発言に質的な分析を加え，学生相談カウンセラーの専門性形成について明らかにすることを試みた。この研究は，本書をまとめる段階において未公刊であったために本書には掲載されていないが，学生相談機関カウンセラーの専門性形成と学生相談機関の発展の関係についても今後，研究が必要である。

# 文 献 一 覧

Affsprung, E. H. (2010). Legal action taken against college and university counseling centers 1986-2008. *Jouranal of College Student Psychotherapy, 24,* 130-138.

Archer, J., Jr., & Cooper, S. E. (1998). Counseling and mental health services on campus. San Francisco: Jossey-Bass.

Aubrey, R. F. (1977). Historical development of guidance and counseling and implications for the future. *Personnel and Guidance Journal, 55,* 288-295.

Banyard, P. (1999). Cntroversies in psychology, London: Routledge. (バニアード，P. 鈴木聡志（訳）(2005). 心理学への異議―誰による，誰のための研究か 新曜社)

Barreirha, P., & Snider, M. (2010). History of college counseling and mental health services and role of the community mental health. In J. Kay, & V. Schwartz, (Eds.), Mental health care in the college community (pp.21-31). Chichester: Wiley-Blackwell.

Bishop, J. B. (1990). The university counseling center: An agenda for the 1990s. *Journal of Counseling and Development, 68,* 408-412.

Bishop, J. B. (2006). College and university counseling centers: Questions in search of answers. *Journal of College Counseling, 9,* 6-19.

Bishop, J. B., Gallagher, R. P., & Cohen, D. (2000). College student's problems: Status, trends, and research. In D. C. Davis, & K. M. Humphrey, (Eds.), College Counseling: Issues and strategies for a new millennium (pp.89-110). Alexandria, VA: American Counseling Association.

Blier, M. J., Atkinson, D. R., & Geer, C. A. (1987). Effect of client gender and counselor gender and sex roles on willingness to see the counselor. *Journal of Counseling Psychology, 34,* 27-30.

Buzi, R. S., Smith P. B., & Barrera, C. (2015). Talk with Tiff: Teen's inquiries to a sexual health website. *Journal of Sex & Marital Therapy, 41,* 126-133.

Caplan, G. (1964). Principles of preventive psychiatry (4 th ed). New York: Basic Books. カプラン，G. 新福尚武（監訳）(1970). 予防精神医学 朝倉書店

Carney, C. G., & Savitz, C. J. (1980). Student and faculty perceptions of student needs and the services of a university counseling center: Differences that make a difference. *Journal of Counseling Psychology, 27*, 597-604.

Cepeda-Benito, A., & Short, P. (1998). Self-concealment, avoidance of psychological services, and perceived likelihood of seeking professional help. *Journal of Counseling Psychology, 45*, 58-64.

Cramer, K. M. (1999). Psychological antecedents to help-seeking behavior: A re-analysis using path modeling structures. *Journal of Counseling Psychology, 46*, 381-387.

大学基準協会（2013）．会員校名簿（2013年4月1日現在加盟大学）大学基準協会 Retrieved from http://juaa.or.jp/list/university/regular/index.html（2013年4月23日）

Dean, L. A. (2000). College counseling today: Changing roles and definitions. In D. C. Davis, & K. M. Humphrey, (Eds.), College counseling: Issues and strategies for a new millennium (pp.41-56). Alexandria, VA: American Counseling Association.

Deane, F. P., & Chamberlain, K. (1994). Treatment fearfulness and distress as predictors of professional psychological help-seeking. *British Journal of Guidance and Counselling, 22*, 207-217.

Deane, F. P., & Todd, D. M. (1996). Attitudes and intentions to seek professional psychological help for personal problems or suicidal thinking. *Journal of College Student Psychotherapy, 10*, 45-59.

Downs, M. F., & Eisenberg, D. (2012). Help seeking and treatment use among suicidal college students. *Journal of American College Health, 60*, 104-114.

Duckro, P., Beal, D., & Moebes, J. (1976). Differential effectiveness of written communications on students' perceptions of the college counseling services. *Journal of Counseling Psychology, 23*, 103-107.

Eisenberg, D., Downs, M. F., Golberstein, E., & Zivin, K. (2009). Stigma and help seeking for mental health among college students. *Medical Care Research and Review, 66*, 522-541.

Eisenberg, D., Golberstein, E., & Gollust, S. E. (2007). Help-seeking and access to mental health care in a university student population. *Medical Care, 45*, 594-601.

Eisenberg, D., Hunt, J., Speer, N., & Zivin, K. (2011). Mental health services utilization among college students in the United States. *Journal of Nervous and Mental*

*Disease, 199,* 301-308.

Embree, R. B. (1950). Developments in counseling bureaus and clinics. *Educational and Psychological Measurement, 10,* 465-475.

Farnsworth, D. (1952). What is mental health in a university? *Mental Hygiene, 36,* 34-48.

Federman, R., & Emmerling, D. (1997). An outcome of mergers of university student counseling centers and student mental health services. *Journal of College Student Psychotherapy, 12,* 15-21.

Fischer, E. H., & Turner, J. I. (1970). Orientations in seeking help: Development and research utility of an attitude scale. *Journal of Consulting and Clinical Psychology, 35,* 79-90.

藤巴正和（2009）．新入生を対象とした講演「学生相談室ガイダンス」について―広報活動および予防的教育としての取り組み　広島工業大学紀要，教育編，*8*，73-78．

藤原勝紀（1992）．「学生相談機能」を考えるためのひとつの枠組　九州大学教養部カウンセリング・リポート，*4*，23-27．

福田憲明（2003）．アメリカにおける学生相談の最新の動向と課題―インターネットによる情報検索の方法　学生相談研究，*24*，75-85．

福盛英明・山中淑江・大島啓利・吉武清實・齋藤憲司・池田忠義・内野悌司・高野明・金子玲子・峰松修・苫米地憲昭（2014）．大学における学生相談体制の充実のための「学生相談機関充実イメージ表」の開発　学生相談研究，*35*，1-15．

学生相談研究会（1959）．日本の大学における学生相談活動の調査報告　民主教育協会

Gallagher, R. P. (2005). National survey of counseling center directors 2004. International Association of Counseling Services. Retrieved from http://d-scholarship.pitt.edu/28164/1/2004_Survey_final.pdf（May 6, 2017）

Gallagher, R. P. (2011). National survey of counseling center directors 2010. International Association of Counseling Services. Retrieved from http://d-scholarship.pitt.edu/28173/1/2010_survey.pdf（May 6, 2017）

Gallagher, R. P. (2012). National survey of counseling center directors 2011. International Association of Counseling Services. Retrieved from http://d-scholarship.pitt.edu/28174/1/survey_2011.pdf（May 6, 2017）

Gallagher, R. P. (2013). National survey of counseling center directors 2012. International Association of Counseling Services. Retrieved from http://d-scholarship.

pitt.edu/28175/1/NSCCD_Survey_2012.pdf (May 6, 2017)

Gallagher, R. P. (2014). National survey of counseling center directors 2013, Section one: 4-Year Directors. International Association of Counseling Services. Retrieved from http://d-scholarship.pitt.edu/28176/1/Survey_2013_4-yr._Directors_%28Final%29.pdf (May 6, 2017.)

Gallagher, R. P. (2015). National survey of counseling center directors 2014. International Association of Counseling Services. Retrieved from http://d-scholarship.pitt.edu/28178/1/survey_2014.pdf (May 6, 2017.)

Gelso, C. J., Karl, N. J., & O'Connell, T. (1972). Perceptions of the role of a university counseling center. *Journal of College Student Personnel, 13*, 441-447.

Golberstein, E., Eisenberg, D., & Gollust, S. E. (2008). Percieved stigma and mental health care seeking. *Psychiatric Services, 59*, 392-399.

萩原公世・吉川政夫・山田實（1995）．学生相談のイメージとあり方――学生相談室に関する調査・中間報告　東海大学学生相談室報告, *28*, 120-129.

浜田哲郎（1965）．学生相談＜その１＞　教育と医学, *13*, 175-181.

Hardin, S. I., & Subich, L. M. (1985). A methodological note: Do students expect what clients do? *Journal of Counseling Psychology. 32*, 131-134.

早坂浩志・佐藤純・奥野光・阿部千香子（2013）．2012年度学生相談機関に関する調査報告　学生相談研究, *33*, 298-320.

早坂浩志・佐藤純・奥野光・阿部千香子（2014）．『2012年度学生相談機関に関する調査報告』の付表の追加およびお詫びと訂正　学生相談研究, *34*, 246-259.

Hedahl, B. M. (1978). The professionalization of change agents: Growth and development of counseling centers at institutions. In B. M. Schoenberg (Ed.), A handbook and guide for the college and university counseling center (pp.24-39). Westport, CT: Greenwood Press.

Heppener, P. P., & Neal, G. W. (1983). Holding up the mirror: Research on the roles and functions of counseling centers in higher education. *Counseling Psychologist, 11*, 81-89.

平木典子（1994）．クリニック機能を備えた学生相談モデル――小谷，村山，平木提言からの論考　都留春夫（監修）　小谷英文・平木典子・村山正治（編）　学生相談――理念・実践・理論化（pp.184-190）　星和書店

本間浩一（2009）．公立博物館のウェブサイトの現状と課題――一般市民からの視点による分析と，価値向上のための施策の提案　博物館学雑誌, *35*, 1-23.

International Association of Counseling Services (2010). Standards for university and college counseling services. International Association of Counseling Services. Retrieved from http://www.iacsinc.org//home.html (May 13, 2014)

International Telecommunication Union (2014). The world in 2014: ICT facts and figures. International Telecommunication Union. Retrieved from http://www.itu.int/en/ITU-D/Statistics/Documents/facts/ICTFactsFigures2014-e.pdf (March 19, 2015.)

石塚丈晴・森下誠太・堀田龍也（2004）．社会的に高い評価を受けている学校Webページに関する調査　日本教育工学会研究報告集，3，33-38．

伊東博・江川寿子・岸田博・佐藤惣三・富山はつ江・依田明・中沢次郎（1968）．学生運動とカウンセリング（紙上シンポジューム）　学生相談研究，6，59-62．

伊藤直樹（2006）．学生相談機関の訪問調査—学生相談機関の活動の特徴をとらえる試み　日本心理臨床学会第25回大会発表論文集，287．

伊藤直樹（2009）．学生相談機関の訪問調査（2）—訪問調査法によるモデル構築に向けて　日本心理臨床学会第28回大会発表論文集，485．

岩田淳子・林潤一郎・佐藤純・奥野光（2016）．2015年度学生相談機関に関する調査報告　学生相談研究，36，209-262．

Johnston, P. J. (1988). Changing the image of a counseling center: Strategies for inexpensive advertising. *Journal of Counseling & Development*, 66, 250.

影山隆之・塩田貴子・小西忠司，岩崎シユ（2004）．電子メールによる学生相談の意義と課題—ある国立高等専門学校での全校調査による利用希望の検討　学校保健研究，46，529-542．

Kahn, J. H., & Williams, M. N. (2003). The impact of prior counseling on predictor of college counseling center use. *Journal of College Counseling*, 6, 144-154.

香取早苗・石田多枝子・池田淑美（2000）．学生相談室の広報活動における試みに関する一考察—新入時エクササイズの導入と相談室利用との関係　日本教育心理学会第42回総会発表論文集，630．

川喜多二郎（1967）．発想法—創造性開発のために　中央公論新社

Kelly, A. E., & Achter, J. A. (1995). Self-concealment and attitudes toward counseling in university students. *Journal of Counseling Psychology*, 42, 40-46.

Kemp, A. D. (1994). African-American students' expectations about counseling: A comparative investigation. *Journal of Multicultural Counseling and Development*, 22, 257-264.

Kevels, D. J. (1968). Testing the army's intelligence: Psychologists and the military in World War I. *Journal of American History, 55*, 565-581.

木村真人 (2007). 学生相談に関する情報提供が援助不安に及ぼす影響について―新入生を対象とした予備的検討　日本教育心理学会第49回総会発表論文集, 719.

木村真人・水野治久 (2010). 学生相談の利用を勧める意識に関連する要因の検討　心理臨床学研究, *28*, 238-243.

吉良安之 (1998). 九州大学六本松地区における学生相談システム　河合隼雄・藤原勝紀 (編)　学生相談と心理臨床 (pp.108-117) 金子書房

桐山雅子 (2006). 私の学生相談　学生相談研究, *27*, 71-80.

小泉敬子 (2002). アメリカの学生相談の動向―1998年～2001年の文献レビュー　学生相談研究, *23*, 196-208.

Komiya, N., Good, G. E., & Sherrod, N. B. (2000). Emotional openness as a predictor of college students' attitudes toward seeking psychological help. *Journal of Counseling Psychology, 47*, 138-143.

近藤邦夫 (1974). 自己理解のための「グループ合宿」 厚生補導, *94*, 18-27, 文部省大学学術局学生課

小谷英文 (1994). 精神分析的システムズ理論による学生相談論　都留春夫 (監修) 小谷英文・平木典子・村山正治 (編)　学生相談―理念・実践・理論化 (pp.203-218) 星和書店

小谷英文・平木典子・村山正治 (編) (1994). 学生相談―理念・実践・理論化　星和書店

黒羽亮一 (2000). 2000年前後の大学改革の状況　文教大学教育研究所紀要, *9*, 5-13.

Kushner, M. G., & Sher, K. J. (1989). Fear of psychological treatment and its relation to mental health service avoidance. *Journal of Professional Psychology: Research and Practice, 20*, 251-257.

LaFollette, A. M. (2009). The evolution of university counseling: From educational guidance to multicultural competence, severe mental illnesses and crisis planning. *Graduate Journal of Counseling Psychology, 1*, 113-120.

Lauder, S., Chester, A., Castle, D., Dodd, S., Gliddon, E., Berk, L., Chamberlain, J., Klein, B., Gilbert, M., Austin, D. W., & Berk, M. (2014). A randomized head to head trial of MoodSwings.net.au: An internet based self-help program for bipolar disorder. *Journal of Affective Disorders, 171*, 13-21.

Locke, B. D., Buzolitz, J. S., Lei, P.-W., Boswell, J. F., McAleavey, A. A., Sevig, T. D., Dowis, J. D., & Hayes, J. A. (2011). Development of the counseling center assessment of psychological symptoms-62 (CCAPS-62). *Journal of Counseling Psychology, 58*, 97-109.

Lucas, M. S., & Berkel, L. A. (2005). Counseling needs of students who seek help at a university counseling center: A closer look at gender and multicultural issues. *Journal of College Students Development, 46*, 251-266.

真覚健・中村雅知(1993).学生の相談相手と相談機関のイメージについての調査 東北大学学生相談所紀要, *20*, 11-22.

Masuda, A., Suzumura, K., Beauchamp, K. L., Howells, G. N., & Clay, C. (2005). United States and Japanese college students' attitudes toward seeking professional psychological help. *International Journal of Psychology, 40*, 303-313.

松原達哉(1991).アメリカ・カリフォルニア大学(UCLA)学生相談室 学生相談研究, *12*, 79.

松浦亜里(2008).ニューヨークのカレッジ・カウンセリングサービスでの経験と,日本の大学における学生相談室の立ち上げについて 学生相談研究, *28*, 225-237.

松浦良充(1988).アメリカ合衆国国家防衛教育法(1958年)の教育史的意義—ロックフェラー報告・コナント報告の人材養成論との比較において 教育研究(国際基督教大学学報), 1-A, *30*, 25-47.

McCarthy, T. (2014). Great aspirations: The postwar American college counseling center. *History of Psychology, 17*, 1-18.

McCarthy, H. T., Bruno, M. L., & Sherman, C. A. (2010). Exploring the help-seeking attitudes of graduate students at an off-campus site. *Canadian Journal of Counseling, 44*, 208-226.

Meadows, M. E. (2000). The evolution of college counseling. In D. C. Davis, & K. M. Humphrey (Eds.), College counseling: Issues and strategies for a new millennium (pp.15-40). Alexandria, VA: American Counseling Association.

Miles, G. B., & McDavis, R. J. (1982). Effects of four orientation approaches on disadvantaged black freshmen students' attitudes toward the counseling center. *Journal of College Student Personnel, 23*, 413-418.

宮西照夫(2011).ひきこもりと大学生 学苑社

宮崎圭子(2005).学生相談室における電子メール相談利用形態 学生相談学会第23

回大会発表論文集,74.

水野治久・石隈利紀(1999).被援助志向性,被援助行動に関する研究の動向　教育心理学研究,*47*,530-539.

文部科学省(2004).文部科学統計要覧　平成16年版　文部科学省

文部科学省(2013).文部科学統計要覧　平成25年版　文部科学省

文部科学省(2014).平成26年度学校基本調査　文部科学省　Retrieved from http://www.mext.go.jp/b_menu/toukei/chousa01/kihon/kekka/k_detail/1354124.htm(2015年5月25日)

文部科学省大学審議会(1998).21世紀の大学像と今後の改革方策について—競争的環境の中で個性が輝く大学(答申)　文部科学省

文部省大学学術局学生課(1953).学生助育総論—大学における新しい学生厚生補導　全国学生補導厚生研究会連合会

文部省高等教育局・大学における学生生活の充実に関する調査研究会(2000).大学における学生生活の充実方策について—学生の立場に立った大学づくりを目指して　文部省高等教育局・大学における学生生活の充実に関する調査研究会

Morgan, T., Ness, D., & Robinson, M (2003). Students' help-seeking behaviours by gender, racial background, and student status. *Canadian Journal of Counseling*, *37*, 151-166.

森裕子(1989).アメリカにおける学生相談(コロラド州立大学の場合)—その1.歴史・理論・組織・運営・スタッフ　学生相談研究,*10*,4-18.

森裕子(1990).アメリカにおける学生相談(コロラド州立大学の場合)—その2.活動・内容・日本の学生相談への示唆　学生相談研究,*11*,18-31.

森田明子(1991).ワシントン大学(University of Washington)における学生相談　学生相談研究,*12*,38-44.

森田美弥子(1990).学生相談室イメージの分析—大学入学時のアンケートにもとづいて　名古屋大学学生相談室紀要,*2*,17-24.

森田美弥子(1997).学生相談室イメージと来談の関係—大学生を対象にして　心理臨床学研究,*15*,406-415.

Morrill, W. H., Oetting, E. R., & Hurst, J. C. (1974). Dimensions of counselor functioning. *Personnel and Guidance Journal*, *52*, 354-359.

Much, K., Wagener, A. M., Breitkreutz, H. L., & Hellenbrand, M. (2014). Working with millennial generation: Challenges facing 21st-century students from the perspective of university staff. *Journal of College Counseling*, *17*, 37-47.

村上英治（1966）．カウンセリング覚え書―大学における学生相談活動をとおして　教育と医学，*14*，70-76．

村山正治（1974）．学生へのグループ・アプローチの意義　厚生補導，*94*，4-8．

ナガモト，A.（1994）．アメリカにおける学生相談　学生相談研究，*15*，22-33

中川純子（2002）．学生相談における電子メール窓口の現状と課題　京都大学カウンセリング・センター紀要，*31*，53-64．

中川幸子（2003）．面接につながらない学生の E-mail による援助―森田療法の手法を用いて　学生相談研究，*24*，1-11．

中村弘道（1969）．日本の大学におけるカウンセリング　厚生補導，*33*，2-9．

鳴澤實（1986）．学校カウンセラーの諸活動　鳴澤實（編著）学生・生徒相談入門（pp.1-24）　川島書店

鳴澤實（1998）．東京都立大学における学生相談システム　河合隼雄・藤原勝紀（編）学生相談と心理臨床（pp.117-125）金子書房

Nathan, E., Joanning, H., Duckro, P., & Beal, D. (1978). Differential effectiveness of written and verbal communications in modifying students' perceptions of the counseling center's role. *Journal of Counseling Psychology, 25*, 242-245.

National Center for Education Statistics (2006). Digest of education statistics 2004. National Center for Education Statistics. Retrieved from https://nces.ed.gov/programs/digest/d06/tables/dt06_249.asp（May 25, 2014.）

National Center for Education Statistics (2013). Digest of education statistics 2013. National Center for Education Statistics. Retrieved from https://nces.ed.gov/programs/digest/d13/tables/dt13_317.40.asp（February 10, 2014.）

日本学生支援機構（2007）．大学における学生相談体制の充実方策について―「総合的な学生支援」と「専門的な学生相談」の「連携・協働」　日本学生支援機構

日本学生支援機構（2014）．大学等における学生支援の取組に関する調査　日本学生支援機構　Retrieved from http://www.jasso.go.jp/gakusei_plan/documents/torikumi_chousa.pdf（2014年10月14日）

日本学生支援機構（2017）．大学等における学生支援の取組に関する調査　日本学生支援機構　Retrieved from http://www.jasso.go.jp/about/statistics/torikumi_chosa/__icsFiles/afieldfile/2017/02/14/h27torikumi_chosa.pdf（2017年5月2日）

日本学生相談学会（2003）．会員名簿　日本学生相談学会

日本学生相談学会（2013）．学生相談機関ガイドライン　日本学生相談学会

日本学生相談学会特別委員会（2001）．2000年度学生相談機関に関する調査報告 学生

相談研究, *22*, 176-211.
日経BPコンサルティング (2011). 全国大学サイト・ユーザビリティ調査2011/2012―全国211大学ホームページ調査　日経BPコンサルティング
西河正行・鈴木典子 (1994). 学生は学生相談室をどのように見ているか?―短期大学と専門学校の学生相談室調査を通して　慶應義塾大学学生相談室紀要, *22-23*, 63-76.
西山修・谷口敏代・樂木章子・津川美智子・小西寬子 (2005). 学生相談室の利用促進に向けた取り組みとその効果の検討―学生のニーズと認知度を中心に　岡山県立大学短期大学部研究紀要, *12*, 87-96.
Nolan, S. A., Pace, K. A., Lannelli, R. J., Palma, T. V., & Pakalns, G. P. (2006). A simple and effective program to increase faculty knowledge of and referrals to counseling centers. *Journal of College Counseling, 9*, 167-170.
Nordberg, S. S., Hayes, J. A., McAleavey, A. A., Castonguay, L. G., & Locke, B. D. (2013). Treatment utilization on college campuses: Who seek help for what? *Journal of College Counseling, 16*, 258-274.
織田信男 (1996). カウンセラーの印象評定に及ぼすカウンセラーの人間観効果について　学生相談研究, *17*, 118-126.
尾見康博 (1997). 臨床心理学ブーム, 個性記述的研究, 心理学　東京都立大学人文学報, *278*, 97-108.
大島啓利・青木健次・駒込勝利・楡木満生・山口正二 (2007). 2006年度学生相談機関に関する調査報告　学生相談研究, *27*, 238-273.
大島啓利・林昭仁・三川孝子・峰松修・塚田展ыс子 (2004). 2003年度学生相談機関に関する調査報告　学生相談研究, *24*, 269-304.
大形利之 (2013). インドネシアのテロリズム―過激なイスラーム・ウェブサイトからの考察　東海大学国際文化学部紀要, *6*, 1-25.
太田裕一 (2003). 学生相談に関する近年の研究動向―2001年度の文献レビュー　学生相談研究, *23*, 295-312.
太田裕一 (2004). ニューヨークの学生相談　学生相談研究, *25*, 162-172.
大山泰宏 (1997). 高等教育論から見た学生相談　京都大学高等教育研究, *3*, 46-63.
大山泰宏 (2000). 高等教育の一機能としての学生サービスに関する研究―わが国での実現に向けて　平成10年度～平成11年度科学研究費補助金 (萌芽的研究) 研究成果報告書
小柳晴生 (1986). 国大協「会報」から見た国立大学学生相談の歴史　学生相談研

究,  *8*, 42-49.

小柳晴生 (1991). 国大協「会報」にみる学生相談小史 全国学生相談会議(編) キャンパス・カウンセリング 現代のエスプリ, *293*, 89-97, 至文堂.

Prescott, H. M. (2008). College mental health since the early twentieth century. *Harvard Review of Psychiatry, 16*, 258-266.

Reinhold, J. E. (1991). The origins and early development of mental health services in American colleges and universities. *Journal of College Student Psychotherapy, 6*, 3-13.

Robertson, J. M., & Fitzgerald, L. F. (1992). Overcoming the masculine mystique: Preferences for alternative forms of assistance among men who avoid counseling. *Journal of Counseling Psychology, 39*, 240-246.

Rosenthal, R., & Rosnow, R. (1984). Essentials of behavioral research: Methods and data analysys (1 st ed.) New York: McGraw-Hill.

齋藤憲司 (1999). 学生相談の専門性を定置する視点―理念研究の概観と4つの大学における経験から 学生相談研究, *20*, 1-22.

齋藤憲司 (2010). 学生相談の理念と歴史 日本学生相談学会(編) 学生相談ハンドブック (pp.10-29) 学苑社

齋藤憲司 (2011). 学生相談 日本心理臨床学会(編) 心理臨床学事典 (pp.192-193) 丸善出版

齋藤憲司 (2015). 学生相談と連携・協働―教育コミュニティにおける「連働」 学苑社

齋藤憲司・中釜洋子・香川克・堀田香織 (1996). 学生相談の活動領域とその焦点―アメリカの大学におけるサポート・システムとの対比から 学生相談研究, *17*, 46-60.

坂本憲治 (2014). 非専任カウンセラーが学内の協働関係を構築するための'構え' 学生相談研究, *35*, 44-55.

櫻井信也・有田モト子 (1994). SD法による学生相談センターに関するイメージの測定 学生相談研究, *15*, 10-17.

Sanders, J., Jr., & Sanders, R. C. (1985). Faculty members' and students' perceptions of services provided by their counseling center. *College Student Journal, 19*, 384-388.

讃岐真佐子 (1997). 学生相談活動の諸特性に関する一考察―開設初年度の事例をとおして 学生相談研究, *18*, 53-58.

佐藤寛・渡邊裕亮・佐藤美幸（2014）．日本語ウェブサイト上の摂食障害の治療法に関する医療情報の質の検証　関西大学心理学研究，5，11-16.

Scheel, M. J., Razzhavaikina, T. I., Allen-Portsche, S., Backhaus, A., Madabhushi, S., & Rudy, M. (2008). International students' expectations and knowledge of counseling after viewing a multicultural counseling video. *Asian Journal of Counseling, 15*, 33-55.

生命保険協会企画開発室（1999）．米国におけるマネジドケアの動向　広井良典（編著）医療改革とマネジドケア（pp.3-57）　東洋経済新報社

関沢英彦（2010）．物語としての国家―政府観光局ウェブサイトの分析　コミュニケーション科学，31，3-36.

Sharkin, B. S. (2012). Being a college counselor on today's campus: Roles, contributions, and special challenges. New York, NY: Routledge.

清水裕士（2016）．フリーの統計分析ソフトHAD：機能の紹介と統計学習・教育，研究実践における利用方法の提案　メディア・情報・コミュニケーション研究，1，59-73.

下山晴彦（1987）．学生相談における新たな心理臨床モデルの提案―関係性の理念に基づく「つなぎ」モデル　東京大学学生相談所紀要，5，11-31.

下山晴彦・峰松修・保坂亨・松原達哉・林昭仁・齋藤憲司（1991）．学生相談における心理臨床モデルの研究―学生相談の活動分類を媒介として　心理臨床学研究，9，55-69.

Stone, G. L., & Archer, J. (1990). College and university counseling centers in the 1990s: Challenges and limits. *Counseling Psychologist, 18*, 539-607.

末木新（2013）．インターネットは自殺を防げるか―ウェブコミュニティの臨床心理学とその実践　東京大学出版会

杉渓一言（1968）．学生運動とカウンセリング　学生相談研究，6，13-16.

鈴木健一（2009）．ニューヨークを中心としたアメリカの学生相談の現状について　学生相談研究，29，273-284.

多賀幹子（2008）．親たちの暴走―日米英のモンスターペアレント　朝日新聞社

髙橋国法（2012）．アメリカの学生相談の発展―日本の学生相談との関連も交えて　学生相談研究，32，253-277.

高石恭子（1998）．甲南大学における学生相談システム　河合隼雄・藤原勝紀（編）学生相談と心理臨床（pp.125-133）　金子書房

高野明（2015）．学生相談における援助要請についての心理学的研究―サービスギャ

ップ改善のための実践に関する検討　東北大学教育学研究科博士学位論文（未公刊）Retrieved from http://hdl.handle.net/10097/59651（2015年6月4日）

高野明・宇留田麗（2002）．援助要請行動から見たサービスとしての学生相談　教育心理学研究, *50*, 113-125.

高野明・吉武清實・池田忠義・佐藤静香・関谷佳代（2008）．学生相談に対する援助要請の態度と学生相談に関して求める情報の関係　学生相談研究, *28*, 191-201.

高野明・吉武清實・池田忠義・佐藤静香・関谷佳代・仁平義明（2006）．学生相談活動における情報提供のあり方についての検討―学生が求める情報についての質的分析から　東北大学高等教育開発推進センター紀要, *1*, 91-97.

武田信子・渡邉亜矢子（1993）．私立大学学生相談室開室をめぐる一考察―武蔵大学学生相談室の事例を通して　学生相談研究, *14*, 41-50.

瀧本孝雄・坂本進・クスマノ, J・楡木満生（1998）．米国大学カウンセリング・センター実態調査　学生相談研究, *19*, 56-67.

Ting, P., Wang, S., Bau, D., & Chiang, M. (2013). Website evaluation of the top 100 hotels using advanced content analysis eMICA model. *Cornell Hospitality Quarterly, 54,* 284-293.（Ting, P., Wang, S., Bau, D., & Chiang, M. 山口裕司（監訳）(2013)．高度内容分析と eMICA モデルを用いたホテル上位100軒のウェブサイト評価　月刊ホテル旅館, *50*, 136-129.）

Tinsley, H. E. A., Brown, M. T., de St. Aubin, T. M., & Lucek, J. (1984). Relation between expectancies for a helping relationship and tendency to seek help from a campus help provider. *Journal of Counseling Psychology, 31,* 149-160.

Tinsley, H. E. A., & Harris, D. J. (1976). Client expectations for counseling. *Journal of Counseling Psychology, 23,* 173-177.

Tinsley, H. E. A., Workman, K. R., & Kass, R. A. (1980). Factor analysis of the domain of client expectancies about counseling. *Journal of Counseling Psychology, 27,* 561-570.

苫米地憲昭・森川正大（2006）．学会創立50周年を迎えて　学生相談ニュース（日本学生相談学会創立50周年記念号）, 2-4.

富山はつ江（1969）．日本女子大学における学生相談のあゆみとその問題点　厚生補導, *33*, 24-32.

都留春夫（1964）．学生相談の経験　教育と医学, *12*, 221-225.

都留春夫（1994）．学生相談の理念　都留春夫（監修）小谷英文・平木典子・村山正治（編）　学生相談―理念・実践・理論化（pp.3-20）星和書店

鶴田和美 (1997). 学年と来談時期から見た学生相談 学生相談研究, 18, 40-48.
鶴田和美 (2001). 学生生活サイクルとは 鶴田和美 (編) 学生のための心理相談 (pp.2-11) 培風館
対馬忠・福井康之 (1972). 学生相談とグループ・アプローチ 厚生補導, 79, 2-9.
宇留田麗・高野明 (2003). 心理相談と大学教育のコラボレーションによる学生相談のシステム作り 教育心理学研究, 51, 205-217.
Vogel, D. L., Wade, N. G., & Hackler, A. H. (2007). Percieved public stigma and the willingness to seek counseling: The mediating roles of self-stigma and attitudes toward counseling. *Journal of Counseling Psychology, 54*, 40-50.
Vogel, D. L., & Wester, S. R. (2003). To seek help or not to seek help: The risks of self-disclosure. *Journal of Counseling Psychology, 50*, 351-361.
Vogel, D. L., Wester, S. R., Wei, M., & Boysen, G. A. (2005). The role of outcome expectations and attitudes on decisions to seek professional help. *Journal of Counseling Psychology, 52*, 459-470.
渡邉素子・加藤久子・深見久美子・橋本容子・濱田祥子・諏訪真美 (2011). ネットワーク型学生支援体制における学生相談室の役割について—中規模私立大学の学生支援体制における学生相談室の実践活動より 学生相談研究, 32, 154-163.
Warman, R. E. (1960). Differential perceptions of counseling role. *Journnal of Counseling Psychology, 7*, 269-274.
Warman, R. E. (1961). The counseling role of college and university counseling centers. *Journal of Counseling Psychology, 8*, 231-238.
Whiteley, S. M., Mahaffey, P. J., & Geer, C. A. (1987). The campus counseling center: A profile of staffing patterns and services. *Journal of College Student Personnel, 28*, 71-81.
Widseth, J. C., Webb, R. E., & John, K. B. (1997). The question of outsourcing: The roles and functions of college counseling services. *Journal of College Student Psychotherapy, 11*(4), 3-22.
Wilcove, G., & Sharp, H. (1971). Differential perceptions of a college counseling center. *Journal of Counseling Psychology, 18*, 60-63.
Williamson, E. G. (1939). How to counsel students. New York: McGraw-Hill.
山本和郎 (1987). 大学コミュニティと学生相談 学生相談研究, 9, 21-36.
山本幸子・黒木彩音・中園眞人 (2011). 地方自治体の空き家情報提供事業におけるウェブサイトの構成と特徴—中国・四国・九州地方の事例分析 日本建築学会技

術報告集,*17*, 329-332.
吉武清實 (2005). 改革期の大学教育における学生相談―コミュニティ・アプローチモデル (展望) 教育心理学年報,*44*, 138-146.
吉武清實・大島啓利・池田忠義・高野明・山中淑江・杉江征・岩田淳子・福盛英明・岡昌之 (2010). 2009年度学生相談機関に関する調査報告 学生相談研究,*30*, 226-271.
Yuen, R. K., & Tinsley, H. E. A. (1981). International and American students' expectancies about counseling. *Journal of Counseling Psychology, 28*, 66-69.
全国学校データ研究所 (2003). 全国学校総覧 (2004年版) 原書房
全国学校データ研究所 (2010). 全国学校総覧 (2011年版) 原書房

# 初 出 一 覧

本書のうち，第1章，第2章，第3章，第4章は，それぞれ以下の研究を新たな視点に基づきまとめ直したものである。

第1章
伊藤直樹　(2016)．「日本およびアメリカにおける学生相談の発展経緯の比較検討」　学生相談研究，第37巻，130頁-141頁．

第2章
伊藤直樹　(2002)．「ある大学における学生相談機関の開設初期の活動―学生相談室再開室から2年半の活動を振り返って」　学生相談研究，第23巻，185頁-195頁．
伊藤直樹　(2006)．「学生相談機関のイメージ及び周知度と来談意思の関係」　心理学研究，第76巻，540頁-546頁．
伊藤直樹　(2011)．「学生相談機関のガイダンスの効果に関する研究―学生相談機関のガイダンスと周知度・来談意思・学生相談機関イメージの関係」　学生相談研究，第31巻，252頁-264頁．

第3章
伊藤直樹　(2014)．「学生相談機関の類型化および発展に寄与する要因に関する研究」　心理臨床学研究，第32巻，461頁-471頁．

第4章
伊藤直樹　(2004)．「大学ホームページ上における学生相談機関の情報発信に関する研究」　学生相談研究，第25巻，116頁-126頁．
伊藤直樹　(2007)．「インターネット上におけるアメリカの学生相談機関の情報発信に関する研究―アメリカの学生相談機関の特徴の分析と日本との比較」　心理臨床学研究，第25巻，269頁-280頁．
伊藤直樹　(2015)．「ウェブサイトから見た学生相談―日本およびアメリカの学生相談機関のウェブサイトの比較から」　学生相談研究，第36巻，24頁-39頁．

## あ と が き

　本書の中で取り上げた研究において，多くの学生ならびに学生相談関係者にご協力いただきました。ここに記して感謝申し上げます。

　また，本書のもととなる博士学位論文の審査の過程で3人の先生方にご指導，ご助言いただきました。ありがとうございました。

　明治大学文学部教授であり，明治大学心理臨床センター長でもある諸富祥彦先生には，お忙しい中，主査をお引き受けいただき，審査のプロセスを着実に進めていただきました。

　副査をお引き受け下さった明治大学文学部教授の高良聖先生は2017年1月に急逝されました。本当に残念でなりません。高良先生には臨床にたずさわる者のあるべき姿勢をお示しいただいたように思います。高良先生に少しでも近づけるよう今後も研鑽を積んでいきたいと思います。

　外部審査者として副査をお引き受けくださった東京工業大学保健管理センター教授であり，日本学生相談学会理事長でもある齋藤憲司先生には，大変なお忙しさの中，論文の細部までお目通しいただきました。著者が大学生の頃からお世話になり，また，時にご迷惑をおかけすることもあったのですが，齋藤先生はいつも変わらずに暖かく見守ってくださいました。

　私は，臨床の世界や大学院から一時ドロップアウトし，地方の某都市で過ごしていた時期があったのですが，その時に，心配された村瀬孝雄先生がたずねて来てくださり，また，村瀬嘉代子先生からは地元の大学の先生をご紹介いただきました。

　私は，その後，縁あって精神障害者授産施設において精神科ソーシャルワーカーとして3年間働くことになりました。この3年間に，自分の中の歯車が少しずつかみ合い始めた気がしています。

「借りてきた理論や説明概念によって語るのではなく，自分自身の体験から離れず，その中から生まれてきた自分の言葉で語れ。」

　大学院時代の教育において繰り返し求められた姿勢を自分なりに表現するとすれば，こんな言葉になるでしょうか。当時を振り返って考えてみると，いつもこの「言葉」を前に格闘しながら勉強していたように思います。
　おそらくは私は最も不肖な学生のひとりであったと思いますが，その後も常に忘れないように自分に言い聞かせているのは，この言葉で表現されるような「理解のあり方」です。様々な場面における指導の中で，こうした「理解のあり方」を示して下さった近藤邦夫先生はじめ，当時の東京大学教育学部心理教育相談室に集った多くの方々に感謝申し上げます。
　また，ケース・スーパービジョンの際には，越智浩二郎先生，野村東助先生，下田節夫先生に温かいご指導をいただきました。ありがとうございました。
　私自身，臨床活動にたずさわって四半世紀が過ぎ，また，学生相談にかかわって15年の歳月が過ぎました。本書を執筆する時点では，私の臨床活動の中心は学生相談から教育相談や特別支援教育に移りつつあります。臨床活動の場が変わっても，変わらずに自分自身の考える基盤となっているのは学生時代に教わり，その後も大事にしてきた上記のような「理解のあり方」です。
　本書を公刊することにより，これまで積み重ねてきた研究成果をまとめるとともに，今後の研究活動，臨床活動を進めていくための礎としたいと考えています。
　なお，本書に掲載されている研究のうち，第3章の「学生相談機関の類型化と組織としての発展に寄与する要因に関する研究（研究Ⅴ）」はJSPS科研費JP22530763の助成を，第4章の「日本およびアメリカの大学の学生相談

機関におけるウェブサイトを通じた情報発信の比較研究（研究Ⅷ）」はJSPS科研費JP25380950の助成を受けて行われました。また，本書刊行に際しては，JSPS科研費JP17HP5200の助成を受けました。

2018年1月　刊行の日に　伊 藤 直 樹

資料　本書における研究で使用した質問紙

(資料1)　研究Ⅱで使用した質問紙

## 「学生生活相談室」及び「カウンセリング・ルーム」に関するアンケートへのご協力のお願い

　私は，大学の学生相談活動について研究しております。つきましては，簡単なアンケートにご協力いただきたくお願い申し上げます。なお，ご回答は研究の目的にのみ使用させていただきますので，皆様にご迷惑がかかることは一切ありません。また，成績評価にも全く関係ありませんので，ありのままをお答え下さい。

伊藤直樹

　以下の質問について，あなた自身に当てはまるものを選び，回答欄に数字を記入して下さい。

### 1．学生生活相談室について
(1)学生生活相談室の存在を知っていますか。また利用したことがありますか。
　①利用したことがある
　②知っているが利用したことはない
　③知らなかった　　　　　　　　　　　　　　　　回答欄＿＿＿＿＿＿＿
(2)学生生活相談室がどこにあるか知っていますか。
　①知っている
　②だいたい知っている
　③あまりよく知らない
　④全く知らない　　　　　　　　　　　　　　　　回答欄＿＿＿＿＿＿＿
(3)学生生活相談室がいつ開室しているか知っていますか。
　①知っている
　②だいたい知っている
　③あまりよく知らない
　④全く知らない　　　　　　　　　　　　　　　　回答欄＿＿＿＿＿＿＿
(4)相談した，もしくは相談したい内容は次のどれにあたりますか。（優先順に3つまで回答可）

①学業　　　②進路　　　③就職　　　④人生　　　⑤対人関係
⑥家庭　　　⑦経済　　　⑧健康　　　⑨悪徳商法
　　　　　　　　　　　　　　　　　　　　　　回答欄

## ２．カウンセリング・ルームについて
(1)カウンセリング・ルームの存在を知っていますか。また利用したことがありますか。
　①利用したことがある
　②知っているが利用したことはない
　③知らなかった　　　　　　　　　　　　　　　回答欄
(2)カウンセリング・ルームがどこにあるか知っていますか。
　①知っている
　②だいたい知っている
　③あまりよく知らない
　④全く知らない　　　　　　　　　　　　　　　回答欄
(3)カウンセリング・ルームがいつ開室しているか知っていますか。
　①知っている
　②だいたい知っている
　③あまりよく知らない
　④全く知らない　　　　　　　　　　　　　　　回答欄
(4)相談した，もしくは相談したい内容は次のどれにあたりますか。（優先順に３つまで回答可）
　①特にない　　　②学業　　　③進路　　　④就職　　　⑤性格
　⑥対人関係　　　⑦家庭　　　⑧経済　　　⑨精神衛生
　　　　　　　　　　　　　　　　　　　　　　回答欄

(資料2) 研究Ⅲで使用した質問紙

## 大学の「学生相談機関」に関するアンケートへのご協力のお願い

　私は，大学の学生相談機関について研究しております。学生相談機関とは大学にある学生相談室，保健管理センター，カウンセリング・ルームなどの，学生に対して相談活動を行っている機関です。

　今回，大学の学生相談機関について，大学生がどのようなイメージを持っているかを明らかにするために調査を行うことに致しました。つきましては，簡単なアンケートにご協力いただきたくお願い申し上げます。

　なお，アンケートは無記名式で，ご回答は研究の目的にのみ使用させていただきますので，皆様にご迷惑がかかることは一切ありません。また，成績評価にも全く関係ありませんので，ありのままをお答え下さい。

　よろしくお願いいたします。

伊藤直樹

　まず，下記の欄にあなたの年齢，所属学部・学科，学年をご記入下さい。性別については，いずれかを〇で囲んで下さい。

```
①年　齢……………（　　　　）才
②性　別……………（　男・女　）
③所属学部・学科……（　　　　　　）学部（　　　　　　）学科
④学　年……………（　　　　）年生
```

　アンケートはこのページを含めて**両面印刷で全部で6ページ**あります。
　回答の際には，**全ての質問にもれなく**お答え下さい。

それでは，次ページからのアンケートにお答え下さい。

Ⅰ　あなたは，大学の学生相談機関（学生相談室，保健管理センター，カウンセリング・ルームなど）はどのようなところだと思いますか。下記のそれぞれの言葉について，「非常にそう思う」から「全くそう思わない」までの5段階でお答え下さい。回答の際には，例にならって**当てはまる**数字を〇で囲んで下さい。

```
（例）大学の学生相談機関について
    「行ってみたいところ」
    と強く思っている場合

                                非常にそう思う
                                    どちらかと言えばそう思う
                                        どちらとも言えない
                                            あまりそう思わない
                                                全くそう思わない
    行ってみたいところ            ①------2------3------4------5
```

　　　　　　　　　　　　　　　　　　　　非常にそう思う
　　　　　　　　　　　　　　　　　　　　　　どちらかと言えばそう思う
　　　　　　　　　　　　　　　　　　　　　　　　どちらとも言えない
　　　　　　　　　　　　　　　　　　　　　　　　　　あまりそう思わない
　　　　　　　　　　　　　　　　　　　　　　　　　　　　全くそう思わない

1. 専門家として相談にのってくれるところ　1------2------3------4------5
2. 頼りになるところ　1------2------3------4------5
3. 学生のことを真剣に考えてくれるところ　1------2------3------4------5
4. 相談しやすいところ　1------2------3------4------5
5. 学生のために良いことをしているところ　1------2------3------4------5
6. 相談相手がいない人が行くところ　1------2------3------4------5
7. ひどく悩んでいる人が行くところ　1------2------3------4------5
8. 中学・高校の保健室のようなところ　1------2------3------4------5
9. 学生にとって心強いところ　1------2------3------4------5
10. 何かトラブルがあった人が行くところ　1------2------3------4------5
11. 親しみやすいところ　1------2------3------4------5
12. 自分で悩みを解決できない人が行くところ　1------2------3------4------5
13. 不安なことがある人が行くところ　1------2------3------4------5
14. 学生生活に必要なところ　1------2------3------4------5
15. 相談したことが外部にもれそうなところ　1------2------3------4------5
16. 親身に相談にのってくれそうなところ　1------2------3------4------5

| | | |
|---|---|---|
| 17. | 人に言えない悩みがある人が行くところ | 1 ------ 2 ------ 3 ------ 4 ------ 5 |
| 18. | 近寄りがたいところ | 1 ------ 2 ------ 3 ------ 4 ------ 5 |
| 19. | 甘えている人が行くところ | 1 ------ 2 ------ 3 ------ 4 ------ 5 |
| 20. | 何か悩みのある人が行くところ | 1 ------ 2 ------ 3 ------ 4 ------ 5 |
| 21. | 学生にとってありがたいところ | 1 ------ 2 ------ 3 ------ 4 ------ 5 |
| 22. | 信頼できるところ | 1 ------ 2 ------ 3 ------ 4 ------ 5 |
| 23. | 小さな悩みだと相手にされないところ | 1 ------ 2 ------ 3 ------ 4 ------ 5 |
| 24. | 中学・高校の生徒指導室のようなところ | 1 ------ 2 ------ 3 ------ 4 ------ 5 |
| 25. | どうしようもなくなったら行くところ | 1 ------ 2 ------ 3 ------ 4 ------ 5 |
| 26. | 病気にかかった人が行くところ | 1 ------ 2 ------ 3 ------ 4 ------ 5 |
| 27. | 絶望した人が行くところ | 1 ------ 2 ------ 3 ------ 4 ------ 5 |
| 28. | 役に立つところ | 1 ------ 2 ------ 3 ------ 4 ------ 5 |
| 29. | 神経質な人が行くところ | 1 ------ 2 ------ 3 ------ 4 ------ 5 |
| 30. | 安心できるところ | 1 ------ 2 ------ 3 ------ 4 ------ 5 |
| 31. | 事務的・機械的な対応をするところ | 1 ------ 2 ------ 3 ------ 4 ------ 5 |
| 32. | やさしい先生がいるところ | 1 ------ 2 ------ 3 ------ 4 ------ 5 |
| 33. | できれば行きたくないところ | 1 ------ 2 ------ 3 ------ 4 ------ 5 |
| 34. | 何をしているかよくわからないところ | 1 ------ 2 ------ 3 ------ 4 ------ 5 |
| 35. | いじめにあっている人が行くところ | 1 ------ 2 ------ 3 ------ 4 ------ 5 |
| 36. | 便利なところ | 1 ------ 2 ------ 3 ------ 4 ------ 5 |
| 37. | 相談すると不利益がありそうなところ | 1 ------ 2 ------ 3 ------ 4 ------ 5 |
| 38. | 自分には関係ないところ | 1 ------ 2 ------ 3 ------ 4 ------ 5 |
| 39. | 自分のことに対して積極的な人が行くところ | 1 ------ 2 ------ 3 ------ 4 ------ 5 |
| 40. | 精神的に弱い人が行くところ | 1 ------ 2 ------ 3 ------ 4 ------ 5 |
| 41. | 悩みを解決してくれるところ | 1 ------ 2 ------ 3 ------ 4 ------ 5 |
| 42. | 相談に行くと怒られそうなところ | 1 ------ 2 ------ 3 ------ 4 ------ 5 |
| 43. | 学生のためにがんばっているところ | 1 ------ 2 ------ 3 ------ 4 ------ 5 |
| 44. | 友人がいない人が行くところ | 1 ------ 2 ------ 3 ------ 4 ------ 5 |
| 45. | まじめな人が行くところ | 1 ------ 2 ------ 3 ------ 4 ------ 5 |
| 46. | 適切なアドバイスを与えてくれるところ | 1 ------ 2 ------ 3 ------ 4 ------ 5 |
| 47. | 何をしているかイメージがわかないところ | 1 ------ 2 ------ 3 ------ 4 ------ 5 |
| 48. | お説教されるところ | 1 ------ 2 ------ 3 ------ 4 ------ 5 |
| 49. | 気軽に利用できるところ | 1 ------ 2 ------ 3 ------ 4 ------ 5 |

50. 役に立たないところ　　　　　　　　1 ------ 2 ------ 3 ------ 4 ------ 5
51. 自分のことを決められない人が行くところ 1 ------ 2 ------ 3 ------ 4 ------ 5
52. 追いつめられている人が行くところ　　 1 ------ 2 ------ 3 ------ 4 ------ 5
53. 相談しても気休めにしかならないところ　1 ------ 2 ------ 3 ------ 4 ------ 5
54. 相談に行きにくいところ　　　　　　　 1 ------ 2 ------ 3 ------ 4 ------ 5
55. 人生相談をするところ　　　　　　　　 1 ------ 2 ------ 3 ------ 4 ------ 5


Ⅱ　次に，学生相談機関に対するイメージについてお聞きします。下記に互いに反対の意味を表す言葉の組（新しい―古い　etc.）が並んでいます。それぞれの言葉の組について，例にならって，あなたが学生相談機関に対して感じるイメージに**最も近い数字を一つ選び○で囲んで下さい。**

（例）大学の学生相談機関に「やや古い」というイメージを持っている時

　　　　　　　　　　　　非常に　かなり　やや　どちらとも言えない　やや　かなり　非常に
　　　　　　　新しい　1 ---- 2 ---- 3 ---- 4 ----⑤---- 6 ---- 7　古い

　　　　　　　　　　非常に　かなり　やや　どちらとも言えない　やや　かなり　非常に

1. 　　　窮屈な　　1 ---- 2 ---- 3 ---- 4 ---- 5 ---- 6 ---- 7　自由な
2. 　わかりにくい　1 ---- 2 ---- 3 ---- 4 ---- 5 ---- 6 ---- 7　わかりやすい
3. 　　　嫌いな　　1 ---- 2 ---- 3 ---- 4 ---- 5 ---- 6 ---- 7　好きな
4. 　親しみにくい　1 ---- 2 ---- 3 ---- 4 ---- 5 ---- 6 ---- 7　親しみやすい
5. 　　はりつめた　1 ---- 2 ---- 3 ---- 4 ---- 5 ---- 6 ---- 7　のんびりした
6. 　利用しにくい　1 ---- 2 ---- 3 ---- 4 ---- 5 ---- 6 ---- 7　利用しやすい
7. 　　　重い　　　1 ---- 2 ---- 3 ---- 4 ---- 5 ---- 6 ---- 7　軽い

| | | | |
|---|---|---|---|
| 8. | 暖かい | 1 ---- 2 ---- 3 ---- 4 ---- 5 ---- 6 ---- 7 | 冷たい |
| 9. | 明るい | 1 ---- 2 ---- 3 ---- 4 ---- 5 ---- 6 ---- 7 | 暗い |
| 10. | 不親切な | 1 ---- 2 ---- 3 ---- 4 ---- 5 ---- 6 ---- 7 | 親切な |
| 11. | 頼もしい | 1 ---- 2 ---- 3 ---- 4 ---- 5 ---- 6 ---- 7 | 頼りない |
| 12. | 派手な | 1 ---- 2 ---- 3 ---- 4 ---- 5 ---- 6 ---- 7 | 地味な |
| 13. | まじめな | 1 ---- 2 ---- 3 ---- 4 ---- 5 ---- 6 ---- 7 | 不まじめな |
| 14. | 落ち着いた | 1 ---- 2 ---- 3 ---- 4 ---- 5 ---- 6 ---- 7 | 落ち着きのない |
| 15. | 厳しい | 1 ---- 2 ---- 3 ---- 4 ---- 5 ---- 6 ---- 7 | やさしい |
| 16. | かたい | 1 ---- 2 ---- 3 ---- 4 ---- 5 ---- 6 ---- 7 | やわらかい |
| 17. | 白い | 1 ---- 2 ---- 3 ---- 4 ---- 5 ---- 6 ---- 7 | 黒い |
| 18. | 献身的な | 1 ---- 2 ---- 3 ---- 4 ---- 5 ---- 6 ---- 7 | 利己的な |
| 19. | ていねいな | 1 ---- 2 ---- 3 ---- 4 ---- 5 ---- 6 ---- 7 | 粗雑な |
| 20. | 深刻な | 1 ---- 2 ---- 3 ---- 4 ---- 5 ---- 6 ---- 7 | 気楽な |
| 21. | 安心な | 1 ---- 2 ---- 3 ---- 4 ---- 5 ---- 6 ---- 7 | 不安な |
| 22. | 思いやりのある | 1 ---- 2 ---- 3 ---- 4 ---- 5 ---- 6 ---- 7 | 自分勝手な |
| 23. | 激しい | 1 ---- 2 ---- 3 ---- 4 ---- 5 ---- 6 ---- 7 | 穏やかな |
| 24. | 良心的な | 1 ---- 2 ---- 3 ---- 4 ---- 5 ---- 6 ---- 7 | 偽善的な |
| 25. | 心理的な | 1 ---- 2 ---- 3 ---- 4 ---- 5 ---- 6 ---- 7 | 身体的な |
| 26. | 不信な | 1 ---- 2 ---- 3 ---- 4 ---- 5 ---- 6 ---- 7 | 信頼できる |
| 27. | 男性的な | 1 ---- 2 ---- 3 ---- 4 ---- 5 ---- 6 ---- 7 | 女性的な |
| 28. | 動的な | 1 ---- 2 ---- 3 ---- 4 ---- 5 ---- 6 ---- 7 | 静的な |
| 29. | 非人間的な | 1 ---- 2 ---- 3 ---- 4 ---- 5 ---- 6 ---- 7 | 人間的な |
| 30. | 秘密の | 1 ---- 2 ---- 3 ---- 4 ---- 5 ---- 6 ---- 7 | 公然の |
| 31. | 内面的な | 1 ---- 2 ---- 3 ---- 4 ---- 5 ---- 6 ---- 7 | 外面的な |
| 32. | 閉鎖的な | 1 ---- 2 ---- 3 ---- 4 ---- 5 ---- 6 ---- 7 | 開放的な |

Ⅲ　最後に，**あなたの大学にある**学生相談機関についておうかがいします。各質問について，例にならって当てはまる選択肢を一つ選び，**数字を**○**で囲んで下さい**。

---

(例) あなたの大学の学生相談機関の相談員について，「全く知らない」と答える場合
　①知っている　②だいたい知っている　③あまりよく知らない　④全く知らない

---

1．あなたは，あなたの大学に学生相談機関があることを知っていますか。
　　①知っている　②だいたい知っている　③あまりよく知らない　④全く知らない

2．あなたは，あなたの大学の学生相談機関がどこにあるか知っていますか。
　　①知っている　②だいたい知っている　③あまりよく知らない　④全く知らない

3．あなたは，あなたの大学の学生相談機関がいつ開室しているか知っていますか。
　　①知っている　②だいたい知っている　③あまりよく知らない　④全く知らない

4．あなたは，今，感じている悩みや不安について，あなたの大学の学生相談機関を利用したいと思いますか。
　　①ぜひ利用したい　　　②必要を感じたら利用したい　　　③わからない
　　④利用したいとは思わない

5．あなたは，今後，悩みや不安が出てきた時，あなたの大学の学生相談機関を利用したいと思いますか。
　　①ぜひ利用したい　　　②必要を感じたら利用したい　　　③わからない
　　④利用したいとは思わない

6．あなたがあなたの大学の学生相談機関を利用するとしたら，どのような面で利用しようと思いますか。下記の悩みや不安のそれぞれについて，Ⅰの質問と同様に「ぜひ利用したい」から「全く利用したくない」までの5段階でお答え下さい。

| | ぜひ利用したい | どちらかと言えば利用したい | どちらとも言えない | あまり利用したくない | 全く利用したくない |
|---|---|---|---|---|---|
| 1．学業に関する悩みや不安 | 1 | 2 | 3 | 4 | 5 |
| 2．進路に関する悩みや不安 | 1 | 2 | 3 | 4 | 5 |

3．就職に関する悩みや不安　　　　　1 ------ 2 ------ 3 ------ 4 ------ 5
4．性格に関する悩みや不安　　　　　1 ------ 2 ------ 3 ------ 4 ------ 5
5．対人関係に関する悩みや不安　　　1 ------ 2 ------ 3 ------ 4 ------ 5
6．家庭に関する悩みや不安　　　　　1 ------ 2 ------ 3 ------ 4 ------ 5
7．経済状況に関する悩みや不安　　　1 ------ 2 ------ 3 ------ 4 ------ 5
8．精神衛生に関する悩みや不安　　　1 ------ 2 ------ 3 ------ 4 ------ 5

**以上でアンケートは終わりです。ご協力ありがとうございました。**

(資料3) 研究Ⅳで使用した質問紙

## 大学の「学生相談機関」に関するアンケートへのご協力のお願い

　私は，大学の学生相談機関について研究しております。学生相談機関とは大学にある学生相談室，保健管理センター，カウンセリング・ルームなど，学生に対して相談活動を行っている機関です。
　今回，大学の学生相談機関について，大学生がどのようなイメージを持っているかを明らかにするために調査を行うことに致しました。つきましては，簡単なアンケートにご協力いただきたくお願い申し上げます。
　なお，アンケートは無記名式で，得られた情報はすべて研究の目的にのみ使用させていただきますので，皆様にご迷惑がかかることは一切ありません。また，成績評価にも全く関係ありませんので，ありのままをお答え下さい。同様な調査を7月にも行う予定です。
　よろしくお願いいたします。

伊藤直樹

　まず，下記の欄にあなたの年齢，性別，所属をご記入下さい。性別については，いずれかを○で囲んで下さい。所属については，当てはまるものに○をつけた上で，（　）がある場合には必要な事項をご記入ください。

```
①生年月日：（[昭和・平成]　　）年（　　）月（　　）日生（　　）才
              当てはまるものに○
②性　別　（　男・女　）
              当てはまるものに○
③所　属　・学　部　生…（　　）学部（　　）学科（　　）年生
          ・大 学 院 生…（　　　　　　）研究科
          ・科目等履修生
```

　　　それでは，次ページからのアンケートにお答え下さい。
　　　回答の際には，**全ての質問にもれなくお答え下さい。**

Ⅰ　あなたは，大学の学生相談機関（学生相談室，保健管理センター，カウンセリン

グ・ルームなど）はどのようなところだと思いますか。下記のそれぞれの言葉について，「非常にそう思う」から「全くそう思わない」までの5段階でお答え下さい。回答の際には，例にならって**当てはまる数字を○で囲んで下さい**。

| | 非常にそう思う | どちらかと言えばそう思う | どちらとも言えない | あまりそう思わない | 全くそう思わない |
|---|---|---|---|---|---|
| （例）大学の学生相談機関について「行ってみたいところ」と強く思っている場合 | | | | | |
| 行ってみたいところ | ① | 2 | 3 | 4 | 5 |

| | 非常にそう思う | どちらかと言えばそう思う | どちらとも言えない | あまりそう思わない | 全くそう思わない |
|---|---|---|---|---|---|
| 1. 専門家として相談にのってくれるところ | 1 | 2 | 3 | 4 | 5 |
| 2. 頼りになるところ | 1 | 2 | 3 | 4 | 5 |
| 3. 学生のことを真剣に考えてくれるところ | 1 | 2 | 3 | 4 | 5 |
| 4. 学生のために良いことをしているところ | 1 | 2 | 3 | 4 | 5 |
| 5. 相談相手がいない人が行くところ | 1 | 2 | 3 | 4 | 5 |
| 6. ひどく悩んでいる人が行くところ | 1 | 2 | 3 | 4 | 5 |
| 7. 学生にとって心強いところ | 1 | 2 | 3 | 4 | 5 |
| 8. 何かトラブルがあった人が行くところ | 1 | 2 | 3 | 4 | 5 |
| 9. 自分で悩みを解決できない人が行くところ | 1 | 2 | 3 | 4 | 5 |
| 10. 不安なことがある人が行くところ | 1 | 2 | 3 | 4 | 5 |
| 11. 学生生活に必要なところ | 1 | 2 | 3 | 4 | 5 |
| 12. 相談したことが外部にもれそうなところ | 1 | 2 | 3 | 4 | 5 |
| 13. 人に言えない悩みがある人が行くところ | 1 | 2 | 3 | 4 | 5 |

| | | |
|---|---|---|
| 14. | 近寄りがたいところ | 1 ------ 2 ------ 3 ------ 4 ------ 5 |
| 15. | 甘えている人が行くところ | 1 ------ 2 ------ 3 ------ 4 ------ 5 |
| 16. | 学生にとってありがたいところ | 1 ------ 2 ------ 3 ------ 4 ------ 5 |
| 17. | 信頼できるところ | 1 ------ 2 ------ 3 ------ 4 ------ 5 |
| 18. | どうしようもなくなったら行くところ | 1 ------ 2 ------ 3 ------ 4 ------ 5 |
| 19. | 絶望した人が行くところ | 1 ------ 2 ------ 3 ------ 4 ------ 5 |
| 20. | 役に立つところ | 1 ------ 2 ------ 3 ------ 4 ------ 5 |
| 21. | 神経質な人が行くところ | 1 ------ 2 ------ 3 ------ 4 ------ 5 |
| 22. | 事務的・機械的な対応をするところ | 1 ------ 2 ------ 3 ------ 4 ------ 5 |
| 23. | やさしい先生がいるところ | 1 ------ 2 ------ 3 ------ 4 ------ 5 |
| 24. | できれば行きたくないところ | 1 ------ 2 ------ 3 ------ 4 ------ 5 |
| 25. | 何をしているかよくわからないところ | 1 ------ 2 ------ 3 ------ 4 ------ 5 |
| 26. | いじめにあっている人が行くところ | 1 ------ 2 ------ 3 ------ 4 ------ 5 |
| 27. | 便利なところ | 1 ------ 2 ------ 3 ------ 4 ------ 5 |
| 28. | 相談すると不利益がありそうなところ | 1 ------ 2 ------ 3 ------ 4 ------ 5 |
| 29. | 精神的に弱い人が行くところ | 1 ------ 2 ------ 3 ------ 4 ------ 5 |
| 30. | 悩みを解決してくれるところ | 1 ------ 2 ------ 3 ------ 4 ------ 5 |
| 31. | 学生のためにがんばっているところ | 1 ------ 2 ------ 3 ------ 4 ------ 5 |
| 32. | 適切なアドバイスを与えてくれるところ | 1 ------ 2 ------ 3 ------ 4 ------ 5 |
| 33. | お説教されるところ | 1 ------ 2 ------ 3 ------ 4 ------ 5 |
| 34. | 自分のことを決められない人が行くところ | 1 ------ 2 ------ 3 ------ 4 ------ 5 |
| 35. | 追いつめられている人が行くところ | 1 ------ 2 ------ 3 ------ 4 ------ 5 |
| 36. | 相談に行きにくいところ | 1 ------ 2 ------ 3 ------ 4 ------ 5 |

Ⅱ　次に，**あなたの大学にある**学生相談機関についておうかがいします．各質問について，例にならって当てはまる選択肢を一つ選び，数字を○で囲んで下さい．

---

(例) あなたの大学の学生相談機関の相談員について，「全く知らない」と答える場合
　　①知っている　②だいたい知っている　③あまりよく知らない　❹全く知らない

---

1．あなたは，あなたの大学に学生相談機関があることを知っていますか．
　　①知っている　②だいたい知っている　③あまりよく知らない　④全く知らない

2．あなたは，あなたの大学の学生相談機関がどこにあるか知っていますか。
　　①知っている　②だいたい知っている　③あまりよく知らない　④全く知らない

3．あなたは，あなたの大学の学生相談機関がいつ開室しているか知っていますか。
　　①知っている　②だいたい知っている　③あまりよく知らない　④全く知らない

4．あなたは，今，感じている悩みや不安について，あなたの大学の学生相談機関を利用したいと思いますか。
　　①ぜひ利用したい　　②必要を感じたら利用したい　　③わからない
　　④利用したいとは思わない

5．あなたは，今後，悩みや不安が出てきた時，あなたの大学の学生相談機関を利用したいと思いますか。
　　①ぜひ利用したい　　②必要を感じたら利用したい　　③わからない
　　④利用したいとは思わない

Ⅲ　最後に，あなたが，もし大学の学生相談機関を利用するとしたら，どのような面で利用したいと思うかについておうかがいします。下記の悩みや不安のそれぞれについて，Ⅰの質問と同様に「ぜひ利用したい」から「全く利用したくない」までの5段階でお答え下さい。

|  | ぜひ利用したい | どちらかと言えば利用したい | どちらとも言えない | あまり利用したくない | 全く利用したくない |
|---|---|---|---|---|---|
| 1．学業に関する悩みや不安 | 1 | 2 | 3 | 4 | 5 |
| 2．進路に関する悩みや不安 | 1 | 2 | 3 | 4 | 5 |
| 3．就職に関する悩みや不安 | 1 | 2 | 3 | 4 | 5 |
| 4．性格に関する悩みや不安 | 1 | 2 | 3 | 4 | 5 |

5．対人関係に関する悩みや不安　　　　1 ------ 2 ------ 3 ------ 4 ------ 5
6．家庭に関する悩みや不安　　　　　　1 ------ 2 ------ 3 ------ 4 ------ 5
7．経済状況に関する悩みや不安　　　　1 ------ 2 ------ 3 ------ 4 ------ 5
8．精神衛生に関する悩みや不安　　　　1 ------ 2 ------ 3 ------ 4 ------ 5

以上でアンケートは終わりです。ご協力ありがとうございました。

(資料4) 研究Ⅴで使用した質問紙

## 学生相談機関の活動に関する調査

### ご回答の際にご留意いただきたいこと

　このアンケート調査では，「学生相談機関」を下記のように定義します。なお，教育機関とは原則として「大学」を指すものとします。

> 「当該教育機関に在籍する学生の人間形成のために，1対1で面接できる面接室を設け，カウンセラーを配置して，心理的問題や修学進路問題など学生生活上の問題の相談に応じている機関」

　また，「カウンセラー」を下記のように定義します。

> 「心理学の専門性に基づき，学生の心理的問題などの学生生活上の問題の相談にあたることを業務としている教職員」

　いずれも，吉武ら（2010）による「2009年度学生相談機関に関する調査報告」（『学生相談研究』，30，226-271）にて用いられている定義を利用しています。

　学生相談機関の設置・運営形態が大学により様々であることを考慮してアンケート調査を作成致しましたが，質問によってはご回答になりにくいものがあるかと思います。ご回答の際に判断に迷われた場合は，なるべく第一印象でご回答下さい。また，どうしてもご回答が難しい場合には，該当箇所の余白部分にその旨ご記入の上，ご回答下さい。

　キャンパスが複数ある場合には，主たるキャンパスのみに送付しておりますが，ご回答の際には，なるべく貴大学のすべてのキャンパスにおける学生相談活動を念頭にご回答下さい。

　アンケートは11ページまであります。**両面印刷**となっておりますので，ご回答の際には，ご記入漏れがないようご注意下さい。

Ⅰ．まず，下記の項目についてご記入ください。
　① 貴大学の設置形態……………（　国立　・　公立　・　私立　）
　② 貴学生相談機関の名称…………（　　　　　　　　　　　　　　　　　）
　　　（例）学生相談室　　カウンセリングルーム　　保健管理センター
　③ ご回答者の職種等………………（　　　　　　　　　　　　　　　　　）

　　　　（例）非常勤カウンセラー　　教員兼任カウンセラー　　専任カウンセラー
　④　ご回答者の貴学生相談機関での勤務年数…………（　　約　　　　年　　）
　⑤　ご回答日……………………………………………（　　　　）月（　　　　）日

Ⅱ．貴大学における学生相談の現状についておうかがいします。当てはまる選択肢を一つ選び○で囲んでください。なお，ここでいう学生数は，当該学生相談機関で利用の対象となる学生数（大学院生，短期大学生等も含む。付属の幼稚園・小学校・中学校・高校は除く。）を指すものとします。

1．貴大学の学生相談機関が設置されたのはいつ頃ですか。
　　ア　～1960年度
　　イ　1961年度～1970年度
　　ウ　1971年度～1980年度
　　エ　1981年度～1990年度
　　オ　1991年度～2000年度
　　カ　2001年度～

2．貴大学の学生相談機関が**利用の対象としている学生数**はおよそのくらいですか。
　　ア　～1000人
　　イ　1001人～5000人
　　ウ　5001人～10000人
　　エ　10001人～

3．貴学生相談機関における**年間来談学生実数（教職員，保護者等は除く）**は，およそどのくらいですか。**最近3年間の平均**をご回答下さい。なお，キャンパスが複数ある場合には，すべてのキャンパスの総計をご回答下さい。
　　ア　～50人
　　イ　51人～100人
　　ウ　101人～200人
　　エ　201人～500人
　　オ　501人～1000人
　　カ　1001人～

4．貴学生相談機関における年間来談学生延べ数（教職員，保護者等を除く）は，およそどのくらいですか。最近3年間の平均をご回答下さい。なお，キャンパスが複数ある場合には，すべてのキャンパスの総計をご回答下さい。
　　　ア　～50人
　　　イ　51人～100人
　　　ウ　101人～200人
　　　エ　201人～500人
　　　オ　501人～1000人
　　　カ　1001人～1500人
　　　キ　1501人～2000人
　　　ク　2001人～3000人
　　　ケ　3001人～4000人
　　　コ　4001人～5000人
　　　サ　5001人～

5．貴大学の学生相談機関への**学生来談率（来談学生実数÷利用対象となる学生総数×100%）**は，およそどのくらいですか。**最近3年間の平均**をご回答下さい。なお，キャンパスが複数ある場合には，大学全体での来談率をご回答下さい。
　　　ア　0.5％未満
　　　イ　0.5％以上1.0％未満
　　　ウ　1.0％以上2.0％未満
　　　エ　2.0％以上5.0％未満
　　　オ　5.0％以上10.0％未満
　　　カ　10.0％以上20.0％未満
　　　キ　20.0％以上

6．貴大学に在籍する学生の**学生相談機関に対するニーズ**は高いとお感じになりますか。実際の来談者数や来談率とは別に，**日々の印象**をもとにご回答ください。
　　　ア　かなり高いと感じる
　　　イ　ある程度高いと感じる
　　　ウ　どちらともいえない
　　　エ　あまり高いと感じない

　　　　オ　まったく高いと感じない

Ⅲ．貴学生相談機関の**学内的な位置づけ**についておうかがいします。当てはまる選択肢を**一つ選び**○で囲んでください。

1．貴学生相談機関は，現在，**学内組織として明確に位置づけられている**とお思いになりますか。ここでいう「明確に位置づけられている」とは，学生相談機関の規程等がある，組織図に示されている等，公式な文書により，学生相談機関が明示されていることを指すものとします。
　　　　ア　かなり明確に位置づけられていると思う
　　　　イ　ある程度明確に位置づけられていると思う
　　　　ウ　どちらともいえない
　　　　エ　あまり明確に位置づけられているとは思わない
　　　　オ　まったく明確に位置づけられているとは思わない

2．貴大学の学生相談機関は，学内組織としてどの程度，**独立性が確保されている**とお思いになりますか。ここでいう「独立性が確保されている」とは，相談活動に限らず，予算や人事も含めた運営全般に関する学生相談機関の決定権が大きいことを指すものとします。
　　　　ア　かなり確保されていると思う
　　　　イ　ある程度確保されていると思う
　　　　ウ　どちらともいえない
　　　　エ　あまり確保されているとは思わない
　　　　オ　まったく確保されているとは思わない

3．貴大学の学生相談機関では，**専任教員（専任教員がカウンセラーである場合も含む）**は学生相談機関の運営にどの程度かかわっていますか。実際の学生相談の担当だけでなく，学生相談機関の運営全般を念頭にご回答下さい。
　　　　ア　かなりかかわっていると思う
　　　　イ　ある程度かかわっていると思う
　　　　ウ　どちらともいえない
　　　　エ　あまりかかわっているとは思わない
　　　　オ　まったくかかわっているとは思わない

4．貴大学の学生相談機関では，**カウンセラー（専任教員がカウンセラーである場合は除く）**は学生相談機関の運営にどの程度かかわっていますか。実際の学生相談の担当だけでなく，学生相談機関の運営全般を念頭にご回答下さい。
  ア　かなりかかわっていると思う
  イ　ある程度かかわっていると思う
  ウ　どちらともいえない
  エ　あまりかかわっているとは思わない
  オ　まったくかかわっているとは思わない

5．貴大学の学生相談機関では，**専任事務職員（専任事務職員がカウンセラーやインテーカー等である場合を含む）**は学生相談機関の運営にどの程度かかわっていますか。専任事務職員が学生相談機関に配置されていない場合は，貴大学における他部署の専任事務職員を念頭にご回答下さい。
  ア　かなりかかわっていると思う
  イ　ある程度かかわっていると思う
  ウ　どちらともいえない
  エ　あまりかかわっているとは思わない
  オ　まったくかかわっているとは思わない

Ⅳ．次に，貴大学における学生相談活動の特徴と，**大学の地域性や大学設立の理念，学生を取り巻く環境の急激な変化，様々な教育改革の取り組み等**との関係についておうかがいします。それぞれの質問について，最も当てはまる選択肢を**一つ選び**○で囲んでください。

1．貴大学が**立地する地域の特性**と学生からの相談ニーズに関連があるとお感じになりますか。キャンパスが複数ある場合には，おおまかな印象でご回答下さい。
  ア　かなり関連があると感じる
  イ　ある程度関連があると感じる
  ウ　どちらともいえない
  エ　あまり関連があると感じられない
  オ　まったく関連があると感じられない

2．貴大学の**大学設立の理念や建学の精神**が，貴大学における学生相談活動のあり方に影響を及ぼしているとお感じになりますか。
　　　ア　かなり影響を及ぼしていると感じる
　　　イ　ある程度影響を及ぼしていると感じる
　　　ウ　どちらともいえない
　　　エ　あまり影響を及ぼしているとは感じない
　　　オ　まったく影響を及ぼしているとは感じない

3．貴大学の**校風**が，貴大学における学生相談活動のあり方に影響を及ぼしているとお感じになりますか。
　　　ア　かなり影響を及ぼしていると感じる
　　　イ　ある程度影響を及ぼしていると感じる
　　　ウ　どちらともいえない
　　　エ　あまり影響を及ぼしているとは感じない
　　　オ　まったく影響を及ぼしているとは感じない

4．貴大学の歩んできた**歴史**が貴大学における学生相談活動のあり方に影響を及ぼしているとお感じになりますか。
　　　ア　かなり影響を及ぼしていると感じる
　　　イ　ある程度影響を及ぼしていると感じる
　　　ウ　どちらともいえない
　　　エ　あまり影響を及ぼしているとは感じない
　　　オ　まったく影響を及ぼしているとは感じない

5．**昨今における学生を取り巻く環境の急激な変化**が，貴大学における学生相談活動のあり方に影響を及ぼしているとお感じになりますか。
　　　ア　かなり影響を及ぼしていると感じる
　　　イ　ある程度影響を及ぼしていると感じる
　　　ウ　どちらともいえない
　　　エ　あまり影響を及ぼしているとは感じない
　　　オ　まったく影響を及ぼしているとは感じない

6．大学における様々な**教育改革の取り組み**が貴学生相談機関の運営のあり方に影

響を及ぼしているとお感じになりますか。
　　　　ア　かなり影響を及ぼしていると感じる
　　　　イ　ある程度影響を及ぼしていると感じる
　　　　ウ　どちらともいえない
　　　　エ　あまり影響を及ぼしているとは感じない
　　　　オ　まったく影響を及ぼしているとは感じない

Ⅴ．貴大学における**組織としての学生相談への取り組み**についておうかがいします。
　　当てはまる選択肢を**一つ選び**○で囲んでください。

　1．貴大学は大学として学生相談機関の運営に力を入れているとお感じになりますか。
　　　　ア　非常にそう感じる
　　　　イ　ややそう感じる
　　　　ウ　どちらともいえない
　　　　エ　あまりそう感じない
　　　　オ　まったくそう感じない

　2．貴大学の教職員は学生相談機関の活動に期待しているとお感じになりますか。
　　　　ア　非常にそう感じる
　　　　イ　ややそう感じる
　　　　ウ　どちらともいえない
　　　　エ　あまりそう感じない
　　　　オ　まったくそう感じない

　3．貴大学では学生相談機関の運営のために十分な予算的措置が取られているとお感じになりますか。
　　　　ア　非常にそう感じる
　　　　イ　ややそう感じる
　　　　ウ　どちらともいえない
　　　　エ　あまりそう感じない
　　　　オ　まったくそう感じない

4．貴大学では学生相談機関の運営のために十分な人的措置が取られているとお感じになりますか。
    ア　非常にそう感じる
    イ　ややそう感じる
    ウ　どちらともいえない
    エ　あまりそう感じない
    オ　まったくそう感じない

5．貴大学では学生相談機関の運営のために施設の整備が十分に行われているとお感じになりますか。
    ア　非常にそう感じる
    イ　ややそう感じる
    ウ　どちらともいえない
    エ　あまりそう感じない
    オ　まったくそう感じない

Ⅵ．貴大学における学生相談機関の**カウンセラーの位置づけ**について，おうかがいします。当てはまる選択肢を**一つ選び**○で囲んでください。

1．カウンセラーが専門性のある職種として位置づけられているとお感じになりますか。
    ア　非常にそう感じる
    イ　ややそう感じる
    ウ　どちらともいえない
    エ　あまりそう感じない
    オ　まったくそう感じない

2．カウンセラーの中で常勤職として位置づけられている人の割合はどの程度ですか。
    ア　非常に常勤職の割合が高い
    イ　やや常勤職の割合が高い
    ウ　どちらともいえない
    エ　あまり常勤職の割合は高くない

　　　　オ　まったく常勤職の割合は高くない

　３．カウンセラーの中で教員職（兼任・非常勤含む）として位置づけられている人
　　　の割合はどの程度ですか。
　　　　ア　非常に教員職の割合が高い
　　　　イ　やや教員職の割合が高い
　　　　ウ　どちらともいえない
　　　　エ　あまり教員職の割合は高くない
　　　　オ　まったく教員職の割合は高くない

Ⅶ．貴学生相談機関の**活動の方向性**についておうかがいします。

　１．貴学生相談機関の活動において，**ウェイトが大きい活動**を下記のア～ケの中か
　　　ら選び，順に３つまでお答えください。なお，該当するものがない場合は「コ」
　　　をお選びいただき，括弧内に具体的にご記入下さい。
　　　　１番ウェイトが大きい活動…………（　　　　　　　　）
　　　　２番目にウェイトが大きい活動………（　　　　　　　　）
　　　　３番目にウェイトが大きい活動………（　　　　　　　　）
　　　　ア　「よろず相談」や「何でも相談」的な対応
　　　　イ　心理療法やカウンセリングを主たる目的とした対応
　　　　ウ　自己理解・成長促進を目的としたワークショップやグループワーク
　　　　エ　教職員を対象としたコンサルテーション
　　　　オ　保護者を対象としたコンサルテーション
　　　　カ　学内における予防・啓発や教職員を対象とした研修等のための活動
　　　　キ　教職員とのコラボレーション
　　　　ク　大学コミュニティ全体を対象としたアプローチ
　　　　ケ　学生相談に関する調査・研究活動
　　　　コ　その他（具体的に　　　　　　　　　　　　　　　　　）

　２．貴学生相談機関のカウンセラーが貴学生相談機関に勤務する前にたずさわって
　　　きた主な臨床活動の場はどこですか。下記のア～キの中から多い順に３つまで選
　　　び，ご記入ください。カウンセラーが複数の場合には，該当する人数が多い臨床
　　　活動の場についておおまかな印象でご回答下さい。なお，該当するものがない場

合は「ク」をお選びいただき，括弧内に具体的にご記入下さい。

　　　１番多い臨床活動の場……………………………（　　　　　　）
　　　２番目に多い臨床活動の場………………………（　　　　　　）
　　　３番目に多い臨床活動の場………………………（　　　　　　）
　　　　ア　大学の学生相談機関
　　　　イ　大学等に付属する教育相談機関
　　　　ウ　公立の教育相談機関
　　　　エ　小学校ないし中学校ないし高校（スクールカウンセラー）
　　　　オ　医療機関
　　　　カ　民間企業
　　　　キ　なし
　　　　ク　その他（具体的に　　　　　　　　　　　　　　　　　）

３．貴学生相談機関の現在の活動の方向性と，現在勤務している**カウンセラーの臨床活動の方向性**に，どの程度関連があるとお感じになりますか。おおまかな印象でご回答下さい。
　　　ア　かなり関連があると感じる
　　　イ　ある程度関連があると感じる
　　　ウ　どちらともいえない
　　　エ　あまり関連があるとは感じない
　　　オ　まったく関連があるとは感じない

４．貴学生相談機関の現在の活動の方向性と，現在勤務している**カウンセラーの価値観や考え方**に，どの程度関連があるとお感じになりますか。おおまかな印象でご回答下さい。
　　　ア　かなり関連があると感じる
　　　イ　ある程度関連があると感じる
　　　ウ　どちらともいえない
　　　エ　あまり関連があるとは感じない
　　　オ　まったく関連があるとは感じない

Ⅷ．貴学生相談機関の活動の**現在までの発展の様子**についておうかがいします。

1．貴学生相談機関の**予算や設備**，**人員**は，学生相談機関設置以来，充実してきたとお感じになりますか。おおまかな印象でご回答下さい。
　　　ア　かなり充実してきたと感じる
　　　イ　ある程度充実してきたと感じる
　　　ウ　どちらともいえない
　　　エ　あまり充実してきたとは感じない
　　　オ　まったく充実してきたとは感じない

2．貴学生相談機関の**相談活動**は，学生相談機関設置以来，充実してきたとお感じになりますか。おおまかな印象でご回答下さい。
　　　ア　かなり充実してきたと感じる
　　　イ　ある程度充実してきたと感じる
　　　ウ　どちらともいえない
　　　エ　あまり充実してきたとは感じない
　　　オ　まったく充実してきたとは感じない

Ⅸ．最後に，本研究やアンケートの内容などについて，お気づきのことがありましたら，ご記入ください。
（　　　　　　　　　　　　　　　　　　　　　　　　　　　　　　）

以上でアンケートは終了です。
お忙しいところ，ご協力下さいまして誠にありがとうございました。

**著者略歴**

伊藤直樹（いとう　なおき）

1967 年　東京都に生まれる
1990 年　東京大学教育学部卒業
1992 年　東京大学大学院教育学研究科修士課程修了
1996 年　東京大学大学院教育学研究科博士課程中途退学
札幌市こぶし館精神科ソーシャルワーカー，学習院大学学生相談室相談員，埼玉工業大学工学部専任講師，明治大学文学部専任講師，同准教授を経て，現在，明治大学文学部教授
臨床心理士，精神保健福祉士，博士（人間学）

**主要著作**

『教師をめざす人のための青年心理学』（齋藤憲司監修，伊藤直樹編著，
　学陽書房，2006 年）
『教育臨床論―教師をめざす人のために』（伊藤直樹編著，批評社，
　2009 年）ほか

---

## 学生相談活動の発展に寄与する要因についての研究
―学生相談機関の発展と活動の充実のための処方箋―

2018 年 1 月 10 日　初版第 1 刷発行

著　者　伊　藤　直　樹
発行者　風　間　敬　子
発行所　株式会社　風　間　書　房
〒 101-0051　東京都千代田区神田神保町 1-34
電話 03(3291)5729　FAX 03(3291)5757
振替 00110-5-1853

印刷　藤原印刷　製本　高地製本所

©2018　Naoki Ito　　　　　　　　　NDC 分類：140
ISBN978-4-7599-2199-1　　Printed in Japan

JCOPY 〈(社)出版者著作権管理機構　委託出版物〉
本書の無断複製は，著作権法上での例外を除き禁じられています。複製される場合はそのつど事前に(社)出版者著作権管理機構（電話 03-3513-6969，FAX 03-3513-6979, e-mail: info@jcopy.or.jp）の許諾を得て下さい。